全国高职院校专业教学创新系列教材——铁道运输类

列车检修综合应用

主　编　朱亚男　王　娟　黄剑锋
副主编　房　楠　赵佳成
主　审　杨本磊

西南交通大学出版社
·成都·

图书在版编目（CIP）数据

列车检修综合应用 / 朱亚男，王娟，黄剑锋主编. 成都：西南交通大学出版社，2025.8. -- ISBN 978-7-5774-0579-7

Ⅰ．U279.3

中国国家版本馆 CIP 数据核字第 2025D82U67 号

Lieche Jianxiu Zonghe Yingyong
列车检修综合应用

主　编／朱亚男　王　娟　黄剑锋

策划编辑／李　伟
责任编辑／李　伟
责任校对／蔡　蕾
封面设计／墨创文化

西南交通大学出版社出版发行
（四川省成都市金牛区二环路北一段 111 号西南交通大学创新大厦 21 楼　610031）
营销部电话：028-87600564　　028-87600533
网址：https://www.xnjdcbs.com
印刷：郫县犀浦印刷厂

成品尺寸　185 mm×260 mm
印张　18.5　　字数　459 千
版次　2025 年 8 月第 1 版　　印次　2025 年 8 月第 1 次

书号　ISBN 978-7-5774-0579-7
定价　49.00 元

课件咨询电话：028-81435775
图书如有印装质量问题　本社负责退换
版权所有　盗版必究　举报电话：028-87600562

前　言

铁路作为国家基础设施的重要组成部分,其安全高效运行离不开科学规范的列车检修体系。随着动车组的逐步普及、智能化技术的广泛应用以及"绿色制造"理念的深入,现代列车检修已从传统经验型作业转变为数据驱动、多学科交叉的系统工程。本教材立足《国家职业教育改革实施方案》指导精神,对接《轨道装备检修职业技能等级标准》,重构"理论-实践-创新"三位一体的知识框架,旨在为轨道交通领域培养技术扎实、素养全面的复合型人才。

一、教材特色与创新

1. 模块化架构精准对接岗位需求

以"典型工作任务→核心技能→知识体系"为开发逻辑,教材八大模块全面覆盖检修作业链条:

(1) 基础认知阶段(模块一、二):系统阐释铁路运输组织与设备原理,梳理列车分类代码及检修管理规范。

(2) 作业实施阶段(模块三至六):细化整备检查步骤、部件解体检修流程及事故后三级响应机制等内容,匹配企业现场作业规范要求。

(3) 进阶发展阶段(模块七、八):引入智能检修、绿色检修等前沿技术,并参考国际铁路检修技术标准。

2. 理实一体强化技能培养

(1) 立体化教学资源:配套微课、交互式课件及典型检修工单等数字资源包。

(2) 针对性实践任务:每个模块针对性设计特色实践任务,对接1+X证书考核点,同时强化学习者的实际操作能力和问题解决能力。

(3) 浸润式课程思政:通过"列车事故案例""列车发展溯源"等内容,深化工匠精神与职业责任意识。

3. 产教融合保证技术时效性

(1) 开发团队多元:由西安铁路职业技术学院、湖南铁道职业技术学院教师,联合中国铁路西安局集团有限公司等企业技术骨干共同编写,主审专家具有10年以上现场管理经验。

(2) 内容持续更新:建立教材动态修订机制,通过中国铁道科学研究院技术月报、《铁道车辆》核心期刊等渠道跟踪技术发展动态。

二、内容体系与使用建议

1. 知识进阶路径

（1）阶段一（模块一、二）：重点夯实铁路运输系统组织逻辑、检修安全规范。

（2）阶段二（模块三至五）：通过列车检修案例，掌握工装设备操作及检修实操。

（3）阶段三（模块六至八）：开展"质量回溯分析报告撰写""预防性维修计划编制"等综合实训，培养技术管理能力。

2. 教学实施指引

（1）基础模块：建议采用角色扮演法模拟"机务段交班会"，理解"天窗期"检修组织难点。

（2）核心技能模块：推荐任务驱动法，采用"实物认结构＋虚拟熟流程＋实装验标准"混合式教学。

（3）管理创新模块：组织行业专家工作坊，研讨"故障预测与健康管理系统（PHM）建设方案"等真实项目。

三、编写说明

本教材由西安铁路职业技术学院朱亚男、王娟，湖南铁道职业技术学院黄剑锋担任主编，西安铁路职业技术学院房楠、赵佳成担任副主编，国铁集团武汉安监特派办杨本磊担任主审。其中，西安铁路职业技术学院朱亚男编写模块一、三；西安铁路职业技术学院王娟编写模块五；湖南铁道职业技术学院黄剑锋编写模块二、六；西安铁路职业技术学院房楠编写模块四项目二、三；西安铁路职业技术学院赵佳成编写模块七、八；中国铁路西安局集团有限公司西安机务段刘希彦编写模块四项目一；中国铁路西安局集团有限公司西安机务段王小卫编写模块六项目二任务三。

在本教材编写过程中，编写团队调研了铁路局18个机务段、车辆段、动车段和检修段，确保技术要点与现场需求零距离对接。教材编写不仅是知识的凝练，更是对铁路人"精检细修、万无一失"职业基因的传承。愿本教材助力新时代技术技能人才成长，为中国铁路高质量发展筑牢基石！

编 者

2025年4月

《列车检修综合应用》教材逻辑结构构图

阶段一：基础认知阶段（模块一、二）

模块一：检修理论储备
- 铁路运输与列车检修概论
- 列车检修基础知识
- 列车检修安全与管理认知
- 检修质量标准与验收规范

模块二：列车知识储备
- 电力机车概览（构造、代码、检修工艺）
- 动车组概览（构造、代码、检修路径）
- 机车与动车组检修技术特点对比
- 不同车型检修工序差异分析

阶段二：作业实施阶段（模块三至六）

模块三：列车整备作业
- 列车整备作业内涵与方法建构
- 整备检查准备工作
- 机车整备检查
- 动车组司机室整备检查

模块四：检修设备与技术运用
- 检修设备与工具认识
- 无损检测技术认识与应用
- 传感器与故障诊断技术
- 现代检测技术与智能化检修

模块五：关键部件检修
- 电力机车关键部件检修
- 动车组相关部件检修
- 牵引电机、高压电器检修
- 转向架及缓冲器检修

模块六：事故后检修处理
- 直面行车事故处理
- 事故后现场处理流程
- 故障修复与后续管理
- 途中应急故障处理

阶段三：进阶发展阶段（模块七、八）

模块七：检修管理与质量控制
- 检修计划制订与执行
- 检修车间的组织与管理
- 检修质量的监督与评估
- 检修质量控制体系的建立
- 检修数据的统计与分析

模块八：新技术认识与发展趋势展望
- 智能化检修技术
- 绿色检修技术
- 高速列车检修前沿技术
- 状态修与预防结合展望
- 检修模式数字化转型展望

本书总思维导图

数字资源列表

序号	模块	项目	任务	二维码名称	资源类型	页码
1	模块一	项目一	任务三	机车检修技术文件	视频	11
2		项目二	任务二	机车修程修制概述	视频、PPT	16
3		项目三	任务二	火车的"健康管理体系"	视频	30
4	模块二	项目一	任务二	火车纹身含义——普铁	视频	41
5		项目二	任务二	火车纹身含义——高铁	视频	52
6			任务三	动车组检修制度与实施	视频、PPT	57
7	模块三	项目一	任务一	机车整备生产组织	视频、PPT	65
8	模块四	项目一	任务一	机车整备设施	视频、PPT	103
9			任务二	机车检修设施	视频、PPT	107
10		项目二	任务一	磁粉探伤	视频	110
11			任务二	超声波探伤	视频	125
12	模块五	项目一	任务一	牵引电机检修作业要求	视频	146
13			任务二	受电弓检修作业要求	视频	150
14				主断路器检修作业要求	视频	152
15			任务三	转向架检修作业要求	视频	155
16			任务四	车钩及缓冲器检修作业要求	视频	165
17	模块六	项目一	任务一	认识行车事故分级	PPT	206
18	模块七	项目一	任务二	检修车间的组织与管理	PPT	235
19	模块八	项目一	任务一	走向世界的复兴号	视频	255

目 录

模块一　检修理论储备 ……………………………………………………………… 1

项目一　铁路运输与列车检修概论学习 ………………………………………… 3
　　任务一　认识铁路运输系统 ……………………………………………… 3
　　任务二　认识列车检修 …………………………………………………… 8
　　任务三　确立检修工作的基本原则与目标 ……………………………… 11

项目二　列车检修基础知识学习 ………………………………………………… 15
　　任务一　归类列车检修 …………………………………………………… 15
　　任务二　认识修程修制 …………………………………………………… 16
　　任务三　明确检修质量标准与验收规范 ………………………………… 24

项目三　列车检修安全与管理认知 ……………………………………………… 28
　　任务一　认知检修作业的安全规范与防护措施 ………………………… 28
　　任务二　认知检修管理体系和要求 ……………………………………… 30
　　模块小结 …………………………………………………………………… 34
　　任务实战 …………………………………………………………………… 34

模块二　列车知识储备 ……………………………………………………………… 36

项目一　电力机车概览 …………………………………………………………… 38
　　任务一　认识电力机车的基本构造与工作原理 ………………………… 38
　　任务二　识读机车代码 …………………………………………………… 41
　　任务三　规划电力机车的检修工艺与流程 ……………………………… 45

项目二　动车组概览 ……………………………………………………………… 50
　　任务一　认识动车组的基本构造与技术特点 …………………………… 50
　　任务二　识读动车组代码 ………………………………………………… 52
　　任务三　规划动车组检修工序与路径 …………………………………… 57
　　模块小结 …………………………………………………………………… 62
　　任务实战 …………………………………………………………………… 62

模块三 列车整备作业 63

项目一 列车整备作业内涵与方法建构 65
　　任务一 厘清整备与检修 65
　　任务二 学习整备检查方法 67

项目二 列车整备作业实践 71
　　任务一 整备检查准备工作 71
　　任务二 机车整备检查 72
　　任务三 动车组司机室整备检查 88
　　模块小结 100
　　任务实战 100

模块四 检修设备与技术运用 101

项目一 检修设备与工具认识 103
　　任务一 认识列车整备设备设施 103
　　任务二 认识列车检修设备设施 107

项目二 无损检测技术认识与应用 110
　　任务一 磁粉探伤 110
　　任务二 超声波探伤 125

项目三 传感器与故障诊断技术学习 135
　　任务一 认识传感器检测技术 135
　　任务二 传感器误差分析 137
　　任务三 认知现代检测技术与智能化检修 138
　　模块小结 141
　　任务实战 142

模块五 关键部件检修 143

项目一 电力机车关键部件解体检修 146
　　任务一 牵引电机解体检修 146
　　任务二 高压电器解体检修 150
　　任务三 转向架及其部件解体检修 154
　　任务四 车钩及缓冲器解体检修 165

项目二　动车组关键部件解体检修 ··· 170
任务一　牵引电机解体检修 ··· 170
任务二　高压电器解体检修 ··· 179
任务三　转向架及其部件解体检修 ··· 185
任务四　车钩及缓冲器解体检修 ··· 196
模块小结 ··· 202
任务实战 ··· 203

模块六　事故后检修处理 ··· 204
项目一　直面行车事故处理 ··· 206
任务一　认识行车事故分级 ··· 206
任务二　处理事故救援 ··· 211
项目二　学习事故后处理 ··· 214
任务一　现场处理流程学习 ··· 214
任务二　故障修复与后续管理学习 ··· 216
任务三　途中应急故障处理 ··· 218
模块小结 ··· 226
任务实战 ··· 227

模块七　检修管理与质量控制 ··· 229
项目一　检修管理 ··· 231
任务一　认识铁路运输系统 ··· 231
任务二　检修车间的组织与管理 ··· 235
任务三　检修质量的监督与评估 ··· 241
项目二　质量控制与持续改进 ··· 245
任务一　检修质量控制体系的建立 ··· 245
任务二　检修工艺的优化与创新 ··· 246
任务三　检修数据的统计与分析 ··· 247
模块小结 ··· 251
任务实战 ··· 252

模块八　新技术认识与发展趋势展望 ·· 253

项目一　列车检修的新技术认识 ·· 255

任务一　认识智能化检修技术 ·· 255

任务二　认识绿色检修技术 ·· 270

任务三　认识高速列车检修前沿技术 ·· 273

项目二　列车检修发展趋势展望 ·· 274

任务一　状态修与预防修结合展望 ·· 274

任务二　检修模式数字化转型展望 ·· 276

任务三　国际铁路检修技术的借鉴与应用 ·· 278

模块小结 ·· 280

任务实战 ·· 281

参考文献 ·· 282

模块一　检修理论储备

当钢铁巨龙日夜不息地穿梭于纵横交错的铁路网络时，每一段安全旅程的背后都凝结着严谨的检修技术与无声的责任担当。列车检修是铁路运输系统的生命线，是连接速度与安全的精密纽带。从货运重载线的澎湃轰鸣到客运高速铁路的风驰电掣，铁路运输的每一次突破都离不开检修技术的支撑，每一条轨道的延伸都镌刻着检修人员的匠心。

本模块立足铁路运输与列车检修的核心逻辑，既剖析铁路巨网的宏观架构，又透视列车部件的微观维护；既揭示安全至上的底层逻辑，又探索技术创新的前沿方向。通过学习，您将领略铁路运输的恢宏与检修技术的精妙，理解故障预防与安全保障的科学法则，最终建立起"技术为基、质量为魂、安全为本"的检修价值观。

学习目标

【知识目标】

1. 铁路运输系统认知

（1）掌握铁路运输系统的组成部分（固定设施、移动设备、管理网络）及其核心功能；

（2）熟悉高速铁路、重载运输、智能化技术的核心特征与发展趋势。

2. 列车检修理论体系

（1）理解列车检修的定义、分类（日常/定期/专项）与流程（计划制订→解体→部件检修→组装→验收）；

（2）掌握计划修与状态修的概念及其适用场景，熟悉和谐型机车的修程修制分级标准（C1~C6修）。

3. 安全质量管理规范

（1）记忆检修工作的核心原则（安全第一、预防为主、质量至上、成本效益）；

（2）掌握检修质量标准依据（国标、行业规范、制造商要求）及验收流程（自检→互检→专检→验收）。

【能力目标】

1. 系统分析能力

（1）能够拆解铁路运输系统的功能架构，识别其与检修需求的关联点；

（2）能根据车辆技术状态与运营数据制订合理的检修计划。

2. 安全管理能力

（1）熟练应用安全防护措施（如高空作业安全带的使用、电气设备断电流程、密闭空间检测）；

（2）能组织模拟应急演练（如火灾、触电、机械伤害），快速实施标准救援操作。

【素质目标】

1. 安全意识与责任意识

（1）培养"隐患即事故"的预防性思维，将安全操作内化为职业本能；

（2）培养"质量不妥协"的职业态度，严守标准流程与验收规范。

2. 技术探究精神

（1）主动关注智能化检测（如车载诊断系统、轨旁设备）与绿色技术（节能减排材料）的创新动态；

（2）能以数据驱动思维优化检修方案，平衡安全效益与经济成本。

3. 团队协作素养

（1）理解铁路"大三级+小三级"管理体系（国铁集团→铁路局→站段）的协作逻辑；

（2）具备跨岗位沟通能力，能在多部门协作中准确传递技术需求与安全隐患信息。

模块学习寄语

列车检修不仅仅是机械的维护，更是对生命的敬畏、对技术的信仰。愿每一位学习者以严谨为尺、以创新为刃，在平凡中守护铁路动脉的澎湃心跳，成就中国铁路的荣耀征途！

项目一　铁路运输与列车检修概论学习

铁路运输作为现代交通运输体系的重要支柱，承载着推动国家经济发展与民生保障的重任。从广袤无垠的货运网络到便捷高效的客运专线，铁路以其独特的速度、载荷与经济性优势，编织起一张连接城市与乡村、国内与国际的运输巨网。在这张巨网的平稳运行背后，列车检修工作犹如隐形的守护者，默默保障着每一次旅程的安全与顺畅。

列车检修并非简单的设备维护，而是一套复杂精密的系统工程。它贯穿铁路运营的始终，从日常的车体清洁、部件润滑，到定期的深度解体检查、性能测试，再到突发故障的紧急抢修，每一项工作都关乎列车能否按时、安全地抵达目的地。然而，检修工作的意义不止于此——它更是铁路运输企业实现可持续发展的关键路径，是技术创新与管理优化的实践场域。

确立检修工作的基本原则与目标，是引领这一系统工程走向卓越的灯塔。安全至上，是铁路检修永恒的核心，任何微小的疏忽都可能酿成不可挽回的灾难；预防为先，意味着要在故障萌芽前将其扼杀，以精细化的维护避免突发的停运危机；质量为本，确保每一项检修工序都达到甚至超越标准，让列车在每一次出发时都如新车般可靠；而成本效益的平衡，则是在资源有限的现实中追求效率最大化的智慧选择。

当踏上这段学习之旅，从认识铁路运输系统的宏观架构开始，逐步深入到列车检修的微观细节，再升华至确立检修工作的指导原则，我们不仅是在掌握一门技术，更是在为铁路运输的安全、高效与可持续发展筑牢根基。让我们以严谨的态度、系统的思维和创新的精神，共同探索铁路运输与列车检修的奥秘，为每一次列车的鸣笛启程保驾护航。

任务一　认识铁路运输系统

一、铁路运输系统概述

铁路运输系统是现代综合交通运输体系的重要组成部分，具有运量大、能耗低、安全性高、运输成本相对较低等显著优势。它依托铁路线路、机车车辆、通信信号系统等固定与移动设备，通过科学的运营管理，实现人和货物的高效、安全运输。铁路运输不仅在国内客货运输中占据关键地位，还在国际物流与区域经济协作中扮演着重要角色。

二、铁路运输系统的组成部分

（一）固定设施

1. 铁路线路

铁路线路包括正线、站线、段管线、岔线等，是列车运行的基础路径，其质量直接影响行车安全与效率。

2. 车　站

车站分为客运站、货运站和技术站，承担旅客乘降、货物装卸及列车编组、解体等技术作业。

3. 铁路通信与信号系统

通信系统保障调度指挥、车站与列车间的信息传递；信号系统则通过信号机、闭塞设备等控制列车运行间隔与速度，确保行车安全。

4. 供电系统

供电系统为电气化铁路提供动力，涵盖发电厂、变电站、接触网等设施，其稳定性关乎列车的持续运行。

（二）移动设备

1. 机车车辆

机车作为动力来源，分为电力机车、内燃机车等；车辆包括客车、货车，是实际承载旅客和货物的工具。

2. 动车组

动车组是一种自带动力、固定编组的旅客列车，具有快速、舒适的特点，广泛应用于城市间与城际客运。

（三）运输组织与管理系统

1. 调度指挥中心

负责全局运输生产的组织与协调，制定列车运行图，实时监控列车运行状态，应对突发情况。

2. 客运与货运服务系统

客运系统涵盖售票、候车、乘降等服务环节；货运系统则涉及货物受理、装卸、仓储及交付等流程，二者均以满足客户需求、提升运输服务质量为目标。

三、铁路运输系统的功能

（一）客货运输功能

1. 客运功能

通过开行不同速度等级、种类的旅客列车（如高铁、普速、城际列车等），满足人们多样化、多层次的出行需求，连接城市与地区，促进人员流动与文化交流。

2. 货运功能

凭借铁路的大运量、长距离运输优势，承担煤炭、矿石、粮食等大宗货物以及集装箱、行包等多样货物的运输任务，保障国家能源、物资供应，推动商品流通与经济繁荣。

（二）编组与解体功能

在技术站，通过调车机车与驼峰等，对到达的列车进行解体，将车辆按照去向、品类等重新编组，形成新的列车，以提高运输效率，实现车辆的合理配置与高效运用。

（三）调度与指挥功能

调度指挥中心依据列车运行图，对全路列车运行进行集中统一指挥，实时下达调度命令，调整列车运行秩序，确保列车正点、安全运行，同时应对线路施工、自然灾害、设备故障等突发状况，迅速恢复运输秩序。

（四）安全与保障功能

铁路运输系统配备完善的安全技术与管理措施，如信号系统、列车运行控制系统、防灾安全监控系统等，对列车运行全过程进行实时监控与防护，确保旅客生命财产安全与货物运输安全。

（五）维护与管理功能

涵盖固定设施与移动设备的日常维护、定期检修、更新改造等，保障设备的良好状态与可靠运行；同时，通过运输组织优化、人员培训、规章制度建设等管理手段，提升运输生产效率与效益。

四、铁路运输系统的技术发展

（一）高速铁路技术

1. 线路与轨道技术

采用无砟轨道、无缝钢轨等新技术，提高线路的平整度与稳定性，满足高速列车运行的高精度要求。

2. 机车车辆技术

动车组采用轻量化、流线型设计，配备先进的牵引、制动与网络控制系统，实现高速、舒适、安全运行，运营速度可达 350 km/h。

3. 通信信号技术

应用 CTCS-3 级列控系统、GSM-R 通信技术等，实现列车运行控制的自动化、智能化，保障高速列车的高密度、高效率运行。

（二）重载运输技术

1. 车辆技术

研发大轴重、大容量的重载列车车辆，提高列车的载重能力；采用先进的转向架、制动技术，保障列车在重载条件下的运行安全与稳定性。

2. 牵引技术

电力机车牵引功率不断提升，满足重载列车的牵引需求；研究多机牵引、分布式牵引等新技术，提高重载列车的牵引效率与通过能力。

3. 运输组织技术

优化重载列车的编组、开行方案，开行单元重载列车、组合重载列车等，提高铁路货物运输的重载水平与市场竞争力。

（三）智能化技术

1. 智能调度指挥

利用大数据、人工智能技术，构建智能调度决策支持系统，实现列车运行计划的自动编制、实时调整与优化，提高调度指挥效率。

2. 智能客运服务

开发智能售票、智能安检、智能引导等系统，提升旅客出行体验；通过旅客流量预测、客运服务设施的智能管控，优化客运资源配置。

3. 智能货运服务

应用物联网、区块链技术，实现货物运输全过程的实时跟踪、信息共享与智能管理；发展自动化装卸、智能仓储等技术，提高货运作业效率。

4. 智能运维技术

借助传感器、数据分析技术，对铁路设备进行实时状态监测与故障预警，开展预防性维修；利用机器人、无人机等技术，提高设备检修的自动化与智能化水平。

（四）绿色化技术

1. 节能技术

推广应用高效牵引电机、变频调速技术等，降低机车车辆能耗；优化列车运行控制策略，实现节能运行。

2. 环保材料与工艺

在铁路建设与设备制造中，选用环保、可再生材料，减少对环境的污染；采用先进的施工工艺与涂装技术，降低噪声、粉尘等污染物排放。

3. 生态修复技术

对铁路沿线生态环境进行修复与保护，建设绿色铁路走廊，促进铁路与自然的和谐共生。

五、铁路运输系统的管理

（一）运输计划与组织管理

1. 运输计划编制

根据国家经济计划、市场需求与铁路运输能力，制订长期、短期运输计划，包括客运计划、货运计划等，合理安排运力资源。

2. 日常运输组织

依据列车运行图，组织列车开行，做好客运服务、货运装卸等各项工作，确保运输生产的顺畅进行；加强运输过程中的信息沟通与协调，及时处理突发情况。

（二）安全管理

1. 安全制度建设

建立健全铁路运输安全规章制度，明确各部门、各岗位的安全职责，规范运输生产作业流程。

2. 安全教育培训

加强对铁路职工的安全意识与技能培训，提高职工的安全操作水平与应急处置能力。

3. 安全监督检查

定期开展安全大检查，排查安全隐患，对关键岗位、重点环节进行重点监控；建立安全绩效考核机制，确保安全生产责任制的落实。

（三）设备管理

1. 设备采购与更新

根据运输生产需求与设备技术发展，制订设备采购计划，及时更新老化、落后的设备，提高设备的先进性与可靠性。

2. 设备维护与保养

建立完善的设备维护保养体系，制定设备检修规程，定期对设备进行日常维护、定期检修，确保设备的良好状态。

3. 设备技术改造

积极推广应用新技术、新设备、新工艺，对现有设备进行技术改造，提高设备的性能与自动化水平。

（四）调度指挥管理

1. 调度指挥体系优化

完善调度指挥机构设置，明确各级调度的职责与权限，加强调度指挥的集中统一领导。

2. 调度指挥信息化建设

构建先进的调度指挥信息平台，实现列车运行信息的实时采集、传输与处理，提高调度指挥的效率与准确性。

3. 应急处置能力建设

制定完善的应急预案，加强应急演练，提高调度指挥人员应对突发事件的应急处置能力。

（五）质量管理

1. 运输服务质量管理

建立客运、货运服务质量标准与评价体系，加强对运输服务质量的监督检查，及时处理旅客、货主的投诉与建议，不断改进服务质量。

2. 运输产品质量管理

加强对铁路运输产品的质量控制，包括货物运输的安全性、完整性，旅客运输的舒适性、正点率等，提高铁路运输产品的市场竞争力。

3. 质量管理体系认证

推动铁路运输企业开展质量管理体系认证，引入先进的质量管理理念与方法，持续改进运输生产全过程的质量管理。

任务二　认识列车检修

铁路运输是国民经济的大动脉，列车是铁路运输的主体，列车的重要性不言而喻。运行中的列车一旦发生事故，轻则中断行车，扰乱正常的运输秩序；重则造成车毁人亡的事故，给社会发展带来严重不利影响。

图 1-1 为列车运行过程中故障趴窝事故，其中 2008 年 7 月 17 日 D406 动车组运行过程中突发故障，中断行车 2 个多小时，其间部分旅客中暑，部分旅客在强行跳车求救中受伤，给铁路运输带来一系列不良影响。

（a）地铁故障趴窝　　　　　　　　　（b）D406 动车组故障趴窝

图 1-1　列车故障趴窝

图 1-2 为列车脱轨而导致的解体事故。1998 年 6 月 3 日，德国慕尼黑开往汉堡的 ICE 高速列车在运行过程中脱轨，事故造成 101 人死亡，88 人重伤，直接经济损失 2 亿马克（约合人民币 8.2 亿元），是世界高铁历史上第一次严重的伤亡事故。

（a）黑龙江鹤岗货车脱轨　　　　　　　（b）德国 ICE 高速列车脱轨

图 1-2　列车脱轨

一、列车检修的定义与目的

列车检修是指为了确保列车的安全运行和性能稳定，根据列车的运行里程、使用时间以及技术状态，对列车的各个系统和部件进行检查、维护、修理和更换的一系列工作。其主要目的在于：

1. 预防故障

通过定期检查和维护，及时发现潜在问题，防止列车在运行过程中发生故障，保障乘客和货物运输的安全。

2. 延长使用寿命

通过对列车部件的维护和更换，减缓部件的老化和磨损，延长列车的使用寿命。

3. 优化性能

确保列车的各项性能指标符合设计要求，提高运行效率和可靠性。

4. 降低运营成本

通过有效的检修管理，减少因故障导致的停运时间和维修费用，提高运营效益。

二、列车检修的分类

（一）按检修深度和范围分类

1. 日常检修

对列车进行日常的检查和维护，包括外观检查、清洁、润滑、功能测试等，通常在列车入库后进行，由地勤人员负责。

2. 定期检修

根据列车的运行里程或使用时间，定期对列车进行全面的检查和维护，包括对关键部件的解体检查、性能测试、更换磨损件等。定期检修分为不同的修程，如小修、中修、大修等。

3. 专项检修

针对列车的特定系统或部件进行专项检查和维护，如制动系统专项检修、牵引系统专项检修等，通常在发现异常或故障时进行。

（二）按检修对象分类

1. 机车车辆检修

对机车和车辆的机械、电气、制动等系统进行检修，确保其性能和安全性。

2. 线路与轨道检修

对铁路线路、轨道、道岔等进行检查和维护，确保列车运行的平稳性和安全性。

3. 通信信号检修

对通信设备、信号系统进行检查和维护，确保列车运行信息的准确传递和控制。

4. 供电系统检修

对接触网、变电站等供电设备进行检查和维护，确保列车的动力供应。

5. 车务系统检修

对车站设备、货运设备等进行检查和维护，确保客运和货运业务正常进行。

三、定期检修流程

（一）检修计划的制订

根据列车的运行里程、使用时间和技术状态，制订详细的检修计划，包括检修日期、修程、检修内容等。

检修计划应考虑列车的运营需求，合理安排检修时间，避免影响正常运输生产。

（二）列车入厂检查

列车进入检修车间后，首先进行入厂检查，包括外观检查、功能测试、故障记录等，确定检修重点。

根据入厂检查结果，制订具体的检修方案。

（三）解体与清洗

对列车进行解体，将需要检修的部件拆卸下来，进行清洗和清洁，为后续的检查和维护做好准备。

清洗过程中应注意保护部件的精度和性能，避免因清洗不当造成损坏。

（四）部件检修

对拆卸下来的部件进行详细的检查和测试，包括外观检查、尺寸测量、性能测试等。

根据检查结果，对部件进行维护、修理或更换，确保其性能符合要求。

对关键部件进行探伤检查，如磁粉探伤、超声波探伤等，确保部件无裂纹、无损伤。

（五）组装与调试

将检修后的部件重新组装到列车上，进行调试和功能测试，确保列车的各项性能指标符合要求。

调试过程中应严格按照操作规程进行，确保调试工作的安全性和准确性。

（六）验收与出厂

检修完成后，对列车进行验收，包括外观检查、功能测试、性能验证等，确保列车检修质量符合标准。

验收合格后，列车出厂交付使用。

任务三　确立检修工作的基本原则与目标

一、检修工作的基本原则

（一）安全第一

1. 确保作业安全

在检修过程中，始终将安全放在首位，严格执行安全操作规程，确保检修人员的人身安

机车检修
技术文件

全和设备安全。检修人员必须经过安全培训，具备必要的安全知识和技能，正确佩戴和使用个人防护用品。

2. 保障列车运行安全

检修工作的核心目标是确保列车的安全运行，通过对列车各个系统和部件的检查、维护和修理，及时发现和消除潜在的安全隐患，防止列车在运行过程中发生故障，保障乘客和货物运输的安全。

（二）预防为主

1. 定期检查与维护

按照列车的运行里程、使用时间和技术状态，制订科学合理的检修计划，定期对列车进行全面的检查和维护。通过定期检修，及时发现潜在的问题，防止故障的发生。

2. 状态监测与预警

利用先进的检测技术和设备，对列车的关键部件和系统进行实时状态监测，及时发现异常情况并发出预警信号，以便采取相应的措施，预防故障的发生。

（三）质量至上

1. 严格质量标准

检修工作必须严格按照国家、行业、企业的相关标准和规范进行，确保检修质量符合要求。制定完善的检修工艺和操作规程，规范检修流程，确保每一个环节都达到高质量标准。

2. 质量检验与控制

建立严格的质量检验制度，对检修后的列车和部件进行严格的检验和测试，确保其性能和质量符合标准。加强对检修过程的质量控制，及时发现和纠正质量问题，确保检修工作高质量完成。

（四）修养并重

1. 日常保养与定期检修相结合

不仅注重定期检修，还强调日常的保养和维护。通过对列车的日常清洁、润滑、检查等工作，及时发现和处理小问题，防止其发展成大故障。

2. 综合维护与专项修理相结合

在进行综合维护的同时，针对列车的特定系统或部件进行专项检查和修理，确保列车的整体性能和可靠性。

（五）成本效益

1. 合理安排检修资源

根据列车的实际技术状态和运行需求，合理安排检修计划和资源，避免过度检修或检修不足。优化检修流程，提高检修效率，降低检修成本。

2. 延长设备的使用寿命

通过科学合理的检修和维护，延长列车部件的使用寿命，减少设备的更新频率，降低运营成本。

二、检修工作的目标

（一）确保列车运行安全

1. 消除安全隐患

通过全面、细致的检修工作，及时发现并消除列车各个系统和部件的潜在安全隐患，确保列车在运行过程中不发生故障，保障乘客和货物运输的安全。

2. 提高安全性能

不断提升列车的安全性能，使其能够应对各种复杂的运行环境和突发情况，确保列车运行的稳定性和可靠性。

（二）延长设备的使用寿命

1. 减缓设备老化

通过对列车部件的定期维护和保养，减缓设备的老化和磨损，延长其使用寿命。采用先进的检修技术和材料，提高设备的耐久性和可靠性。

2. 优化设备管理

建立完善的设备管理体系，对设备的使用、维护、检修和更新进行科学管理，确保设备在整个生命周期内保持良好的运行状态。

（三）提高检修效率

1. 优化检修流程

通过不断优化检修流程，提高检修工作的效率和质量。采用先进的检修设备和技术，实现检修工作的自动化和智能化，减少人工操作，提高工作效率。

2. 缩短检修时间

合理安排检修计划和资源，确保检修工作能够按时完成，减少列车的停运时间，提高运营效益。

（四）培养专业检修团队

1. 提升人员素质

加强对检修人员的专业培训，提高其技术水平和业务能力，培养一支高素质、专业化的检修团队。

2. 鼓励技术创新

鼓励检修人员积极开展技术创新和工艺改进，不断提高检修工作的科学性和先进性，提升检修团队的整体实力。

（五）推动可持续发展

1. 节能减排

在检修工作中，注重节能减排，采用环保、节能的检修设备和材料，降低能源消耗和环境污染。

2. 资源循环利用

加强对废旧部件、材料的回收和再利用，实现资源的循环利用，减少浪费，推动铁路运输的可持续发展。

通过确立以上基本原则和目标，检修工作能够更加科学、规范、高效地进行，为铁路运输的安全、稳定、可持续发展提供有力保障。

项目二　列车检修基础知识学习

在铁路运输的宏大画卷中，列车检修工作犹如精密的齿轮，驱动着安全与效率的巨轮稳步前行。列车检修不仅是对设备的维护，更是对生命安全的守护与运输使命的践行。从日常的呵护到定期的深度诊疗，从规范的操作到严格的验收，每一项工作都如同精心编织的网络，守护着列车的每一次启程与抵达。

列车检修的分类，是这场宏大交响乐的序章。它将繁杂的工作条理化，让每一项任务都找到自己的位置，奏响和谐的旋律。而修程修制，则是指引我们前行的灯塔，照亮了检修工作的节奏与步伐，确保每一项检修都能在合适的时间，以合适的方式展开。

质量标准与验收规范，是这场交响乐的乐谱。它们以严谨的音符，标注了检修工作的每一个细节，确保每一个音符都精确无误，每一个旋律都完美和谐。它们是检修人员手中的指南针，指引着检修人员在复杂的工作中保持方向，确保每一项工作都能达到预期的目标。

在这个知识的殿堂里，我们将从列车检修的分类开始，逐步深入到修程修制的精髓，最终抵达质量标准与验收规范的高峰。这不仅是一次知识的探索，更是一场对责任与使命的深刻领悟。让我们携手共进，开启这场关于列车检修的智慧之旅，为铁路运输的安全与效率奠定坚实的基础。

任务一　归类列车检修

列车检修是保障铁路运输安全与效率的关键环节，通过科学合理的检修工作，可以及时发现并解决列车运行中的潜在问题，确保列车始终处于良好的技术状态。为了更好地组织和实施检修工作，有必要对列车检修进行系统分类。本任务将从不同角度对列车检修进行归类，帮助学员理解检修工作的层次和重点。

一、日常检修

日常检修是对列车进行的例行检查和维护，通常在列车入库后进行，由地勤人员负责。其目的是确保列车在每次出库前处于良好的运行状态，预防常见故障的发生。

日常检修内容包括：

（1）外观检查：检查列车的外观是否有损坏或异常。

（2）清洁与润滑：对列车的各个部件进行清洁和必要的润滑。

（3）功能测试：对列车的关键系统（如制动系统、牵引系统）进行功能测试，确保其正常运行。

（4）故障排查：根据列车运行记录和乘务员反馈，排查并处理常见故障。

二、定期检修

定期检修是根据列车的运行里程或使用时间，定期对列车进行全面的检查和维护。通过定期检修，全面恢复列车的技术状态，延长列车的使用寿命。

定期检修可分为小修、中修和大修。

（1）小修：针对列车的易损部件和关键系统进行检查和维护，通常每 1 万~2 万千米进行一次。

（2）中修：对列车的主要部件和系统进行解体检查和维护，通常每 10 万~20 万千米进行一次。

（3）大修：对列车进行全面的解体检查、修复和更新，通常每 100 万~200 万千米进行一次。

定期检修内容包括：

（1）解体检查：对关键部件（如转向架、制动系统、牵引电机）进行解体检查。

（2）性能测试：对各个系统进行性能测试，确保其符合设计要求。

（3）部件更换：更换磨损严重或损坏的部件。

（4）系统调试：对列车的各个系统进行调试，确保其正常协同工作。

三、专项检修

专项检修是针对列车的特定系统或部件进行的专项检查和维护，通常在发现异常或故障时进行。专项检修可及时发现和处理特定系统或部件的潜在问题，防止故障扩大化。

专项检修内容包括：

（1）系统专项检查：对特定系统（如制动系统、牵引系统、空调系统）进行全面检查。

（2）部件专项维护：对特定部件（如转向架、车钩、受电弓）进行维护和修理。

（3）故障处理：针对发现的故障进行专项处理，确保故障得到彻底解决。

任务二 认识修程修制

检修工作的整体安排组织方式，称为修程修制。

修程修制与当前列车制造工艺水平、具体运用环境、运用维修能力的布局等密切相关，也是一个持续改进的过程。

机车修程修制概述

一、检修指导思想

早期的设备由于结构较为简单,故障影响范围小,一般采用事后检修的方式,也称故障修。实践证明,有些机件即便发生故障也不会危及安全或者造成恶果,它们或是故障规律不清,偶然发生,采用故障修更经济。

随着技术的发展,机械结构越来越复杂,所承担的责任也越来越大,而一旦发生故障,所导致的后果也越来越严重。如 1998 年 6 月 ICE 高速列车脱轨事故造成了重大的人员伤亡,其直接原因是车轮的断裂,如图 1-3 所示。

图 1-3　ICE 高速列车脱轨事故

为了避免类似事故的发生,对一些重要的设备定期进行检修是很有必要的,称为计划性预防修,简称计划修。

与故障修相比,计划修在维修思想上有一个较大的提升。计划修定期开展的工作不只包括检查,还包括保养及修理(维修)。通过强化检修保养工作,可以减少设备故障发生的概率,提高设备的安全性和可靠性。

在上述检修思想指导下,制定出的一套规定与制度(包括维修类别、维修等级、维修方式、维修计划、维修考核指标体系等),称之为检修制度。目前,世界上的计划修检修制度有两大体系:

(1)在"预防为主"检修思想指导下,以磨损理论为基础的计划预防维修制度。

(2)以"可靠性为中心"的检修思想为指导,以故障统计理论为基础的计划预防维修制度。

计划修是机械设备维修理论上的一个突破,但是合理地确定检修周期却仍是一个难题。检修周期过短,会造成列车频繁检修,不但增加了检修工作量和检修费用支出,还无形中缩短了列车的使用寿命;检修周期过长,则会导致一些潜在的故障变成真正的故障,从而影响铁路正常的运输秩序,甚至危及行车安全。如果能实时监测设备的运行状态,并根据对其状态的评估来确定检修时机和措施,上述问题岂不是解决了?这就是状态修的思想和出发点。

状态修也称视情检修,它立足于故障机理的分析,根据在线测试的结果,当检修对象出现"潜在故障"时就进行调整、维修或更换,从而避免"功能故障"的发生。状态修的优势在于通过加强和完善检测手段，掌握设备的工作状态，及时发现问题并采取相应对策，使有些故障在发生之前得到有效预防，有些严重的故障可以在有轻微苗头时得到控制并被排除，从而遏制恶性事故的发生。状态修可大大降低设备的故障率，缩小检修范围，减少检修工作量，节约检修成本，提高设备的利用率，使检修工作变被动为主动。

视情检修可以解决定期检修中"该修不能修，不该修却要修"的问题。与此同时，基于车载诊断系统、轨旁检测设备等先进检测设备（见图1-4），我国也在积极推进基于状态修理论的修程修制。

（a）先进车载诊断系统　　　　　　　　（b）轨旁检测设备

图1-4　先进检测设备

二、确定检修周期

为了保证列车在运营过程中具有良好的技术状态，我国采用"以走行里程为主、时间周期为辅"的计划修制度。检修周期是决定运用列车技术状态的关键因素。那么，列车的检修周期是如何确定的呢？

1. 零件损伤常用研究方法

制定检修周期时要考虑的问题很多，如各种零部件的使用期限、列车的运用属性、检修能力等。当然，最基本的是利用列车及其零部件的损伤规律确定零件的使用期限，并参考车辆的经济使用寿命系数来选定车辆检修周期。

列车及其零部件损伤主要有磨损、腐蚀、断裂、变形及零件的松弛5种，对特种损伤规律的研究是制定车辆检修周期的基础和关键。零件损伤常用的研究方法有典型分析、实验研究和统计调查3种。

典型分析：对事故零件进行分析，查找事故产生的原因，适用于损伤速度特别快或特别慢的典型零件，从而发现影响其损伤速度的原因。

实验研究：在模拟列车的工作条件下进行实验，一般用于研究某一因素的改变对零件损伤发展规律的影响。如制动闸瓦材料的选择（见图1-5），一般都经过模拟试验后再确定其材料化学成分。

统计调查：对运用车上零件的损伤情况进行统计研究，常用于研究零件的故障率、使用期限和寿命。如调查车轮踏面磨损的速度就可以使用这种方法。

图 1-5　车轮和闸瓦的磨耗

2．零件生命周期

大量研究表明，包含列车在内的机械设备的失效率（故障率）随时间变化的曲线呈浴盆状，如图 1-6 所示。具体而言，可以将其生命周期分为 3 个阶段。

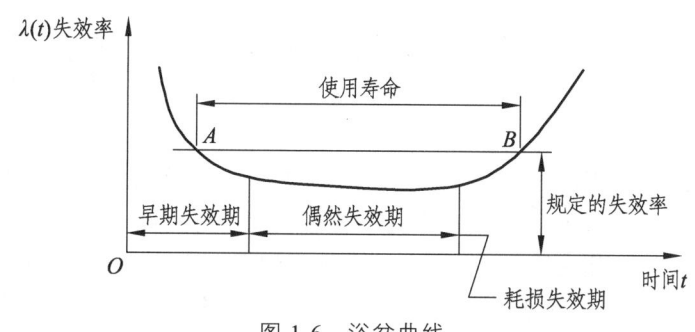

图 1-6　浴盆曲线

高故障率阶段（早期失效期）：在产品使用早期，零部件处于磨合阶段，如果再有设计和制造工艺上的缺陷，将导致这一阶段产品的故障较多。

稳定阶段（偶然失效期）：零部件经过一段时间磨合后，各方面的质量和性能趋于稳定，产品故障率将大幅降低。

失效阶段（耗损失效期）：产品运行到了一定阶段后，零部件性能劣化，逐渐接近寿命期限，故障率将再次大幅上升。

理想的检修时机应该是偶然失效期结束时，即进入耗损失效期之前进行更换和修理，这样既能保证机件正常工作，又不造成浪费。

3．检修周期

在介绍检修周期确定方法之前，我们先了解几个基本概念：使用期限、使用寿命与经济使用寿命。

使用期限是指零件从开始用至因使用而引起的损伤达到极限程度，从而必须对它进行修理时为止的全部时间。使用期限不同于使用寿命，后者是指零件从开始使用到报废为止的全部时间。

使用期限主要取决于零件的损伤情况，如果达到了不能继续使用的程度，称为该零件的损伤极限。对于磨损来说，极限损伤为极限磨损量；对于腐蚀来说是极限腐蚀深度；其他如开裂、橡胶件老化等，都可能成为极限损伤。损伤是否达到极限程度，主要考虑下述两个方面：

强度和刚度：损伤随时间的增长而逐渐发展到其承载面的应力超过材料许用应力，或变形超过允许程度时，则该零件的损伤达到了极限程度。

工作条件：有时候，零件虽未完全破坏，但由于尺寸与外形变化改变了零件在部件的配合条件，导致其性能大幅下降，因此也不能继续使用下去。

以车轮踏面磨损为例（见图1-7），其磨损量几乎与走行里程成正比，规定其极限磨损量 S_m 为9 mm。当车轮踏面磨损深度超过 S_m 时，虽然车轮本身强度与刚度没有问题，但影响了车轮与钢轨间的配合条件，使车辆运行阻力显著增加，因此不能继续使用，必须进行镟修，这时该零件用过了一个使用期限。车轮踏面的磨损和镟修，使轮辋厚度逐渐减小，当厚度 b 小于极限厚度 b_m 时，车轮本身的强度和刚度将不能保证列车的安全运行，必须报废，这时该零件已用尽了它的使用寿命。

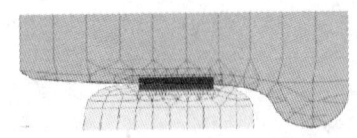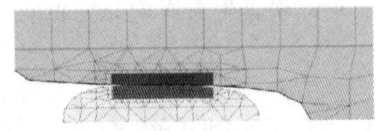

图1-7 车轮踏面磨损

采用计划修制度，厂修时应消除列车在运用中产生的一切不良状态，使其技术状态恢复到新造车的水平。从理论上讲，只要按既定的检修周期进行厂修，列车就可以无限期地使用下去。但在实践中，经过几次厂修后，要使列车恢复到新造车水平就要花费很大的经济代价，因此出于经济效益考虑，不再进行修理而报废。那么，列车的使用寿命多长最为经济呢？

根据极限损伤确定零件的使用期限，并不能直接等同于列车的使用寿命。列车的使用寿命以能反映车辆的运用性能为依据，同时还要考虑其经济性。列车经济使用寿命就是依据投入运用的时间与进行修理的时间的比值来表示的。把这一比值称为车辆经济使用寿命系数 η。η 值在0到1之间变化，η 值越大，说明车辆经济使用寿命越长。提高车辆使用寿命的途径，在于延长车辆实际运用日数和缩短修理停留时间，因此能保证 η 最大与相对修理损耗系数最小的检修制度才是经济合理的。

制定经济合理而切实可行的检修周期，需要考虑的因素很多，但主要考虑零部件的使用期限与列车使用寿命这两方面的要求。

列车零部件繁多，且各零部件的使用期限长短不一，在制定检修周期时，首先要确定最小的定期检修周期。理论上讲，最小的检修周期 T_1 应不大于零部件中最小的使用期限。然而，有些零部件属于易损件，使用期限过短，检修工作量也不大，若以这类零件的使用期限作为最小的检修周期 T_1，就会增加定期检修次数，使车辆相对修理耗损系数值增大，同时使大多数零部件不到使用期限就要进行修理，造成浪费。

为此，可将少数使用期限过短、数量不多、修理量又不大的零部件（如轴箱、制动装置等）列为车辆日常检修的内容。实践中，通常把车辆最小检修周期定为一年（或更长），对使用期限不足一年但很关键的零部件，可做特殊规定。对那些使用期限大于最小检修周期 T_1 的零部件，则按 T_1 的整倍数进行分类，如表 1-1 所示。

表 1-1　零部件检修周期分类

分类数	使用期限范围	检修周期
1	$T_1 \leqslant T_i \leqslant 2T_1$	T_1
2	$2T_1 \leqslant T_i \leqslant 3T_1$	$2T_1$
…	…	…
n	$nT_1 \leqslant T_i \leqslant (n+1)T_1$	nT_1

表 1-1 中，零件分类数 n 可由最大使用周期 $T_{\max}$ 与最小检修周期 T_1 的比值来确定。零部件分类后，就可以进一步确定检修循环中最大的检修周期 T_K。车辆运用到最大检修周期时，要对车辆进行全面检查和修理，使车辆恢复到或接近于新造车的技术状态。因此，确定最大检修周期在制定检修制度中很关键。理论上，可按下式确定：

$$T_K = KT_1$$

式中，K 为整数。K 值确定的原则：充分利用各类零部件的使用期限，使车辆经济使用寿命系数最大，相对修理耗损系数最小。

随着新造车质量的不断提高，检修和运用部门的生产技术与管理方法不断改善，运用列车的技术状态也处于不断完善之中。因此，车辆检修的修程和周期也要进行相应调整与完善。

三、检修修程

目前，我国机车采用的检修制度，除了计划预防性的定期检修之外，为了保证运用车的安全运行，并及时消除各种先期故障，还要进行日常维护保养。

1. 电力机车检修修程

电力机车定期检修修程有四级：大修、中修、小修和辅修（从 2005 年开始，逐渐取消辅修），其中，中修、小修和辅修为段修修程，大修为高等级修程。电力机车不同修程的检修周期的确定标准是非经该修程不足以恢复其基本技术状态，保证其安全运用的最短期限在两次修程间。定期检修制度的辅修走行里程是 1 万～3 万千米，小修是 8 万～10 万千米，中修是 40 万～50 万千米，大修是 160 万～200 万千米。

具体定义如下：

大修是对整个机车进行恢复性全面修理，由中国国家铁路集团有限公司（简称国铁集团）指定的机车修理厂检修。

中修是更换主要部件为主的完善性全面修理。

小修主要是针对制动系统、部分辅机、高压和低压电器、保护装置和机械部件等进行检查和修理。

辅修是全面检查并进行必要的修理。

如表 1-2 所示，自 2015 年 4 月 1 日起，对和谐型机车修程修制进行改革。在修程上，设置 C1、C2、C3、C4、C5、C6 修 6 个等级，其中 C1～C3 修相当于小、辅修，C4～C6 修相当于中、大修。

表 1-2 和谐型机车修程修制

级别	定义	走行里程/万千米	运营时间
C1	例行检查和保养	7×（1±10%）	不超过 3 个月
C2	关键部件重点检查维修	13×（1±10%）	不超过 6 个月
C3		25×（1±10%）	不超过 1 年
C4	主要部件检查	50×（1±10%）	不超过 3 年
C5	主要部件分解检修	100×（1±10%）	不超过 6 年
C6	机车全面分解检修	200×（1±10%）	不超过 12 年

在走行里程和运营时间两个标准里面，以先到的为准。

在分级检修实施过程中，每级的检修内容和任务不一样，级别越高，检修越全面、深入，相应的时间间隔设置也越长。

修程修制等级具体定义如下：

C6 修：机车全面分解检修，全面性能参数测试，恢复基本性能，可同时进行机车或主要部件的技术提升。

C5 修：机车主要部件分解检修，性能参数测试，恢复机车可靠质量状态。

C4 修：机车主要部件检查，性能参数测试，修复不良状态部件，恢复机车可靠质量状态。

C3 修、C2 修：机车关键部件重点检查维修，有针对性地恢复机车的运行可靠性。

C1 修：机车例行检查和保养，利用机车自检系统进行故障诊断，按状态修理。

经过检修，车辆各部装置的性能得到全面恢复，使之与新造车基本上接近。

3. 动车组检修周期

动车组的检修周期是根据走行里程和时间两个指标确定的，以走行里程为主要参考。一般来说，动车组的检修周期分为五个等级，即一级修、二级修、三级修、四级修和五级修，如图 1-8 所示。其中，一、二级修属于日常运用修，而三、四、五级修则属于高级修。

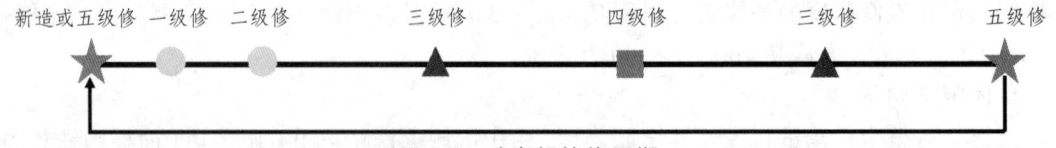

图 1-8 动车组检修周期

一级修：每走行 4 000 千米或运行 48 小时进行一次，主要对动车组进行检查、清洁、润滑和紧固等作业，确保动车组正常运行。

二级修：不同型号动车组、不同部件周期有所不同。以 CRH380A 型车为例，其每走行 3 万千米或 30 天进行一次，二级修主要是对动车组的关键部件进行检查、维修和更换。

三级修：周期为120万～145万千米或3年，需要对动车组的重要部件进行分解检修，并对动车组进行全面检测和调整。

四级修：周期为240万千米或6年，需要对动车组进行解编，对动车组的主要部件进行深度检修和更换。

五级修：周期为480万千米或12年，是在四级修的基础上，对动车组进行全面大修，更新较大范围的零部件，并对车体进行重新喷涂。

4．车辆检修周期

我国货车车辆通行全国，除特种车辆和专用车列外，一般不实行配属制，其检修采用全国铁路上按区段划分的维修负责制。实行配属的货车，其维修工作由所配属或指定的车辆段（车辆工厂）或列检所负责。

客车车辆有固定的配属单位，以及相对固定的运用区间和编组，以客运车辆为例，其日常检修主要由客车库列检、客列检和随车检三个层次。

库列检：对于进入客车技术整备所的旅客列车进行全面检查、试验和修理，按时进行季节性的防暑、防寒整备工作，通常每年4月15日开始防暑整备，9月15日开始防寒整备。

客列检：为了保证列车以良好的技术状态参加营运，客车在始发上客、运行中途停于大站或者终到站后，在8～30 min的时间里，要由列车检查所（简称列检所）对走行部进行检查，以确保车辆良好的运营状态。

对于运用客车的质量状态，国铁集团每年10月、各铁路局每年5月和10月都要组织相关技术专家对客车技术状态进行质量鉴定，以辆评等、按列定级。

乘务检：为了保证运行途中的安全，每列车都配有随行"医护人员"——随车机械师（车辆乘务员）。列车运行过程中，随车机械师对值乘的旅客列车进行途中技术检查和维修工作。

上述日常检修工作由运用车间（如库检车间、客列检车间等）进行实施和管理，相应的计划检修则由检修车间组织实施。从2015年7月1日开始，我国铁路客车计划修实行以走行里程为主、时间周期为辅的维修制度，换件修和状态修相结合的检修模式。我国铁路客车检修采用五级检修制度，即分为A1、A2、A3、A4、A5级修（见表1-3）。

表1-3 客车检修制度

序号	级别	别称	标准* 走行里程/万千米	运营时间 常用客车	运营时间 不常用客车
1	A1	安全检修	30±3	距上次A1级修1年	
2	A2	小段修	60±6*	距上次A2级修2年	距上次A2级修2.5年
3	A3	大段修	120±12	距上次A2级修2年	距上次A2级修2.5年
4	A4	小厂修	240±24	距新造或A5级修8年	距新造或A5级修10年
5	A5	大厂修	480±48	距上次A4级修8年	距上次A4级修10年

在分级检修实施过程中，每级的检修内容和任务不一样，级别越高，检修越全面、深入，相应的时间间隔设置也越长。

A1级：按照客车运用安全要求，对安全关键部件实施换件修，其他部位实施状态修，对故障部位进行处理，恢复其基本性能和要求，保障客车运行安全。

A1级修在列车整备线上实施，在对状态修中换下的配件进行检修时执行换件修标准。

A2级：对零部件实施分单元、分部位的换件修和状态修，使车辆上部、下部基本恢复其技术状态，在保证客车安全的同时，提高客车的使用效率。

A2级修采用均衡维修方式，利用库停时间分次在整备线、临修线上或段修库内进行检修。

A3级：对客车重点部位实施大范围的换件检修，确保客车运行安全；对车辆上部实施高标准的状态维修，以全面恢复客车上部设施的功能。

A3级修在车辆段（厂）内进行架车检修，对换下的部件进行异地检测和专业化集中修，以压缩修时，提高台位利用率；在对状态修中更换的配件进行检修时执行换件修标准。

A4、A5级：一般在车辆工厂施行。按规定应对车辆的各部装置进行全面的分解检查、彻底修理，并进行必要的技术改造。经过检修，车辆各部装置的性能得到全面恢复，使之与新造车基本接近。

货车具体修程修制与客车类似，在此不再赘述。

任务三 明确检修质量标准与验收规范

检修质量标准与验收规范是列车检修工作的核心依据，直接关系到列车的安全运行和可靠性。科学合理的质量标准与严格的验收规范，可以有效预防故障的发生，确保列车始终处于良好的技术状态。本任务将从检修质量标准的制定依据、分类与内容、验收规范的实施与监督等方面进行详细阐述，帮助学员掌握检修质量标准与验收规范。

一、检修质量标准的制定依据

（一）国家与行业标准

（1）国家技术标准：依据国家颁布的铁路机车车辆设计、制造、检修等相关标准，确保检修工作符合国家法规要求。

（2）行业规范：参考铁路行业内的通用规范和标准，结合铁路运输的实际情况，制定具体的检修质量标准。

（二）设备制造商要求

（1）技术文件：参考设备制造商提供的技术文件和维修手册，确保检修工作符合设备的设计要求。

（2）质量保证：遵循制造商对关键部件和系统质量保证的要求，确保检修后的设备性能不低于出厂标准。

（三）铁路运输企业需求

（1）运营安全需求：根据铁路运输企业的安全运营目标，制定相应的检修质量标准，确保列车运行的安全性。

（2）运营效率需求：结合运输效率的要求，优化检修流程和标准，确保列车的高可用性和低故障率。

（四）历史故障数据与经验

（1）故障分析：通过对历史故障数据的分析，找出常见故障的原因和规律，为质量标准的制定提供依据。

（2）经验总结：借鉴以往检修工作的成功经验和教训，不断完善检修质量标准。

二、检修质量标准分类

（一）通用标准与规范

（1）安全标准：包括作业安全、设备安全、人身安全等方面的标准，确保检修过程和检修后的列车符合安全要求。

（2）质量标准：涵盖列车各个系统和部件的性能、精度、可靠性等方面的要求，确保列车的运行质量。

（3）环保标准：涉及检修过程中的节能减排、废物处理、噪声控制等环保要求，促进绿色检修。

（4）职业健康标准：关注检修人员的职业健康，制定相应的防护和健康保障措施。

（二）按检修对象分类

（1）机车车辆标准：包括机械系统、电气系统、制动系统等部件的检修质量标准，确保列车的动力和运行性能。

（2）线路与轨道标准：涉及轨道结构、道岔、信号等设备的检修质量标准，保障列车运行的平稳性和安全性。

（3）通信信号标准：包括通信设备、信号系统等的检修质量标准，确保列车运行信息的准确传递和控制。

（4）供电系统标准：涵盖接触网、变电站等供电设备的检修质量标准，保障列车的动力供应。

（5）车务系统标准：包括车站设备、货运设备等的检修质量标准，确保客运和货运业务的正常进行。

（三）按检修周期与修程分类

（1）小修标准：针对易损部件和关键系统进行检查和维护的标准，确保列车在日常运行中的安全性和可靠性。

（2）中修标准：对主要部件和系统进行解体检查和维护的标准，恢复列车的技术状态。

（3）大修标准：全面解体检查、修复和更新的标准，彻底恢复列车的技术状态，延长列车的使用寿命。

（四）专项检修标准

（1）制动系统专项标准：针对制动系统的性能、可靠性等方面的专项检修标准。

（2）牵引系统专项标准：涵盖牵引电机、变流器等牵引系统的专项检修标准。

（3）空调系统专项标准：涉及空调系统的制冷、制热、通风等性能的专项检修标准。

三、检修可靠性指标

（一）平均故障率

平均故障率是指在统计的走行里程或时间内，一台或多台机车发生故障的次数与走行里程或工作时间之比。平均故障率与故障定义以及规定的走行里程或时间数值密切相关。

全世界各国铁路对故障定义不尽相同：如美国、德国铁路规定，列车在线路上破损而停止运行，则算作"故障"，即列车必须由辅助机车替代牵引；而英国、法国和日本铁路都以列车破损造成时间延误而算作"故障"。不同国家铁路对延误时间值也有不同规定。另外，在计算平均故障率时，所规定的时间各国铁路也不相同。例如，美国按百万英里来计算故障次数，英国、法国、日本和俄罗斯等多用百万千米计算。

平均故障率常采用机破率和临修率来表示。

1. 机破率

机破率是指在规定的走行里程或时间内，机车发生的机破件数。这里的机车可以是一台、一种机型，也可以是多台、多种机型，主要根据统计的需要来决定。我国铁路机务部常用每十万（或百万）千米机破件数作为统计指标。

2. 临修率

临修率是指在规定的走行里程或时间内，机车发生的临修次数。临修是指机车在机务段两次定检间所发生的临时修理，机车乘务人员在不影响运行的情况下所进行的自检自修一般不计入临修。我国铁路机务部门常用每十万（或百万）千米机车发生的临修次数作为统计指标。

（二）平均故障间隔时间

平均故障间隔时间是指机车相邻两次故障间的平均工作时间或走行里程。机车平均故障间隔时间是指一台或多台机车，在其使用寿命期内的累计工作时间或走行里程与故障次数之比。

（三）大修间隔期

大修间隔期的定义：在规定条件下，机车从制造（大修）完成后开始使用到大修（下一次大修）的工作时间或走行里程。

所谓机车大修,是指将机车分解成零部件,进行清洗、检查、更换或修复、组装、试验等,恢复机车的基本性能,以保证铁路运输的需要。大修间隔期及技术条件在各种机车大修规程中都有严格规定。

四、验收规范的实施与监督

(一)验收流程

(1)自检:检修人员在检修过程中进行自我检查,确保每一步操作符合质量标准。
(2)互检:同组检修人员之间进行相互检查,发现问题及时纠正。
(3)专检:由专业的质检人员对检修后的列车和部件进行严格检验,确保质量符合要求。
(4)验收:由验收小组对检修完成的列车进行全面验收,包括外观检查、功能测试、性能验证等。

(二)验收标准

(1)外观验收:检查列车的外观是否有损坏、变形、污渍等,确保外观整洁、无瑕疵。
(2)功能验收:对列车的关键系统(如制动系统、牵引系统)进行功能测试,确保其正常运行。
(3)性能验收:通过性能测试,验证列车的各项性能指标是否符合设计要求。
(4)安全验收:对列车的安全性能进行检查和测试,确保其符合安全标准。

(三)监督与改进

(1)监督机制:建立完善的监督机制,对检修过程和验收结果进行全程监督,确保检修工作的质量和规范性。
(2)问题整改:对验收中发现的问题及时进行整改,确保问题得到彻底解决。
(3)持续改进:定期对检修质量标准和验收规范进行评估和优化,结合新技术、新工艺的应用,不断提升检修工作的科学性和先进性。

项目三 列车检修安全与管理认知

列车检修工作是铁路运输系统的核心环节,它不仅关乎列车的安全运行,更是铁路运输效率和可靠性的关键保障。在检修工作中,安全与管理是两大核心支柱。安全规范与防护措施是保障检修人员生命安全和设备正常运行的第一道防线,而科学的管理体系则是确保检修工作高效、规范进行的重要支撑。

列车检修作业复杂且风险多样,涉及电气、机械、高空作业等多个领域,稍有不慎便可能引发安全事故。因此,严格遵守安全规范、采取有效的防护措施,是每一位检修人员的首要职责。同时,随着铁路运输规模的扩大和技术的不断进步,传统的经验式管理已难以满足现代检修工作的需求。科学的检修管理体系,能够优化资源配置,提高工作效率,确保检修工作的质量和进度。

在本项目中,我们将从安全规范与防护措施入手,深入学习如何在检修作业中保障人员和设备的安全;同时,探索检修管理体系的构建与优化,了解如何通过科学管理提升检修工作的整体效能。这不仅是一次理论的学习,更是一场实践的指导,旨在帮助学员掌握列车检修工作的核心要义,为铁路运输的安全与效率奠定坚实基础。

任务一 认知检修作业的安全规范与防护措施

列车检修作业是一项复杂而关键的工作,直接关系到铁路运输的安全与效率。为了确保检修人员的生命安全和设备的正常运行,必须严格遵守一系列的安全规范和防护措施。这些规范和措施不仅涵盖作业环境、人员安全、设备操作等方面,还包括应急处理和持续改进等内容。

一、作业环境安全规范

(一)作业区域隔离与标识

隔离措施:检修作业区域应设置明显的隔离带或防护栏,防止非授权人员进入。对于高风险区域,如电气设备检修区、高压区等,应设置双重隔离措施。

标识要求:在作业区域设置清晰的警示标志,包括"高压危险""禁止烟火"等标识,确保所有人员都能明确识别潜在危险。

（二）通风与照明

通风要求：确保检修车间和作业区域有良好的通风系统，特别是在处理化学物质或进行焊接作业时，必须保证有害气体和烟雾能够及时排出。

照明要求：提供充足的照明，特别是在夜间或光线不足的环境中，确保作业人员能够清晰地看到作业区域，避免因视线不清导致意外事故的发生。

（三）电气设备安全

断电操作：在进行电气设备检修时，必须先切断电源，并在电源开关处悬挂"禁止合闸"标识牌。

验电与接地：使用验电器确认设备无电后，再进行接地操作，确保作业安全。

二、人员安全防护

（一）个人防护装备（PPE）

基本装备：作业人员必须佩戴安全帽（防护手套、耳塞）、穿安全鞋等基本防护装备。

特殊装备：在特定环境下，如高空作业、电气作业时，还需佩戴安全带、绝缘手套、防护眼镜等特殊装备。

（二）高空作业安全

安全带使用：在离地面 2 m 以上的高处作业时，必须系好安全带，确保安全带的挂钩或绳索系在牢固的构件上。

防坠落措施：设置防坠落平台或防护网，确保作业人员在失足时不会坠落。

（三）有限空间作业

气体检测：在进入有限空间（如油罐、电缆井）前，必须进行气体检测，确保无有毒气体和有足够的氧气含量。

通风与监护：有限空间作业时，必须保持通风，并安排专人进行外部监护，确保作业人员的安全。

三、设备操作安全规范

（一）起重设备操作

操作资质：操作起重设备的人员必须经过专业培训并取得相应资质。

检查与维护：每次使用前，必须对起重设备进行检查，包括钢丝绳、吊钩、制动器等部件，确保其处于良好状态。

（二）压力容器与管道

定期检验：压力容器和管道必须定期进行检验，确保其无泄漏、无腐蚀。
操作规程：严格按照操作规程进行压力容器和管道的使用，避免超压、超温等异常情况。

（三）焊接与切割作业

防护措施：在进行焊接与切割作业时，必须佩戴防护面罩、防护手套等装备，防止飞溅物和强光对人员造成伤害。
防火与防爆：作业区域必须配备灭火器等消防设备，确保作业环境无易燃易爆物品。

四、应急处理措施

（一）火灾应急

灭火设备：作业区域必须配备足够的消防器材和消防设施，并定期检查其有效性。
疏散通道：确保疏散通道畅通无阻，设置清晰的疏散标识，以便在火灾发生时人员能够迅速撤离。

（二）触电应急

急救措施：一旦发生触电事故，应立即切断电源，并使用绝缘工具将触电人员与电源分离。
医疗救助：及时拨打急救电话，并对触电人员进行心肺复苏等急救措施。

（三）机械伤害应急

停止作业：发生机械伤害时，应立即停止相关设备的运行，并进行紧急救援。
医疗处理：对受伤人员进行初步处理，如止血、包扎等，并及时送往医院进行进一步治疗。

任务二　认知检修管理体系和要求

一、铁路管理体系

火车的"健康管理体系"

铁路运输是极为庞大的系统，需要车（车务段）、机（机务段）、工（工务段）、电（电务段）、辆（车辆段）以及客运段等各部门的联动，涉及大量工作。客货运输是整个铁路运输系统的最终目的，运用不顺畅时，易引发社会问题。

为了保证铁路运输的安全与高效，多年来我国一直积极探索对列车的科学管理体系，以满足社会经济快速发展对铁路运输的要求。当前，国有铁路列车的运用管理，采用"国铁集团>铁路局>机务部、车辆部"大三级加"车辆段（机务段、动车段）>运用车间>班组（作业场）"小三级的运用与管理模式（见图1-9）。

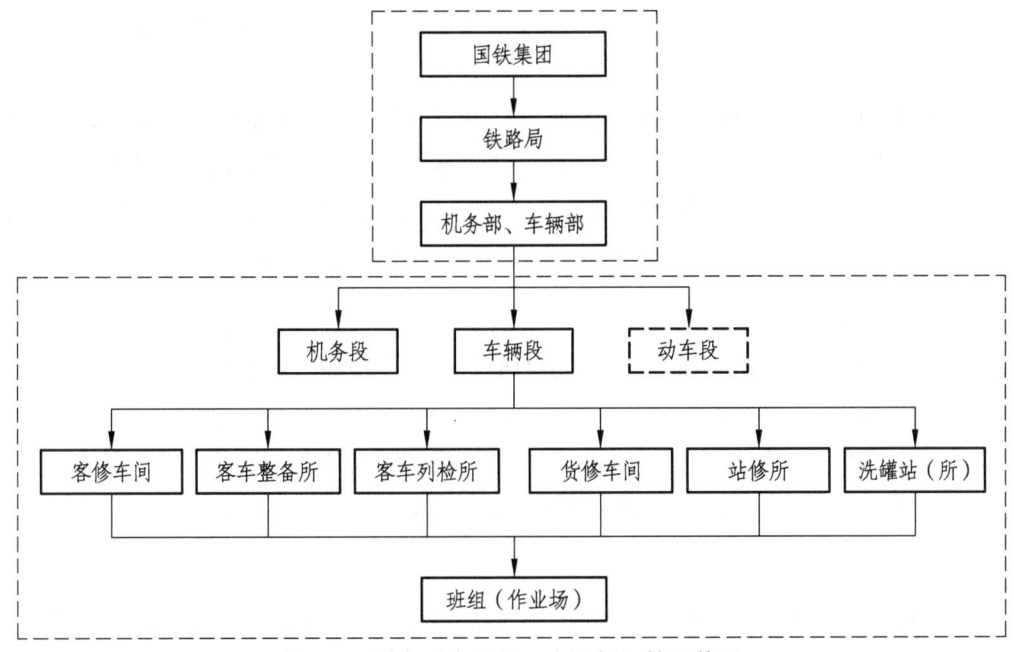

图 1-9 列车"大三级＋小三级"管理体系

在铁路列车多级管理体系中，各级管理部门的职能和工作标准明确、管理规范、标准统一、目标一致，形成了高效的专业技术管理体系，促进了列车运用的标准化建设，提升了铁路运用管理的水平，确保了铁路运输的安全生产。

国铁集团客运部、货运部、机辆部作为国有铁路机车车辆系统的管理部门，负责全路货车的产权管理，列车造、修相关标准的制定，列车发展规划和政策的制定，合理地组织布置列车检修、维护和运用保养等工作，使之安全、迅速、经济、合理地运送旅客及货物，顺利完成各项运输任务。

各铁路局（铁路公司）车辆部是铁路局列车运用维修工作的主管部门。在国铁集团相关职能部门（如客运部、货运部、机辆部等）的指导下、在铁路局的领导下开展工作，车辆部执行国铁集团颁发的各项规章制度；根据所承担的工作任务，及时、合理地下达工作计划，组织完成各项生产任务，保持列车设备完好，保证运行安全。

机务段、车辆段和动车段（动车运用所）是列车检修的基地，是铁路部门的基层生产单位。它们设在有大量编组作业的编组站、国境站和交通枢纽，以及货车大量集散，旅客列车始发、终到较多的地区。

列车检修基地的任务是贯彻执行上级部门的各项规章、命令及有关要求；承担机车车辆段修、辅修、临修和日常维修；领导管辖范围内的列车检修所、站修所、客车整备所（或客技站）、洗罐所和检修车间等车辆业务单位；为铁路运输提供足够的、技术状态良好的车辆，在检修质量保证期内和保证区段内，保证车辆运行安全。

二、"6S"管理要求

机车检修现场广泛推行的现场管理理念与标准是基于"5S"基础上升级的"6S"理念。"6S"指的是在生产现场中将人员、机器、材料、方法等生产要素进行有效管理,它针对企业中每位员工的日常行为提出要求,倡导从小事做起,力求使每位员工养成事事"讲究"的习惯,从而达到提高整体工作质量的目的。

"6S"管理的前身是起源于国外企业的"5S"现场管理,结合安全生产活动,在原来"5S"基础上增加了安全(Safety)要素形成"6S"。生产现场"6S"管理包括六大基本元素,分别是整理(Seiri)、整顿(Seiton)、清扫(Seiso)、清洁(Seiketsu)、素养(Shitsuke)、安全(Safety)。这六个词的第一个字母是"S",所以简称"6S"。其具体含义如下:

1. 整理(Seiri)

整理的核心是区分"需要的"和"不需要的"物品,清除不必要的物品,腾出空间,减少干扰。在铁路列车检修中:

应用:定期清理检修车间,移除过期的工具、损坏的设备和无用的材料。

好处:减少空间浪费,降低因杂物堆积导致的安全隐患,提高工作效率。

2. 整顿(Seiton)

整顿的目标是将必要的物品分类存放,确保取用方便,节省时间。在铁路列车检修中:

应用:工具、设备和材料按类别和使用频率摆放,设置明确的标识牌,确保一目了然。

好处:减少寻找工具的时间,提高作业效率,避免因工具错放导致的误操作。

3. 清扫(Seiso)

清扫不仅是保持环境整洁,更是通过清扫发现潜在的问题。在铁路列车检修中:

应用:定期清洁设备和工作区域,检查设备表面是否有异常磨损、漏油或其他隐患。

好处:及时发现设备问题,减少故障发生,延长设备的使用寿命。

4. 清洁(Seiketsu)

清洁是将整理、整顿和清扫的工作制度化、规范化,形成常态化管理。在铁路列车检修中:

应用:制订清洁计划和检查标准,定期检查和维护设备的工作环境。

好处:确保工作环境始终处于最佳状态,减少因环境问题导致的安全事故。

5. 素养(Shitsuke)

素养是指培养员工的自律性和良好的工作习惯。在铁路列车检修中:

应用:通过培训和制度约束,培养员工遵守操作规程、爱护设备、保持工作环境整洁的习惯。

好处:提高员工的职业素养,减少因人为失误导致的事故,提升整体管理水平。

6. 安全（Safety）

安全是"6S"管理的核心目标，确保人员和设备的安全是所有工作的前提。在铁路列车检修中：

应用：制定严格的安全操作规程，定期进行安全培训和演练，设置安全警示标识。

好处：减少安全事故的发生，保障员工生命安全和设备正常运行。

通过"6S"管理的实施，铁路列车检修工作可以实现更高的效率、更好的质量、更安全的环境和更规范的管理。这不仅有助于提升检修工作的整体水平，还能为铁路运输的安全与稳定提供坚实保障。

模块小结

通过模块一系统化的理论学习，我们共同揭开了铁路运输与列车检修的宏大篇章。从铁路运输的恢宏架构到列车部件的精密维护，从安全管理的铁律到质量标准的刻度，这一程知识探索不仅构筑了坚实的理论根基，更点燃了对铁路事业的责任与热忱。

一、理论结晶：从系统到细节的穿透

本模块从三重维度梳理了铁路检修的底层逻辑：

（1）系统的生命线：铁路运输作为国家的经济动脉，其"固定设施-移动设备-管理网络"三位一体的架构揭示了检修需求与运输效能的血脉关联。

（2）技术的双刃剑：从最高运行速度350 km/h的高铁到重载列车的钢铁洪流，技术创新在突破极限的同时，也让检修从"被动修复"跃升为"预防性守护"。

（3）规范的永恒律：无论是国标、行标，还是《和谐型机车修程修制》，每一份文件都在诉说着"细节即安全"的真理。

二、能力进阶：从认知到行动的转化

（1）系统思维的锤炼：通过拆解铁路运输的"大三级＋小三级"管理体系，我们学会在全局中定位检修的价值，在协作中织密安全网络。

（2）决策智慧的萌芽：计划修与状态修的博弈，C1～C6修的分级逻辑，教会我们在"周期成本"与"故障风险"间寻找最优解。

（3）质量信仰的锻造：从自检、互检到专检的验收闭环，不仅是标准执行的程序，更是"零缺陷"文化的生根发芽。

三、情怀淬炼：技术之外的温度

当冰冷的钢铁机械被赋予"守护生命"的使命，检修便超越了技术范畴。

（1）敬畏之心：德国ICE事故的惨痛教训，警示我们每一颗螺栓的紧固都是对生命的敬重。

（2）匠心之魂：从0.01 mm的齿轮间隙到30 s的应急响应，极致追求中藏着铁路人的职业尊严。

（3）未来之梦：智能化检测的蓝光闪烁，绿色化技术的悄然生长，召唤我们成为新时代铁路转型升级的弄潮人。

任务实战

一、实践任务

跨部门协作沟通模拟。

二、目　标

理解"大三级＋小三级"管理体系，实现信息传递。

三、场　景

调度中心通知车辆段，某货运列车在运行中报告制动异常，需临时入段检修。

四、流　程

1. 角色分工

调度员（铁路局）、检修班组长、乘务员。

2. 信息传递

模拟通话/邮件沟通：传达故障现象（如制动风压不足），协商入段时间。

生成"临修任务单"，明确责任链。

3. 冲突解决

挑战：检修资源紧张，如何优先处理？提出多个方案（如分段检修）。

五、资　源

通信模板、管理体系结构图。

六、评　估

沟通清晰度、流程合规性、危机处理能力。

模块二　列车知识储备

在现代铁路运输体系中，电力机车与动车组作为核心动力装备，既是速度与效率的象征，也是技术集成与管理的典范。电力机车以电能驱动创新牵引模式，动车组以分布式动力重塑高速时代，二者的构造机理、技术体系与检修逻辑共同构筑了现代铁路运维的技术基石。掌握其核心构造、编码规则与检修工艺，不仅是技术人员的核心素养，更是保障铁路"大动脉"安全、高效运转的关键。

本模块立足于工程实践，深入解析电力机车与动车组的基础构造与技术特征，系统梳理标识代码的科学逻辑，逐步构建从部件拆解到整车组装的检修方法论。通过理论与案例的结合，学员将既见"钢铁之躯"的设计智慧，又通"数字脉络"的管理精髓，为精准诊断故障、优化运维策略奠定系统性认知。

学习目标

【知识目标】

（1）掌握电力机车与动车组的模块化构造及技术原理（车体、转向架、牵引/制动系统等）；

（2）理解机车与动车组编码体系的逻辑结构（标识类型、技术参数映射规则）；

（3）熟记典型检修工艺标准（如"四按三化"原则、C1～C6修核心流程）；

（4）辨析动力集中式与分散式设计对运维策略的影响。

【能力目标】

（1）能独立识读电力机车代码（如 HX_D3D、SS_{4B}）与动车组车型代码（CR400AF、CRH380AL）；

（2）能依据机车履历数据规划分级检修流程（入厂评估→拆解→修复→验收路径）；

（3）能针对特殊工况（如高寒、暴雪）优化检修工序与工具配置。

【素质目标】

(1)强化"毫米级精度"的工匠精神(如转向架装配公差控制意识);
(2)培育全流程安全意识(高压设备操作规范、防护装备标准化穿戴);
(3)提升多工种协作素养(机械/电气/制动系统的跨专业协调)。

 模块学习寄语

列车是钢铁与智慧的共舞曲,检修是科学与艺术的融合体。

当你凝视转向架的焊缝,看到的是力学的精妙平衡;

当你拆解牵引变流器,触摸的是能源转换的科技脉搏;

当你校准每一枚螺栓的扭矩,诠释的是责任与敬畏的尺度。

愿你们以探索之眼解构机械语言,以严谨之手编织安全网络,在车轮与轨道的交响中,书写新时代铁路人的技术诗篇。

项目一　电力机车概览

电力机车作为现代铁路运输的重要牵引设备，凭借其高效、环保、可靠的特点，在铁路客货运输中扮演着不可或缺的角色。然而，要充分发挥电力机车的性能，确保其安全、稳定运行，离不开对其基本构造、工作原理的深入理解，以及对其标识系统和检修工艺的精准掌握。

在本项目中，我们将从电力机车的基本构造与工作原理入手，系统学习其核心部件的功能与协同机制；通过识读机车代码，了解如何快速识别机车的属性、型号及制造信息；最后，结合实际检修需求，探讨如何科学规划电力机车的检修工艺与流程，确保其在复杂工况下的可靠运行。通过这三部分内容的学习，我们将全面掌握电力机车的技术特点与管理方法，为后续的列车检修工作奠定坚实基础。

任务一　认识电力机车的基本构造与工作原理

一、电力机车的基本构造

电力机车是通过从接触网获取电能，将其转化为机械能驱动列车运行的铁路牵引设备，其结构如图 2-1 所示。

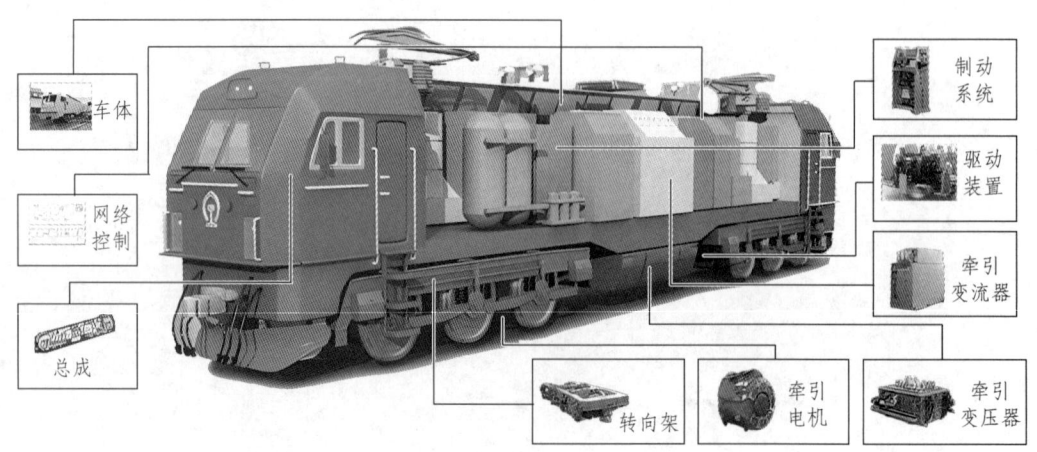

图 2-1　电力机车基本结构

电力机车主要包括以下几个部分：

1. 车　体

车体是电力机车的主体结构，用于安装和承载各类设备。

（1）车体功能。

提供机械强度，保护内部设备和乘务人员安全。

支撑转向架并通过车钩与列车连接。

（2）车体类型。

普通车体：适用于货运和普通客运。

轻量化车体：采用铝合金或复合材料，减轻质量，提高能效。

2. 转向架

转向架是电力机车的走行部，安装在车体下方。

（1）转向架功能。

承载机车重量，提供牵引力和制动力。

保证机车的稳定性和运行安全性。

（2）主要部件。

轮对：包括车轮和车轴，是机车与轨道接触的核心部件。

一系悬挂：吸收轨道不平顺引起的振动。

二系悬挂：提供额外的减振效果，保证运行平稳性。

牵引电机：驱动轮对旋转，实现牵引功能。

3. 牵引系统

牵引系统是电力机车的核心动力系统。

牵引系统的主要部件如下：

受电弓：从接触网获取电能，并传递至机车内部。

主变压器：将高压电转换为适合牵引电机使用的电压。

牵引变流器：将交流电转换为直流电（或三相交流电），驱动牵引电机。

牵引电机：将电能转化为机械能，驱动轮对旋转。

4. 制动系统

制动系统用于控制机车的减速和停车。

制动系统的类型如下：

空气制动：通过压缩空气控制制动缸，实现车轮制动。

电制动：利用牵引电机的发电作用，将动能转化为电能（再生制动）。

5. 辅助系统

辅助系统为机车运行提供支持。

辅助系统的主要部件如下：

辅助变流器：为辅助设备（如空调、通风机）提供电源。
蓄电池组：储存电能，为控制系统和应急设备供电。

二、电力机车的工作原理

电力机车的工作原理基于电能的获取、转换和利用，如图 2-2 所示。

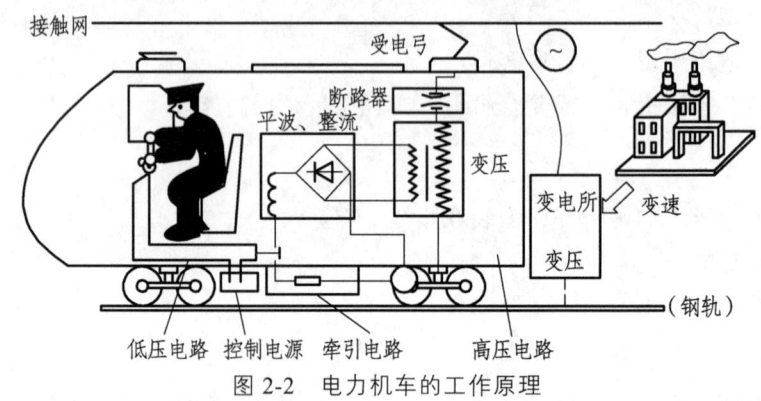

图 2-2　电力机车的工作原理

工作过程主要包括以下几个阶段：

1. 电能获取

受电弓：升起后与接触网接触，将 25 kV 交流电引入机车。
电流路径：接触网→受电弓→主断路器→主变压器→钢轨回流。

2. 电能转换

主变压器：将 25 kV 高压电降压至适合牵引电机使用的电压（如 1 500 V）。
牵引变流器：将交流电整流为直流电（或逆变为三相交流电），调节电压和频率。

3. 牵引驱动

牵引电机：接收电能后产生电磁力，驱动轮对旋转。
传动装置：通过齿轮传动将动力传递至轮对，实现牵引。

4. 制动控制

空气制动：司机通过制动阀控制压缩空气，使制动缸产生作用力驱动压紧车轮。
电制动：牵引电机作为发电机运行，将动能转化为电能，实现减速。

三、电力机车的分类与应用场景

1. 按供电制式分类

交-直型电力机车：采用直流牵引电机，如图 2-3 所示。

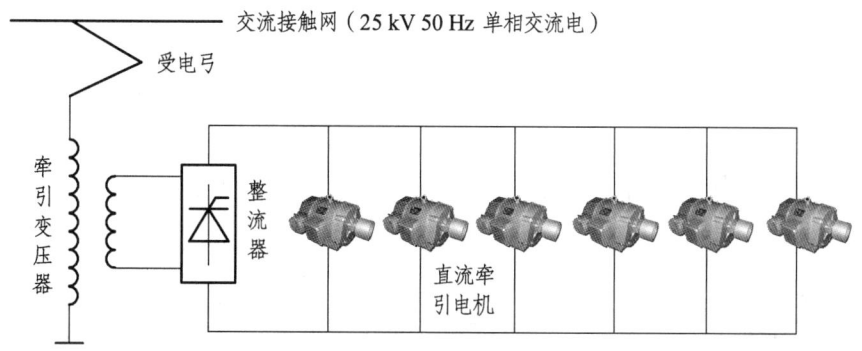

图 2-3 交-直型电力机车

交-直-交型电力机车：采用交流牵引电机，如图 2-4 所示。

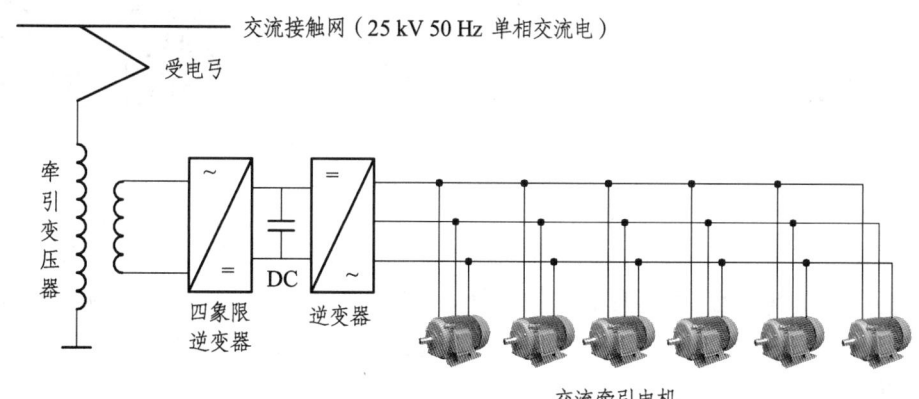

图 2-4 交-直-交型电力机车

2. 按用途分类

客运电力机车：牵引客车车辆的机车，如 HX_D1D、HX_D3D 型电力机车。

货运电力机车：牵引货车车辆的机车，如 HX_D1、HX_D2、HX_D3 型电力机车。

3. 应用场景

干线铁路：长距离、大运量的客货运输。

城际铁路：城际铁路交通系统。

任务二　识读机车代码

为了便于运用和管理，列车需要以一定的标识符号来定义它的属性，这些符号用以表示产权、型别、车号、基本性能、配属及使用注意事项等，一般称其为列车标记。列车标记有产权标记、制造标记和运用标记三类。

火车纹身含义
——普铁

1. 产权标记

产权标记表示列车的产权归属与配属关系，有路徽、产权牌和配属标记三种。

路徽是中国铁路企业的专用标志，意为人民铁路。各国铁路不论其为国营企业还是私营企业，都有自己的路徽，拥有列车的铁路外企业也有各自的标识，如图2-5（a）所示。

产权牌表示列车的产权归属，如图2-5（b）所示。另外，我国还规定用于国际联运的客车在车体两侧中部须挂我国国徽，如图2-5（c）所示。

（a）铁路路徽

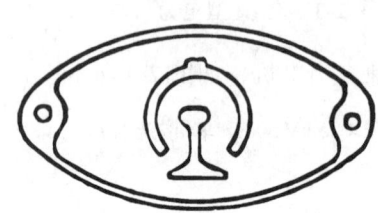
（b）铁路产权牌

（c）国际列车上的国徽

图2-5　产权标记

配属标记是表示火车配属关系的标记。我国铁路规定所有机车、客车和部分货车分别配属给各铁路局及其所属机务段或车辆段负责管理、使用和维修，并在车上涂刷所配属的铁路局段的简称，如"上局徐段"表示上海铁路局徐州机务段（如果是车辆的话就是徐州车辆段），如图2-6所示。

图2-6　配属标记

2. 制造标记

制造标记为表示火车制造信息的标记，又称工厂铭牌，一般安装在列车指定位置上，如图2-7所示。

图 2-7 制造标记

3. 运用标记

运用标记是为了便于运用和管理,在列车车身上涂刷的代码、定位符号、基本性能参数等信息。

为了便于识别与管理,尤其是为了满足铁路信息化管理的需要,列车都有唯一的代码。机车代码由机车型号和机车车号组成。

我国国产机车的基本型号表示产品品牌,用汉字拼音的首字符表示,如交-直型机车有东风系列(即"DF")、韶山系列(即"SS");交-直-交型机车有和谐系列(即"HX",和谐型电力机车为"HX_D",内燃机车为"HX_N")、复兴系列(即"FX")。

除基本型号外,交-直型机车和交-直-交型机车代码编码形式略有不同,下面分别说明。

一、交-直型机车代码

交-直型机车代码由型号和车号组成,通常标在机车驾驶室两侧明显处,如图 2-8 所示。型号由基本型号和辅助型号组成。

基本型号有东风系列(DF)和韶山系列(SS)。

辅助型号表示机车的不同结构系列,由车型顺序号和车型变型号组成。车型顺序号用阿拉伯数字"1、2、3..."表示,车型变型号用大写拉丁字母"A、B、C..."表示,附于基本型号右下角,如图 2-9 所示。

图 2-8 交-直型机车代码

交-直型机车车号用五位阿拉伯数字表示，其中，第一位数"X"表示机车制造厂代号，后四位表示机车制造顺序号。机车制造厂代号由国铁集团另行规定，有时在车身标记上会省略。

内重联机车的多节车统一计为一台机车编号，以 A 节、B 节加以区分，如图 2-9 所示。

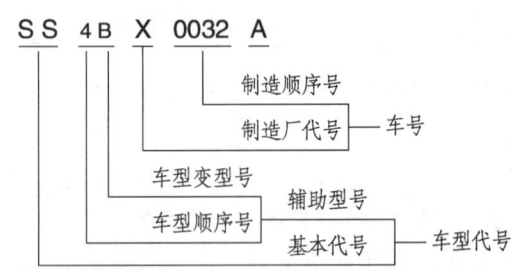

图 2-9 SS_{4B}型 A 节电力机车机车代码

二、交-直-交型机车代码

交-直-交型机车代码由基本型号和制造厂商代号组成。

基本型号有和谐系列（HX）和复兴系列（FX）。

制造厂商代号用数字表示，目前有"1""2""3""5""6"五个数字，具体含义如下：

1——中车株洲电力机车有限公司；

2——中车大同电力机车有限公司；

3——中车大连机车车辆有限公司；

5——中车戚墅堰机车有限公司；

6——中车资阳机车有限公司。

如图 2-10 所示的机车就表示由中车大连机车车辆有限公司生产的电力机车，最后的 "D" 说明是基于 HX_D3 型电力机车技术平台的变种车型。

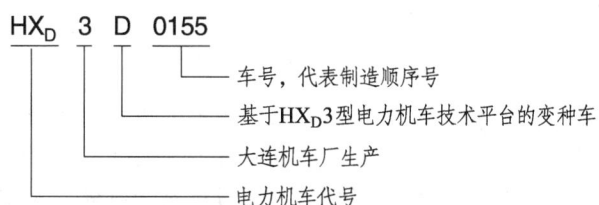

图 2-10　HX_D3D 型电力机车代码

交-直-交型机车车号用四位阿拉伯数字表示，表示机车制造顺序号，内重联机车情况同交-直型机车。

任务三　规划电力机车的检修工艺与流程

电力机车检修要按照一定的程序进行，不同机型的检修程序和过程不尽相同，同一机型不同部件的检修程序也有不同，这个检修程序就是我们所说的机车检修工艺过程。

一、电力机车检修工艺的基本原则

（1）检修工艺应符合电力机车的基本技术规定、限度以及国标、部标、图纸、技术条件等有关规定，力求简明实用，通俗易懂，操作简便、安全。检修工艺的内容一般应包括：所用的专用工具、量具、设备和材料，质量标准、工艺步骤及解体、清洗、检查、检修、组装、试验等基本方法。

（2）检修人员必须熟知自己所从事作业的工艺，并严格按照工艺要求进行检修作业。工艺装备、工具和量具须定期校验、维修，保持良好状态。

（3）要定期检查与分析工艺执行卡控，注意总结推广先进经验，不断地在实践中发展和完善各项工艺，使之达到合理、科学、先进的要求。

铁路局负责组织机车主要机组和部件的检修工艺，并报国铁集团备案。机务段编制中修车作业项目及工艺、小修车检修工艺，以及小部件检修和其他作业检修的工艺或工艺卡片，并报国铁集团备案。

二、电力机车检修工艺要求

电力机车检修工艺需遵循"四按三化"原则。

（一）"四按"

1. 按范围

即按照制定的中修、小辅修范围进行机车检修的各项作业。对机车各部分的检查项目要齐全，不漏检漏修。

2. 按"机统-28"及机车状态

"机统-28"是国铁集团统一制定的机车检修登记簿，"机统-28"由包乘制机车乘务员或轮乘制机车保养组按电器（包括电子、微机）、机械、电机、仪表等类别顺序填写。一般应填写下列内容：机车在定修间发生过的疑难临修，主要部件如受电弓、主断路器、主变压器、整流硅机组、牵引电机、劈相机组、空气压缩机组、通风机组、两位置转换开关、牵引装置、转向架、轮对等的异常情况、不正常擦伤、烧损及损坏；机车惯性故障和季节故障；机车油脂的不正常消耗量等。在机车定检开工前 24～72 h 内将"机统-28"送交检修车间。检修时应以此为依据，认真检查，彻底处理不良情况。在检修过程中，还应根据机车状态采取必要的修复或维护措施。

3. 按规定的技术要求

即按段修规程中提出的基本技术规定、限度表进行检修。

4. 按工艺

为了提高机车的检修质量和效率，必须有合理先进的检修工艺。在检修过程中，机车的中、小修都应按照工艺规定步骤流程进行，不能简化或草率应付。

（二）"三化"

1. 程序化

机车检修工作，根据检修计划从扣车到交车全过程要按照规定的工作程序来进行，采用准确、合理的检修方法，做到效率高、质量好、成本低、作业安全、有条不紊地进行。为此电力机务段应编制机车检修（中修、小修）作业过程表、作业顺序和完成时间以及各个作业的工时消耗等内容。检修过程中采用平行作业和流水作业，使各班组的工序之间紧密协调、密切配合、前后衔接，以减少各道工序之间的等待时间。

2. 文明化

其意义是检修工作场所及环境应保持清洁卫生；机车部件应清扫干净；配件放置整齐，工具存放有序；在检修操作中，采用合理有效的方法，不允许野蛮修车。检修工作场所及环境的卫生状态，对检修部件的质量有直接影响，因此，要求工作场所地面清洁、光线充足、空气清新流通、布置整齐。对于电子、电器、仪表、制动、轴承等检测、检修场所，要求更加严格。对于某些检修工作中产生有害气体的检修间（蓄电池间、浸渍间、喷漆库），应设置强迫通风设备。对于存放有汽油、煤油等易燃品的工作场所，禁止使用电炉或火炉取暖。机车检修过程中，所有的零部件应当保持清洁状态。对拆下的部件需彻底清洗和擦拭干净，拆下、清洗、检修后的部件和机组应放置在各种专用架或台上，有些精密的部件还需用防尘板盖好。检修人员在工作中，应防止将油污、杂物带到零部件工作表面、配合部位内及取出部件后的各腔室（如轴承内圈、压缩机气缸内腔）中，以免造成部件的损伤。在检修各部件时，禁止使用不合理的锤击、摔打、火烤或切割等方法，而应使用规定的工具、专用工具及工艺装备，按照各部件的检修工艺进行。

3．机械化

机械化修车是改善劳动条件、提高修车效率、保证作业安全和检修质量的有效手段。因此，应结合实际需要，推进技术革新，制作先进的工具和工艺装备，广泛采用各种风动、电动、液压等工具设备。检修作业的拆装、清洗、探伤、测量和试验都应实现机械化。在此基础上，还应向联动线、流水线、自动线方向努力。由于机车许多部件在装车前要进行动作时间、转换位置、整定值及泄漏等项目试验，所以还应配备各种试验设备，如主断路器、电子线路、微机测试、综合电器、制动机、电机等试验设备。为使部件和机组拆装工作方便，还应设置各种拆装架及翻转架，如牵引电机翻转架、电枢旋转支架等。用塞尺、千分表、游标卡尺、测微计以及各种电气测试仪表等测量各部件的间隙、余量、距离、电压、电流和直径等。对主要零部件应广泛采用电磁探伤、荧光探伤或超声波探伤等方法进行检验，以判断零部件的表面裂纹和内部缺陷。

三、电力机车检修流程

电力机车检修以"准备、解体、检修、组装、试验"5个步骤作为核心流程，具体包括：

1．准备阶段

记录被检设备的型号、名称及工作状态，制订检修方案。

准备专用工具（如智能齿圈拧紧机、探伤设备等）及耗材。

2．解体与清洗

按工艺分解部件，使用清洗剂或超声波设备去除油污，避免损伤精密零件。

3．检验与修复

零件检验：通过目视、量具测量、磁粉/超声波探伤等方法检测磨损、裂纹等缺陷。

修复方法：根据损伤类型选择机械加工、焊修、压力加工或黏接等工艺。

4．组装与调试

按技术标准装配，如车轴与车轮的压装需控制过盈量，并进行反压力试验。

5. 试验与验收

执行低压试验（控制电路）、高压试验（主电路）及动态性能测试，确保符合《主型电力机车中修标准化验收作业程序》。

（一）机车小、辅修（C1~C3 修）作业流程

1. 修前准备

（1）工具与资料。

准备检修手册、部件拆装工装、扭矩扳手、探伤设备等。

调取机车履历簿，分析历史故障数据，标记重点检查项。

（2）安全措施。

断电挂牌（高压设备）、架车固定、放置止轮器、设置防护围栏。

作业区配置消防器材，穿戴绝缘防护用具。

2. 机车入修交接

（1）技术交接：司机提交"机车运行状态报告"，注明异音、仪表异常等。

（2）外观初检：记录车体损伤、泄漏点，拍照存档。

3. 作业实施

（1）模块化分工：按机械、电气、制动、辅助系统分组作业。

（2）分步流程：解体→清洁→检测→维修→组装→试验。

4. 质量控制

（1）过程质检：每道工序执行"自检→互检→专检"三级确认。

（2）数据记录：填写"检修过程卡"，关键参数（如轴温、绝缘电阻）实时录入系统。

5. 修后试验与验收

（1）静态试验：高压系统耐压测试、制动泄漏试验。

（2）动态试验：试车线运行，监测牵引/制动曲线、振动频谱。

（3）交付文件：签发"检修合格证"，更新机车电子履历。

（二）机车中、大修（C4~C6 修）作业流程

1. 入厂评估与记录

（1）接收机车后，通过车载数据（如 TCMS 记录），分析历史故障及性能衰减趋势。

（2）制定"拆解优先级清单"，标记高风险部件（如转向架裂纹、牵引电机绝缘劣化）。

2. 整车解体拆解

（1）分离车体与转向架：使用架车机顶升车体，拆卸螺栓后转运至检修工位。

（2）分模组拆解：按牵引系统、制动系统、辅助系统拆分，部件分类存放。

3. 部件清洗检测

（1）清洗：采用高压蒸汽清洗油污，碱性溶液浸泡去除锈蚀。
（2）无损检测。
转向架：磁粉探伤（轮对）、超声波测量（构架焊缝）。
车轴：涡流检测裂纹深度。
高压设备：X射线检测真空泡密封性。

4. 系统级修复更换（以 C5 修为例）

（1）牵引系统：更换 IGBT 模块、校核定子绕组匝间绝缘。
（2）制动系统：升级电空阀组、优化气路管道的防冻设计。
（3）辅助系统：翻新空调压缩机、替换老化的逆变器电容。

5. 整车组装调试

（1）扭矩标定：按"紧固件力矩表"分级拧紧（如转向架螺栓需交叉复拧）。
（2）线缆密封：防水插头填充硅脂，高压线束包裹防电弧套管。

6. 静态/动态试验

（1）静态试验：牵引逆变器轻载测试（输出谐波≤3%）、制动保压试验（泄漏率≤10 kPa/min）。
（2）动态试验：试车线模拟重载工况，采集振动、温升数据，验证再生制动效率。

7. 技术验收交付

（1）出具"大部件寿命评估报告"及"检修合规证书"。
（2）上传检修数据至段级 PHM（故障预测与健康管理）系统。

项目二 动车组概览

动车组作为现代铁路运输的标志性装备，以其高速、舒适、高效的特点，成为全球铁路客运发展的核心力量。中国作为高速铁路领域的领军者，拥有全球最大的动车组运营规模和最先进的技术体系。然而，动车组的高效运行离不开其核心构造与技术特点的深入理解，离不开对其编码体系的精准掌握，也离不开对其检修工序与路径的科学规划。

在本项目中，我们将从动车组的基本构造与技术特点入手，剖析其高速性能、轻量化设计、分布式动力和智能化网络控制等核心技术；通过识读动车组代码，学习如何快速识别车型、速度等级及制造信息；最后，结合实际检修需求，探讨如何优化动车组检修工序与路径，确保其在高强度运行下的安全与稳定。通过这三部分内容的学习，我们将全面掌握动车组的技术精髓与管理方法，为现代铁路运输的高效运维提供有力支持。

任务一 认识动车组的基本构造与技术特点

一、动车组基本构造解析

动车组[①]（Electric Multiple Units，EMU）是固定编组的铁路客运列车，其核心构造如表 2-1 所示。

表 2-1 动车组核心构造

模块名称	功能与技术组成	典型参数
车体结构	承担载荷并保障气密性	铝合金/碳纤维复合材料；车体强度 ≥ 350 MPa
转向架	支撑车体并引导运行（含轮对、悬挂、牵引电机安装位）	轴重 ≤ 17 t；轴距 2 500 ~ 2 700 mm（如 CRH380A）
牵引系统	电能转换与动力输出	IGBT 变流器；牵引电机功率 300 ~ 500 kW
制动系统	控制减速与停车	再生制动占比 $\geq 80\%$；紧急制动距离 350 km/h 速度下 $\leq 6\,500$ m
网络控制系统	全车信息传输与指令执行	TCN（列车通信网络）；MVB 总线数据传输速率 1.5 Mb/s

[①] 此处特指动力分散动车组。

（一）车　体

动车组的车体是整个列车的承载结构，用于安装和保护内部设备及乘客。它需要具备高强度、轻量化和良好的气密性，以确保列车在高速运行时的稳定性和安全性。

构造特点如下：

材料：通常采用铝合金或不锈钢等轻量化材料，减轻自重，提高能效。

结构设计：流线型设计减少空气阻力，优化内部空间布局，提高乘坐舒适性。

（二）转向架

转向架是动车组的走行部，负责支撑车体、引导列车行驶，并提供牵引力和制动力。

构造特点如下：

构架：采用焊接结构，确保强度和稳定性。

轮对：包括车轮和车轴，采用高精度加工，保证运行平稳性。

悬挂系统：包括一系悬挂和二系悬挂，提供良好的减振效果，提高乘坐舒适性。

（三）牵引系统

牵引系统是动车组的动力来源，将电能转换为机械能，驱动列车运行。

主要部件如下：

受电弓：从接触网获取电能。

牵引变流器：将高压电转换为适合牵引电机使用的电能。

牵引电机：驱动轮对旋转，实现牵引功能。

（四）制动系统

制动系统用于控制列车的减速和停车，确保运行安全。

制动形式如下：

再生制动：利用牵引电机的发电作用，将动能转化为电能。

空气制动：通过压缩空气控制制动夹钳，实现机械制动。

（五）网络控制系统

网络控制系统是动车组的"大脑"，负责列车的运行控制和信息管理。

主要功能如下：

列车控制：实现列车的牵引、制动和速度控制。

故障诊断：实时监测列车状态，及时发现和处理故障。

信息管理：记录和传输列车的运行数据，为维护和管理提供支持。

二、动车组的技术特点

（一）高速性能

动车组的设计用于高速运行，运行速度通常可达 200～350 km/h。

技术特点如下：
流线型车体：减少空气阻力，提高运行效率。
高性能转向架：提供稳定的运行性能，确保高速行驶的安全性。

（二）轻量化设计

通过采用轻量化材料和优化结构设计，减轻列车自重，提高能效。
技术特点如下：
铝合金车体：减轻自重，提高列车的加速和制动性能。
紧凑型设备：减少设备体积和质量，优化车内空间利用率。

（三）分布式动力

动车组采用多个动力单元，分布在整个列车中，提高牵引效率和运行稳定性。
技术特点如下：
多电机驱动：每个动力单元配备牵引电机，实现均匀的动力分配。
冗余设计：单个动力单元故障时，其他单元可继续工作，确保列车继续运行。

（四）先进的制动系统

动车组配备多种制动方式，确保在不同工况下的制动性能。
制动方式如下：
再生制动：回收动能，提高能源利用效率。
空气制动与电制动结合：提供强大的制动力，确保列车在紧急情况下的安全停车。

（五）智能化网络控制

动车组采用先进的网络控制系统，实现列车的智能化管理。
技术特点如下：
实时监控：对列车状态进行实时监测和诊断。
故障预警：提前发现潜在故障，减少停机时间。
远程管理：通过网络传输数据，实现远程监控和管理。

任务二　识读动车组代码

中国动车组数量众多、体系庞大，截至 2023 年年底，中国铁路共配属动车组 3 599 列，放眼全球，中国高速动车组的数量比全世界其他国家所有高速列车的总和还要多出一倍，占世界高速列车总数的 3/4 以上，是当之无愧的世界高速铁路第一大国。

为了便于管理，每列动车组都有自己的编码，下面我们就来梳理一下。

火车纹身含义
——高铁

一、动车组品牌及含义

目前,中国动车组有两大品牌,即"和谐号"和"复兴号",如图2-11所示。

图2-11 "和谐号"和"复兴号"

(一)"和谐号"

和谐号动车组的品牌标记为"CRH",是China Railway High-speed的缩写,意指"中国高速铁路"。

"和谐号"主要有三层含义:

(1)动车组节能、环保,对环境影响非常小,体现了人与自然的和谐。

(2)动车组零部件大约有12 000件,它的子系统大概有145个,动车组国内产业链涉及12个省的120多家企业,所以它是一个人与人之间和谐的产物、和谐的结晶。

(3)动车组是一种构建和谐社会、构建和谐铁路的运载工具。

(二)"复兴号"

复兴号动车组的品牌标记为CR,即China Railway,代表中国铁路。

相比和谐号,"复兴号"动车组是全新一代的动车组,它不仅更舒适、更节能、更高速,而且是100%的中国设计和中国制造,采用的也是中国自己的标准。它一经问世就受到了全世界的瞩目,作为大国重器向世界敲响了"中国制造"的最强音,奏响了我们民族复兴的华美篇章,这也是"复兴号"这个品牌背后的意义。

二、动车组代码

"和谐号"和"复兴号"两个品牌相当于两个大型动车组家族,而每个家族都拥有自己庞大的家族谱系,在家族谱系中每一位家庭成员都拥有自己的名字,这个名字就是动车组代码。

动车组代码由车型代码和车辆代码两部分组成。

车型代码涂打在动车组首、尾车驾驶室外两侧侧墙上,每车2处,如图2-12所示。

车辆代码涂打在每辆车的两侧,每车4处,如图2-13所示。

图 2-12 车型代码

图 2-13 车辆代码

（一）车型代码

车型代码分为技术系列代码和速度系列代码，动车组家族会根据各自成员特点选择不同的车型代码。总的来说，和谐号家族又分为传统和谐号动车组和 380 系列动车组两大分支，传统"和谐号"采用技术系列车型代码，380 系列"和谐号"和"复兴号"则统一采用速度系列代码。

1. 技术系列代码

如图 2-14 所示的车型代码就是技术系列代码，它由动车组品牌标志、技术系列代码、型号系列代码和制造序列代码组成。

（1）技术系列代码用数字表示，目前有 1、2、3、5、6 五个代码，均指代生产厂家，具体含义如图 2-15 所示。

图 2-14 技术系列代码示意

技术系列代码	
数字	意义
1	青岛四方/庞巴迪动车组（BSP公司）
2	中车四方机车车辆股份有限公司动车组
3	中车唐山轨道客车有限责任公司动车组
5	中车长春轨道客车股份有限公司动车组
6★	中车四方动车组（城际）

图 2-15 技术代码示意

（2）型号系列代码用大写拉丁字母表示，按动车组的速度等级、车种确定，具体有 A、B、C、D、E 五种。

A：运营速度 200～250 km/h、8 辆编组座位动车组；
B：运营速度 200～250 km/h、16 辆编组座位动车组；
C：运营速度 300 km/h、8 辆编组座位动车组；
D：运营速度 300 km/h、16 辆编组座位动车组；
E：运营速度 200～250 km/h、16 辆编组卧铺动车组。

如果技术代码为 6，则为城际动车组，此时型号代码为 A、F、S，分别代表运行速度 200 km/h、160 km/h 和 140 km/h。

（3）制造系列代码以四位阿拉伯数字表示，首位数字表示生产厂家标识，与技术系列代码数字相同，后三位代表出厂顺序号。

图 2-14 所示的 CRH2A-2022 是一列中车四方生产的速度 200～250 km/h 的 8 辆编组座位动车组，出厂顺序号是 22。

2. 速度系列代码

图 2-16 所示的车型代码是和谐号动车组速度系列代码，它由动车组品牌标志、速度系列代码、企业标识代码、长度系列代码和制造序列代码组成。

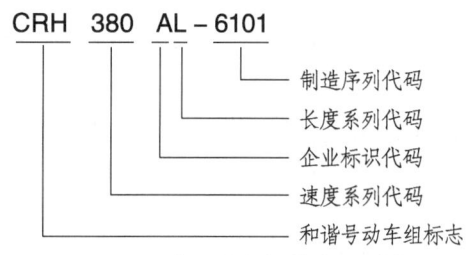

图 2-16　和谐号动车组速度系列代码

（1）380 是速度系列代码，代表列车持续运营速度可达 380 km/h。
（2）企业标识代码代表制造厂家，目前有 A、B、C、D 四种，具体含义如下：
A：中车四方机车车辆股份有限公司动车组；
B：中车长春轨道客车股份有限公司动车组/中车唐山轨道客车有限责任公司动车组；
C：中车长春轨道客车股份有限公司动车组；
D：青岛四方/庞巴迪铁路运输设备有限公司（BSP）动车组。
（3）16 辆编组有长度系列代码，用 L 表示，8 辆编组没有长度代码。
（4）制造序列代码的四位阿拉伯数字含义同上。

图 2-16 所示的 CRH380AL-6101 是 380 系列和谐号动车组，长编组，第 101 列出厂，持续运营速度可达 380 km/h。

图 2-17 所示的车型代码是复兴号动车组速度系列代码，它由动车组品牌标志、速度系列代码、企业标识代码、技术类型代码、技术配置代码和制造序列代码组成。

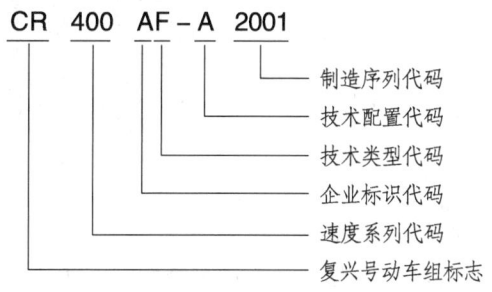

图 2-17　复兴号动车组速度系列代码

（1）目前复兴号的速度系列代码有 3 个级别：400、300 和 200。

400：最高运行速度 400 km/h，持续运行速度 350 km/h；

300：最高运行速度 300 km/h，持续运行速度 250 km/h；

200：最高运行速度 200 km/h，持续运行速度 160 km/h。

（2）企业标识代码与"和谐号"相同，目前复兴号动车组主要有 A（四方）、B（长客或唐客）两种代码。

（3）技术类型代码，由所代表的技术类型的拼音字母表示，目前有 F、J、N 三种。

F：动力分散型动车组；

J：动力集中型动车组；

N：内燃动车组。

（4）技术配置代码目前有 A、B、C、Z、G 五种。

A：16 辆长编组；

B：17 辆超长编组；

C：京雄、京张高铁智能动车组；

Z：智能动车组；

G：高寒抗风沙动车组。

（5）制造序列代码的四位阿拉伯数字含义同上。

图 2-17 所示的 CR400AF 2001 是中车四方生产的第一辆复兴号动车组，没有"A"和"B"，所以是 8 辆编组，持续运行速度可达 350 km/h。

（二）车辆代码

虽然动车组的车型代码各有不同，但车辆代码却基本类似。车辆代码由车种代码、制造序列代码和编组顺序代码组成，如图 2-18 所示。

（1）车种代码为汉语拼音缩写，具体含义如图 2-19 所示。

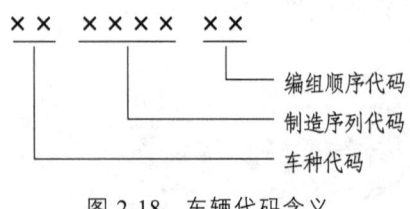

汉语拼音缩写		
车种代号	车种名称	备注
ZY	一等座车	
ZE	二等座车	
ZG	高级座车	VIP
WR	软卧车	四人包间
WG	高级软卧车	两人包间
CA	餐车	含酒吧车
ZYG	一等座车/观光车	
ZEC	二等座车/餐车	

图 2-18　车辆代码含义　　　　　图 2-19　车种代码

（2）制造序列代码与车型代码相同。

（3）编组顺序代码为两位阿拉伯数字，表示车辆在动车组中的顺序，首车起从"01"开始顺序排列，尾车编号为"00"。

图 2-13 所示的 ZY 2011 07，表示中车四方生产、出厂顺序号为 11，是该辆动车组中的第 7 节编组车辆。

任务三　规划动车组检修工序与路径

动车组的检修周期分为五个等级，即一级修、二级修、三级修、四级修和五级修。其中一、二级修属于日常运用修。

我国在铁路客运方面动车组用量较大，如果遇到节假日等客运高峰，动车组列车更是首屈一指的运输主力军。以 2019 年春运为例，其间全国铁路发送旅客 4.13 亿人次，而在铁路开行的旅客列车中，高速动车组占比就超过了七成，每天开行的动车组数量达到 3 383 对。

在客运高峰期，为了保障数目庞大的动车组运行安全，一级修作业通常都是 24 h 争分夺秒不间断持续进行的。因此，只有合理规划检修工序、优化检修路径，才能在时间紧、任务重的情况下高效完成检修作业。

动车组检修制度与实施

一、检修工序规划

以 CRH380A 型动车组为例，一级修检修工序如图 2-20 所示。

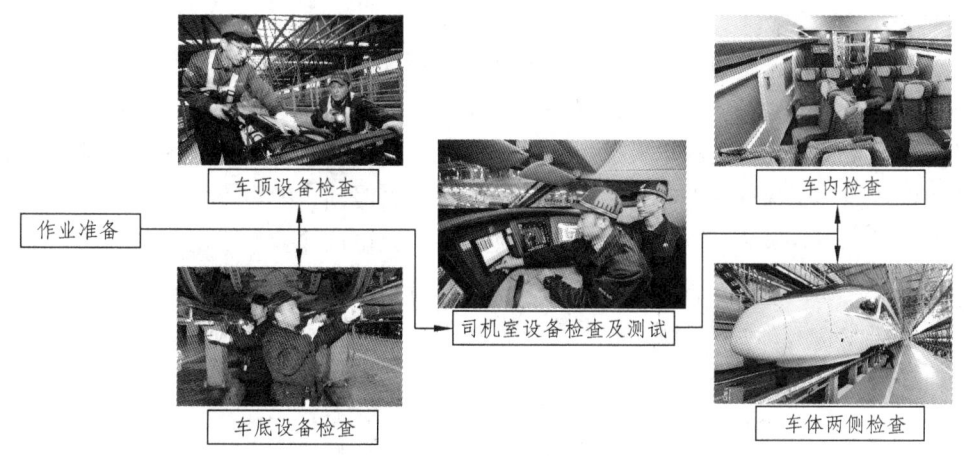

图 2-20　CRH380A 型动车组一级修检修工序

1. 作业准备

工前准备：参加班前会，了解检修任务和安全事项，准备工具和设备，如手电筒、对讲机、四角钥匙等。

接车作业：与随车机械师和司机办理交接，了解动车组运行期间的故障情况，设置防护号志。

2. 车顶及车侧检查

车顶检查：检查受电弓、主断路器、绝缘子等高压设备的状态，确保无损伤、松动或泄漏。

车侧检查：检查车体外观、车窗、车门、转向架等部件，确保无异常。

3. 车底检查

车底检查：检查车底设备，包括转向架、制动系统、牵引电机等，确保各部件状态良好，无泄漏或损伤。

踏面清扫装置检查：检查踏面清扫装置的外观和功能，确保其正常工作。

4. 车内设备检查

司机室检查：检查司机室内的设备，包括仪表、控制器、制动系统等，确保其功能正常。

客室设施检查：检查客室内的设施，如座椅、照明、空调等，确保乘坐舒适。

5. 功能测试与试验

供电预检：进行电务、通信检测，检查司机室设备设施。

断电检修：进行车顶、地沟、车侧检查，处理"181"故障。

供电检修：进行设备供电功能试验，复查客室设施故障。

可以看出，一级修作业工作量非常大，靠一个人是无法完成的，所以一般一列标准列车设置4位作业人员合理分工，这样才能在最短的时间内保质保量完成作业任务。

4位作业人员中1、2号负责车顶、司机室和车内设备检查；3、4号负责车底、车体两侧设备检查。

为了保证安全，动车组的有些检查需要在断电情况下进行，如车顶和车底设备的检查，就需要在无电情况下进行。但是有的设备检查又需要接触网供电做试验，如司机室的检查试验以及车内设备检查都需要通电后才可进行。因此，就需要合理规划工序，安排好供电前和供电后的作业内容，保证作业时不用重复通、断电浪费时间。

一般把动车组一级修分为4个步骤：作业准备、供电前作业、供电后作业和完工确认。供电前作业主要包括车顶设备检查、司机室设备检查和车下地沟检查；供电后作业主要包括司机室设备功能测试、车内设施检查和车体两侧检查，如图2-21所示。

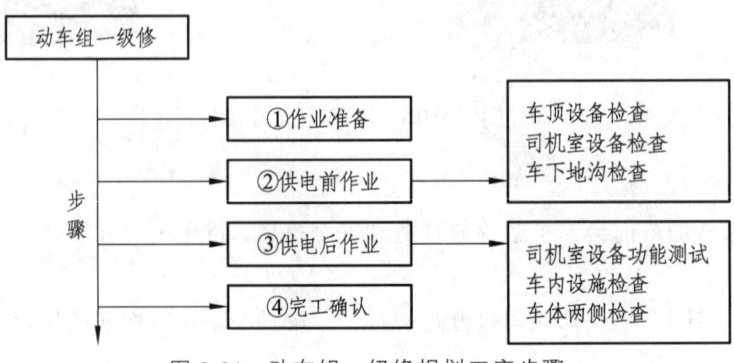

图 2-21 动车组一级修规划工序步骤

具体的实施步骤需要 4 位作业人员配合，分工及任务详情如图 2-22 所示的检修工序卡。

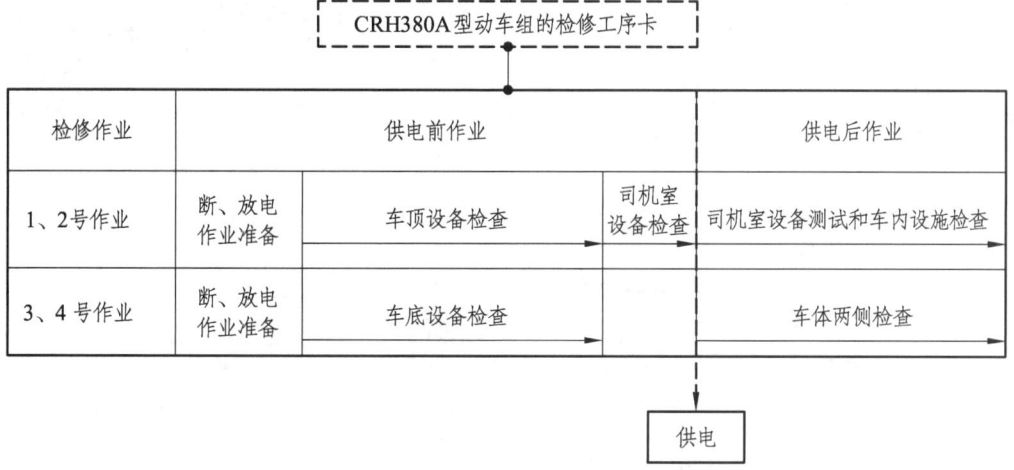

图 2-22　CRH380A 型动车组一级修检修工序卡

首先完成作业准备并进行断电和放电操作，然后 1、2 号工位进行车顶设备检查，与此同时，3、4 号工位进行车底设备检查。车顶和车底设备检查完成后 1、2 号工位进行司机室设备检查，司机室设备检查好后再统一供电。供电后 1、2 号工位进行司机室设备测试和车内设施检查，与此同时，3、4 号工位同步进行车体两侧检查。

二、检修路径优化

工序规划好后，还需要考虑检修路径。因为动车组列车为固定编组，一般比较长，所以一条动车组的检修股道就有 500 多米（见图 2-23），检修时需要作业人员在这 500 多米的检修通道上反复往返，工作量非常大，这时如果没有考虑优化的检修路径，很可能导致作业时重复走动，平白增加工作量，因此必须制定最优检修路径。

图 2-23　动车组检修通道

1. 车顶和车内检修路径（见图2-24）

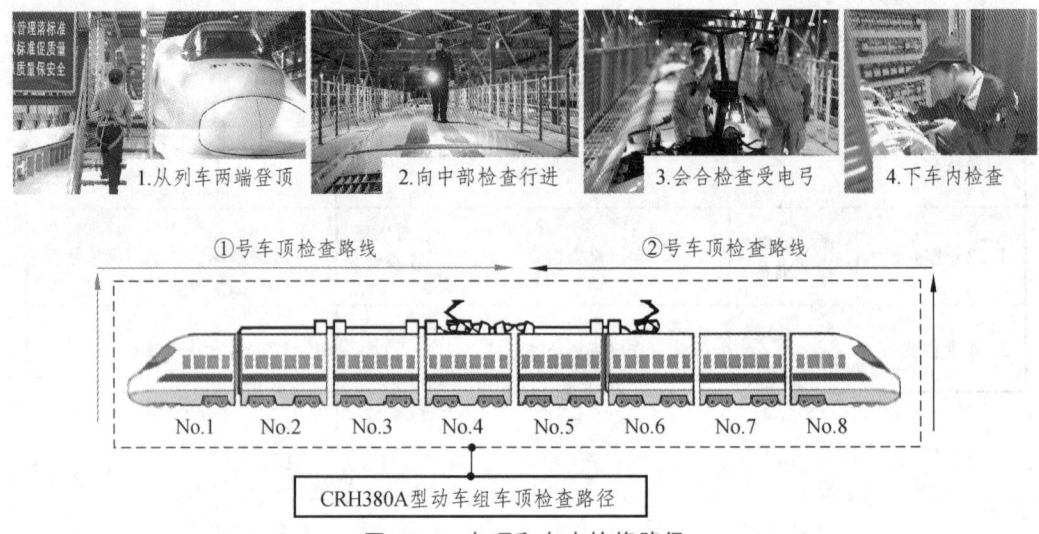

图 2-24　车顶和车内检修路径

1、2号作业人员分别从列车两端登顶，从端部开始检查，两人在车顶中部会合，共同检查受电弓后下车顶，而后进入车内进行检查。

2. 车下和车体两侧检修路径（见图2-25）

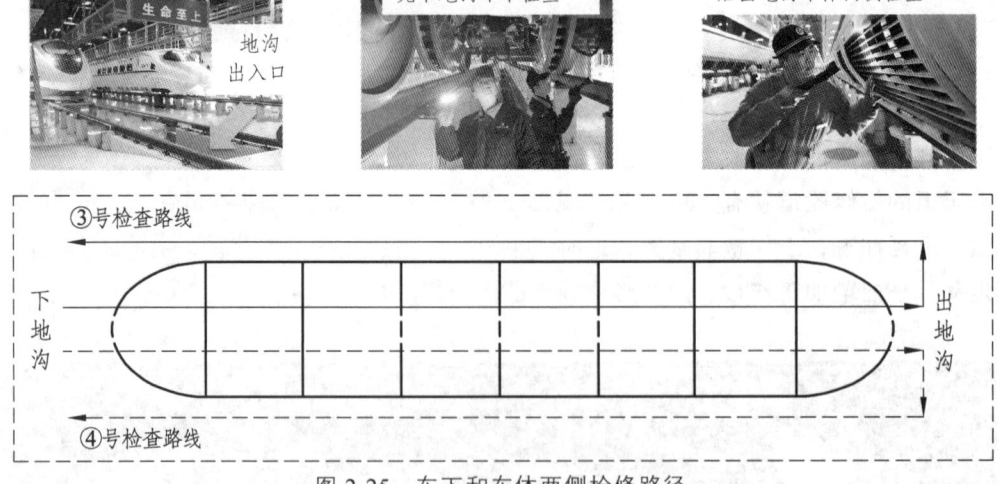

图 2-25　车下和车体两侧检修路径

根据先无电再有电的工序规划，先做车下地沟检查，再做车体两侧检查。3、4号作业人员两人由车端共同进入地沟，然后一左一右共同检查至另一端后出地沟，再分别绕至车体两侧检查，最终回到车端会合。

由于待检列车数量多，虽然优化了检修路径，但一级修作业工作量还是非常大。这也催生了智能检修机器人这种新技术（见图2-26）。机器人往返拍照，再智能筛查照片分析故障，通过智能化手段提升作业效率，这也是我们铁路改革的未来导向。

但也必须认识到，至少在现阶段机器人不是万能的，检修作业总有特殊情况需要人工处理，如图 2-27 所示的暴雪天气运行后的动车组就需要人力除冰，所以不管是否由人工智能代替工作，检修作业都要细心细致、消除一切故障隐患。

图 2-26 车底智能检修机器人

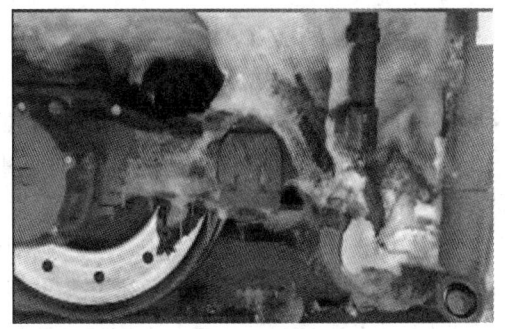
图 2-27 动车组覆冰转向架

模块小结

本模块聚焦电力机车与动车组的技术内核,构建了从基础构造到检修逻辑的系统性知识体系:

(1)构造解析:电力机车通过主变压器—变流器—牵引电机的电能转换链实现牵引;动车组依托动力分散布局、轻量化车体及智能化网络实现高速高效。

(2)编码体系:掌握机车代码与动车组代码的结构化逻辑,揭示"数字-字母"组合背后的技术参数与制造信息。

(3)检修工艺:理解"四按三化"原则的分级检修框架(C1~C6修),贯通从部件探伤(磁粉/超声波)到系统联调的标准化流程链条。

(4)技术演进:对比分析CRH3C至CR400BF的升级路径,领悟材料轻量化(碳纤维)、牵引拓扑高效化(永磁电机)对运营效能的重构作用。

本模块实现了工程理论与运维实践的深度融合,为探索列车技术的未来场景(如PHM系统、数字孪生检修)奠定了认知基础。

任务实战

一、实践任务

编码破译与标准化提案。

1. 案例研究

选取CRH2A-2133与CR400AF-Z1001两组代码,解构其技术维度(速度等级、制造商、车型配置)。

2. 国际对标

对比中国与欧洲(如德国ICE3代码EN-TGVR 4075)的编码规则差异,编写差异分析矩阵。

3. 创新提案

针对现行代码体系的局限性(如字母组合冗余),设计兼顾可读性与扩展性的新型编码方案。

二、交付成果

《中外动车组编码体系对比研究》演示文稿;

新型编码方案设计图(可支持增强现实扫码解析功能)。

模块三　列车整备作业

当列车历经精密检修后，如何将"技术健康"转化为"运营动能"？如何确保数以万计的零部件从"静态合格"迈向"动态可靠"？答案藏在列车整备作业的每一个细节中。

整备作业是列车投入运营的最后一道技术防线，亦是检修与实战的无缝衔接点。它不仅是燃油补充、砂箱填充、设备调试的机械流程，更是对列车"生命体征"的全面唤醒：从牵引电机的性能复验到制动系统的动态响应，从司机室人机交互的精准调试到高压设备的安全核验，整备作业以"匠人尺度"为列车赋予"出征资格"。

本模块以"理论—方法—实践"为脉络，揭开整备作业的"技术面纱"。

溯源整备本质：解析整备与检修的辩证关系，理解"单次保障"与"长效运维"的协同逻辑。

掌握实战工具：学习目视、锤检、耳听等七大诊断方法，精准识别隐藏风险。

贯通全流程交付：从 HX_D3 型机车机械部检查到 CRH380A 动车组司机室整备，以标准化操作确保安全底线。

通过本模块学习，您将从"技术修复者"蜕变为"状态交付者"，为列车的每一次出发注入不可撼动的信心。

学习目标

【知识目标】

（1）理解整备作业的定义、功能及其在列车全生命周期中的战略意义；

（2）掌握整备与检修的核心区别及协同逻辑（作业范围、周期、目标、成果交付）；

（3）熟记整备作业标准化流程（检查前准备、七大检查方法、动态试验规则）。

【能力目标】

（1）能独立完成目视、手检、仪表检测等整备检查，精准判断设备异常；

（2）能按规程执行 HX_D3 型电力机车走行部、机械间整备操作；

（3）能按规程执行 CRH380A 型动车组司机室检查整备操作。

【素质目标】

（1）树立"细节决定安全"的整备作业理念，坚守零容忍底线；
（2）培养标准化操作习惯，杜绝"经验主义"和"捷径思维"；
（3）强化团队协作意识，主动沟通技术边界与作业风险；
（4）形成系统化责任观，理解"一纸确认单，千钧安全责"的职业内核。

模块学习寄语

列车不会因一颗螺丝的松动而停下，但安全却会因 1 ms 的疏忽而崩塌。在整备作业领域里，检修人员并非简单的"检查者"，而是万千乘客生命的"守护者"。每一道锤音的敲击、每一组数据的核对、每一次闸瓦的校准，都是对钢铁巨龙的无声承诺——让技术标准成为本能，让安全信仰刻入血脉。

请以敬畏之心对待手册上的每一行文字：这里没有"差不多"，只有"零误差"；没有"我以为"，只有"须确认"。当你俯身检查轮对的刹那，列车已不仅仅是冰冷的机械，而是承载着信任与希冀的流动城池。

愿各位学员在此模块中，淬炼出工程师的严谨、工匠的专注与守护者的担当。今日练就的"火眼金睛"，终将托举起轨道交通最坚实的生命线。从课堂到车间，从理论到实践——前方铁轨漫长，而安全永无终点。

项目一　列车整备作业内涵与方法建构

列车的运行安全和效率离不开科学的维护体系。在铁路运输中，整备与检修是列车维护的两大核心任务，它们共同确保列车从"休眠状态"迈向"驰骋状态"。如果说检修是列车的"深度体检"，那么整备则是列车"出征前的铠甲装配"。整备侧重于列车的日常维护和准备工作，确保列车在每次运行前处于良好状态；而检修则涉及对列车各部件的深入检查、修理和更换，以恢复或保持其性能。通过学习整备与检修的定义、区别及其联系，学员将理解如何将检修成果转化为运营效能，并掌握标准化整备流程的核心逻辑与实操要点，实现从"技术修复"到"状态交付"的无缝过渡。接下来，我们将深入探讨整备与检修的具体内容，学习整备检查方法，为列车的安全运行保驾护航。

任务一　厘清整备与检修

一、整备与检修的定义

1. 整　备

整备是对电力机车在值乘前进行的"整理与准备"，确保机车处于良好状态，以满足运行的需求。

主要内容如下：

车体清洁：清洗机车外部，保持外观整洁。

燃油补充：为内燃机车补充燃油（电力机车无须此步骤）。

砂箱填充：补充砂子，用于制动时增加摩擦力。

润滑油脂补给：为各运动部件添加润滑油和油脂。

机车整备
生产组织

走行部检查：检查车轮、悬挂装置、制动装置等是否正常。

车顶高压设备检查：检查受电弓、主断路器等高压设备的状态。

司机室检查：检查仪表、控制器、照明设备等是否正常。

2. 检　修

检修是对电力机车进行全面或针对性地检查、修理和维护，以恢复或保持其性能。

主要内容如下：

牵引电机检修：检查电机绕组、轴承、电刷等部件。

主变压器检修：检查绕组、绝缘、油位等。
电器部件检修：检查断路器、接触器、继电器等。
机械部件检修：检查转向架、轮对、制动系统等。
车体结构检修：检查车体焊接、腐蚀情况等。

二、整备与检修的区别

1. 作业范围

整备：侧重于机车的日常维护和准备工作，包括清洁、补给、简单检查和故障处理。
检修：涉及对机车各部件的深入检查、修理和更换，范围更广、深度更深。

2. 作业目的

整备：确保机车在每次运行前处于良好的状态，满足基本运行要求。
检修：通过修复和更换部件，恢复或保持机车的性能，延长其使用寿命。

3. 作业周期

整备：每次机车入库都要进行，周期短，通常为每日或每周。
检修：根据机车的运行里程或时间周期进行安排，周期较长，通常分为辅修、小修、中修和大修。

4. 作业深度

整备：作业深度较浅，主要进行表面检查和简单维护。
检修：作业深度较深，涉及部件的解体、检测、修理和更换。

5. 作业地点

整备：通常在整备车间进行。
检修：在检修车间进行。

6. 作业人员

整备：由整备车间的工作人员负责。
检修：由检修人员负责。
整备作业与检修工作的内容差异详见表3-1。

表3-1 整备与检修差异性对比

维　度	整备作业	检修工作
目标导向	保障列车的单次运行状态	维护列车的长期技术性能
作业周期	每日/每趟次	按修程（如C1~C6修）执行
核心内容	能源补给、功能预检、环境配置	部件更换、系统调试、故障修复
交付成果	出库状态确认单	检修质量验收报告

三、整备与检修的联系

相互补充：整备是检修的基础，检修是整备的深化，两者共同确保机车的安全运行。

信息共享：整备过程中发现的故障信息可以为检修提供参考，检修后的机车需要通过整备才能投入运行。

任务二　学习整备检查方法

一、整备检查准备工作

在进行整备检查之前，需要做好以下准备工作：
（1）安全防护：穿戴好防护用品，确保作业环境安全。
（2）工具准备：准备好所需的工具，如扳手、手电筒、万用表等。
（3）资料查阅：参考机车的技术手册和检修规程，了解检查标准和要求。

二、整备检查方法

1. 目视检查法

定义：通过肉眼观察机车各部件的外观状态。
适用范围：检查部件是否变形、裂纹、漏油、漏气等。
操作要点如下：
光线充足：确保检查区域光线明亮。
全面观察：从不同角度观察部件，确保无遗漏。

2. 手检法

定义：用手触摸和检查部件的状态。
适用范围：检查部件的温度、振动、松动等。
操作要点如下：
轻触检查：轻轻触摸部件，感受温度和振动。
用力适当：避免用力过猛导致部件损坏。

3. 锤检法

定义：使用检查锤敲击部件，通过声音和手感判断部件状态。
适用范围：检查部件的紧固性和安装状态。
操作要点如下：
锤击力度：根据部件大小选择合适的锤击力度。
声音判断：通过声音判断部件是否松动或损坏。

4. 耳听法

定义：通过听觉判断机车运行时的声音是否正常。

适用范围：检查电机、风机、压缩机等设备的运行声音。

操作要点如下：

环境安静：确保检查环境安静，便于听清声音。

专注聆听：注意辨别异常声音，如异响、摩擦声等。

5. 鼻嗅法

定义：通过嗅觉判断是否有异常气味。

适用范围：检查电气设备是否有烧焦、过热等气味。

操作要点如下：

靠近检查：靠近可能产生气味的区域进行嗅探。

及时处理：发现异常气味立即停止检查并处理。

6. 仪表检查法

定义：使用万用表、兆欧表等仪表检查电气设备的状态。

适用范围：检查电路的通断、电压、电流、绝缘电阻等。

操作要点如下：

正确操作：按照仪表使用说明正确操作。

记录数据：记录测量数据，与标准值对比。

7. 量具检查法

定义：使用游标卡尺、千分尺等量具检查部件的尺寸。

适用范围：检查部件的磨损、变形等。

操作要点如下：

正确使用：按照量具使用说明正确操作。

精确测量：确保测量结果精确，与标准值对比。

检查方法对比如表 3-2 所示。

表 3-2 检查方法对比

检查方法	检查内容	工具	应用场景	优点	缺点
目视检查法	外观检查（裂纹、变形、锈蚀、泄漏、磨损等）	无（或辅助灯光、放大镜）	日常巡检、部件表面检查	快速、直观、成本低	仅限表面，无法发现内部缺陷
手检法	触摸检测（温度、振动、松动、异常阻力）	手套、纱布	检测发热部件、松动螺栓、机械卡滞	直接发现触感异常	依赖经验，高温/高速部件存在安全隐患
锤检法	敲击部件听声音（松动、断裂、内部空洞）	检点锤（小锤子）	检查车轮、螺栓、轴类部件	可发现隐藏的松动或结构缺陷	依赖经验判断声音，过度敲击可能损伤部件

续表

检查方法	检查内容	工 具	应用场景	优 点	缺 点
耳听法	识别机械运转异响（摩擦声、撞击声、规律性杂音）	听诊器（或直接听）	电机、齿轮箱、轴承等运转部件检查	非侵入式，快速定位异响源	受背景环境噪声影响，依赖经验区分声音类型
鼻嗅法	识别异常气味（烧焦味、油液挥发气味、电气短路异味）	无	电气线路、油液泄漏、过热部件检测	快速发现燃烧或化学泄漏危险	局限性大（某些气味可能轻微或延迟扩散）
仪表检查法	精准测量参数（电压、电流、温度、压力、振动频率等）	万用表、测温仪、压力/振动仪表	电气系统、液压/气动系统、动力系统精密检测	数据量化，精准诊断故障	依赖专业仪表操作和数据分析能力
量具检查法	测量尺寸精度（磨损量、间隙、直径等）	游标卡尺、塞尺、直尺、千分尺	机械部件磨损检测（轮对、齿轮间隙、轴径等）	结果客观，支持修复决策	耗时，需校准和熟练操作

三、整备检查分类

1. 日常检查

定义：每次机车入库都要进行的检查。

主要内容如下：

外观检查：检查车体、车顶、走行部的外观状态。

功能检查：检查受电弓、主断路器、制动系统等是否正常。

清洁维护：清洁车体、司机室，补充砂子、润滑油等。

2. 定期检查

定义：根据机车的运行里程或时间周期安排的检查。

主要内容如下：

全面检查：检查机车各部件的性能和状态。

深度维护：对关键部件进行深度维护和修理。

四、整备作业范围及基本程序

机车的整备作业由地勤作业和机车乘务员作业两部分组成。

地勤整备作业范围包括机车检查、修理、日常给油、上砂、各项机能性能试验及三项设备检测等。

电力机车整备作业内容较内燃机车工作量少，故多采用平行作业方式。机车入段后，转线至整备线进行各种整备作业，然后动车驶出检查地沟，等待交路出段。

电力机车整备作业的基本程序如图 3-1 所示。

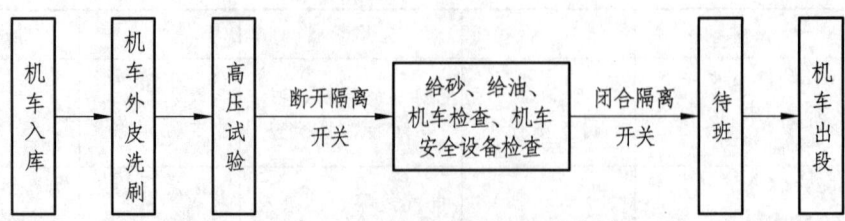

图 3-1　电力机车整备作业流程

项目二 列车整备作业实践

列车的每一次驰骋,都离不开细致入微的整备检查。无论是日常的整备检查,还是对机车各部件的全面检查,抑或是对动车组司机室的专项检查,每一个环节都是确保列车安全运行的关键。整备检查如同列车的"日常体检",它从准备工作开始,贯穿整个检查流程,直至列车安全上路。

在整备检查准备中,我们如同精心的规划者,确保所有工具、资料和安全防护措施就绪,为即将开始的检查工作筑牢基础。机车整备检查则是对列车"身体"的全面扫描,从外观到内部,从功能到性能,每一项检查都至关重要。而动车组司机室整备检查更是聚焦于列车的"神经中枢",确保司机在运行中拥有可靠的设备支持和安全的驾驶环境。

通过深入学习这三个任务,学员将掌握整备检查的全流程,从准备到执行,从机车整体到动车组司机室细节,逐步构建起列车维护的完整知识体系。让我们一同开启这段守护列车安全的旅程,探索整备检查的每一个细节,为列车的每一次出发保驾护航。

任务一 整备检查准备工作

一、机车的检查分工

(1)司机负责机车内部、顶部的检查和高、低压试验,对机车的故障进行判断,指导副司机正确处理故障,维持列车安全运行。

(2)副司机负责机车下部的检查和机车的给油上砂,协助司机做好高、低压试验;同时在司机的指导下,及时正确地处理机车故障,保证行车安全。

二、机车检查应遵守的规定

(1)检查顺序熟练不乱,名称、术语、技术参数正确无误,不漏检,不错检。

(2)步伐、锤击、动作、顺序协调一致,做到由上而下、由里往外、由左到右,以检、听、嗅、摸、测、撬、晃等方法进行。

(3)检查时,左手拿手电筒(手灯)、右手握锤。手电筒、手锤不能倒手,不能触地。放置手电筒、手锤要有固定位置,检查时做到光照、目视、锤击一致,动作协调。

（4）检查低矮零件时，做到一腿半曲，一腿稍弓，斜身向着检查部件。

（5）检查内侧部件时，做到两脚分开，上身前探。

（6）检查部件底部时，较高部件直身仰视，对较低的部件采用下蹲仰视。

（7）使用仪器测量时，按照使用规定进行。

三、机车检查注意事项

（1）车顶检查作业必须在安全作业区内，办理停电手续，挂好接地线后进行。接触网没停电，不论任何原因，绝对禁止登上电力机车车顶。上车顶必须由天窗登上，严禁从其他部位爬上车顶。在检查中，注意防止跌落和摔伤，确保人身安全。

（2）当机车受电弓升起时，禁止进入高压室、变压室和开启防护高压用的护板、外罩、电机整流子孔盖，以及检查与修理电力机车车体下面的电气设备。

（3）机车检查前必须遵守"先联系，后检查"的原则，并通过有关人员在操作手柄开关处，挂好禁动标志。检查带电部件和转动部件时，禁止手触，以防触电和挤伤。

（4）检查机车时，应做到：顺序检查、不错不漏、姿势正确、步伐不乱、锤分轻重、目标准确、眼看耳听、仔细周到、鼻嗅手触、灵活熟练、消除隐患、保证质量。

（5）对于压力容器和带有压力的管、细小管接头螺母和M14以下的螺母，以及光洁度高或有镀层的零部件表面，禁止用锤击法检查。

（6）用手晃动、拍击、拧动零件时，用力要适当，防止损伤部件，尤其在检查线接头与紧固件松紧时，要顺时针推动。

（7）对于加封的零部件（铅封、漆封），严禁随意破封；对于各种保护装置及测量、计量仪器，不得随意变更其动作值及参数。

（8）机车检查时要注意安全，严禁跳越地沟。

（9）司机升弓做高压试验前，必须确认各高压室和地沟无人，并例行呼唤应答和鸣笛，以确保安全。

（10）各部件、塞门、开关检查完成后，必须恢复定位。

任务二　机车整备检查

一、机车检查场景

1. 交接班检查

（1）机车到达本次交路终点站并入段后，到达的乘务员、机车保养员要按照分工，检查各摩擦、转动部分及各电机的温度，并做好整台机车的检查、修理、试验、给油、清扫工作，然后将发现的问题和处理的情况详细填写在交接班记录中，为乘务员工作打好基础。

（2）接班检查要简单明了，重点突出，作业时间不宜过长，以免造成出乘前疲劳。为此，接班与交班检查要明确分工，接班者应特别注意与行车安全直接相关的部件检查，确认机车的整备状态，并详细了解机车在上一班的运行情况，认真阅读交接班记录。

2. 途中运行中检查

（1）副司机负责机车走廊巡视检查，其检查时机由各机务段在操纵示意图中规定。一般要在始发站出站后和每次通过分相绝缘器后，以及机车有异常状态时进行巡视检查。走廊巡视检查时，应在出站后开始，于到达前方站前返回，保证二人确认进站信号。去走廊巡视检查时，要先与司机取得联系，尽量保持各控制手柄位置稳定。在检查中发现有不良情况时，要立即向司机报告，二人密切配合，尽可能地维持运行，对能处理的情况要及时果断处理，防止事态扩大。

（2）中间站停车时，乘务员应下车检查走行部，确认车钩及风管（重联时包括重联线）的连接状态；轮箍有无过热、弛缓，车轮踏面有无擦伤、剥离，轮缘润滑是否良好；轴箱温度是否正常，有无漏油现象，弹簧装置是否良好，闸瓦及基础制动装置有无不良现象，各管路系统及主变压器外壳是否漏油，速度表传动装置是否良好。

（3）乘务员应经常对机车各给油装置进行检查，保证不低于规定油位，补油时应与规定油脂标号相同，严禁随意代用。

二、机车检查顺序

机车静止检查时要遵守自上而下、从内到外、由左到右的顺序，这是对乘务员基本功训练的要求。实行轮乘制的机务段，机车检查工作完全由地勤人员和辅助检查人员按分工进行检查，从而形成检查专业化。专业检查的特点是质量高、速度快、不易发生漏检；便于积累检查经验；能及时发现机车薄弱环节和惯性故障；能掌握机车的质量动态，从而不断提高机车的检查水平。

HX$_D$3 型电力机车检查线路如图 3-2 所示。

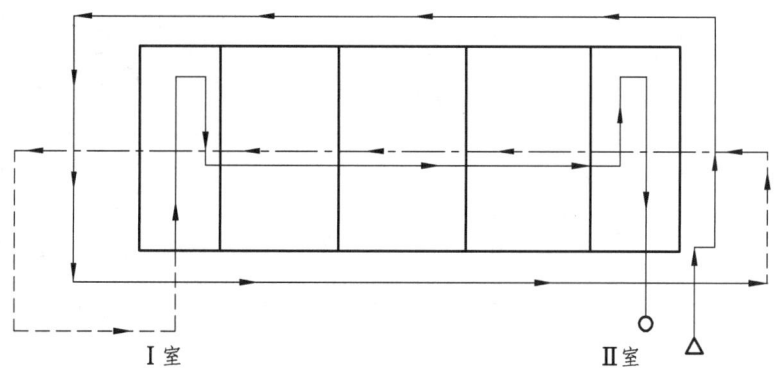

图 3-2　HX$_D$3 型电力机车检查线路

（1）图例说明：始点△；终点○；检查走行线——；空走走行线----；地沟走行线———。

（2）机车Ⅱ端部△→右侧走行部→机车前部→左侧走行部→车底部→司机室→机械间走廊两侧→司机室→制动机试验→高、低压试验。

三、机车检查作业

HX$_D$3 型电力机车检查及给油作业如下:

(一) I 端司机室内检查项目和要求(见表 3-3)

表 3-3 I 端司机室内检查项目和要求

部位	序号	部件名称	检查内容及要求	方法	标准	次数	扣分
司机室检查	1	多功能饮水设备	设备安装牢固,电源器件无损坏,无放电,开关接触良好	目视手动	5		
	2	空调机控制箱	各旋钮位置正确	目视	5		
	3	灭火器	放置牢靠,外观无损伤,安装带扣环、锁扣良好,铅封良好,喷嘴清洁无堵塞	目视手动	5		
	4	座礅	安装牢固,坐垫、靠背无破损	目视	5		
	5	紧急放风阀	阀体管路无裂漏,铅封良好	目视	5		
	6	接线端子柜	安装良好,无破损、松脱	目视手动	5		
	7	左前侧窗	玻璃无破损,安装牢固	目视手动	5		
	8	左壁炉	安装牢固,外罩无变形、裂损、松动,接线良好	目视手动	5		
	9	左前窗遮阳帘	窗帘布无破损,导轨槽牢固、平直,上下拉动时作用良好	目视手动	5		
	10	机车信号装置	外罩玻璃齐全,锁闭作用良好,插座及接线良好	目视手动	5		
	11	制动机显示屏	显示屏无破损、表面清洁,功能键无破损	目视手动	5		
	12	监控显示屏	同 11 项	目视手动	5		
	13	多功能组合模块	各表完整,表针显示正确,表验日期有效,紧急停车按钮在正常位,状态指示灯面板无破损	目视手动	5		
	14	微机显示屏	同 11 项	目视手动	5		
	15	无线调度装置	设备完好、清洁,各功能键无破损	目视手动	5		
	16	压力仪表模块	各表完整,表针显示正确,表验日期有效	目视	5		

续表

部位	序号	部件名称	检查内容及要求	方法	标准	次数	扣分
司机室检查	17	复位按钮、风笛按钮	按钮作用灵活，无卡滞现象	目视手动	5		
	18	电空制动控制器	控制器手柄在各挡位之间动作灵活，无机械卡滞现象，各管路无漏风	目视手动	5		
	19	司机扳键开关	扳键作用灵活，箱内接线良好，开关箱钥匙位置正确	目视手动	5		
	20	司机控制器	外观良好，动作灵活，无机械卡滞现象，互锁功能正常，凸轮装置、各动静触头及接线均良好	目视手动	5		
	21	定速控制、过分相按钮	按钮作用灵活，无卡滞现象	目视手动	5		
	22	风笛按钮	同 21 项	目视手动	5		
	23	冰箱柜及空气管路	门锁握柄作用正常，门开关灵活，冰箱门关闭严密，塞门位置正确	目视手动	5		
	24	重联电话	设备完好、清洁，电话线无破损	目视手动	5		
	25	电源插座	插座安装牢固，接线无松脱，无放电、烧损痕迹	目视手动	5		
	26	右壁炉	同 8 项	目视手动	5		
	27	脚踏砂阀、速度控制装置、风笛	脚踏安装牢固、动作灵活、无卡滞现象	目视手动	5		
	28	万能转换开关	开关安装牢固、动作灵活、位置正确	目视手动	5		
	29	接线端子柜	安装良好，无破损、松脱	目视手动	5		
	30	右前侧窗	玻璃无破损，安装牢固	目视手动	5		
	31	司机座椅	安装牢固，坐垫、靠背无破损，升降、转动作用灵活	目视手动	5		
	32	前照灯	室内护罩密封良好，检查门严密	目视手动	5		
	33	空调、风扇	安装牢固，扇叶无变形，外罩无损伤，接线良好	目视手动	5		
	34	顶板照明灯	灯罩无破损，安装牢固，照明良好，无脱落	目视	5		

(二)机械部检查项目和要求(见表3-4)

表3-4 机械部检查项目和要求

部位	序号	部件名称	检查内容及要求	方法	标准	次数	扣分
机械间检查	1	机械室门	门开关灵活,关闭严密	目视手动	5		
	2	第一牵引风机	安装螺丝无松动,接线盒内部导线无烧损放电痕迹,接线良好	目视手动	10		
	3	防滑电磁铁	电源线无烧损放电痕迹,接线良好;空气管路无泄漏	目视手动	5		
	4	顶部照明灯	安装牢固,灯罩无变形,灯玻璃无破损,电线连接良好	目视手动	5		
	5	衣柜	门开关灵活,关闭良好	目视手动	5		
	6	卫生间	门开关灵活,内部清洁、干燥	目视手动	5		
	7	通信设备及工具柜	设备安装牢固,铅封良好,工具摆放整齐,清洁、通风干燥,插座连接牢固,无松动	目视手动	5		
	8	蓄电池箱及滤波柜	接线无破损,无放电痕迹,蓄电池无漏液现象,安装螺丝无松动,须注意人身安全	目视手动	5		
	9	第二牵引风机	安装螺丝无松动,接线盒内部导线无烧损放电痕迹,接线良好	目视手动	10		
	10	防滑电磁铁	电源线无烧损放电痕迹,接线良好;空气管路无泄漏	目视手动	5		
	11	第三牵引风机	安装螺丝无松动,接线盒内部导线无烧损放电痕迹,接线良好	目视手动	10		
	12	防滑电磁铁	电源线无烧损放电痕迹,接线良好;空气管路无泄漏	目视手动	5		
	13	TAMS柜及ATP装置	设备安装牢固,铅封良好,清洁、通风干燥,插座连接牢固无松动	目视手动	5		
	14	电器控制箱	各自动开关、隔离开关在正常位,无卡滞现象,仪表玻璃无破损,表针显示正确,表验日期有效,电器接地闸刀、转换开关位置正确,无放电痕迹	目视手动	5		
	15	左侧受电弓、主断功能模块	各塞门位置正确,标牌清晰,管路无漏风现象,电磁阀接线无松脱	目视手动	5		
	16	自动过分相装置	钮子开关位置正确,接线无松脱	目视手动	5		
	17	TAMS柜及ATP装置背部	接线卡子无松动,安装螺丝牢固	目视手动	5		
	18	右侧复合冷却器通风机组	风机安装螺丝牢固,电机接线无烧损,接线无松脱,冷却管路安装螺丝牢固,无漏液现象	目视手动	5		
	19	高压电流互感器	二次引线连接件无松动,表面无氧化接触不良现象,紧固夹件及安装接线盒牢固	目视	5		

续表

部位	序号	部件名称	检查内容及要求	方法	标准	次数	扣分
机械间检查	20	行灯插座	安装牢固，无烧损现象	目视	5		
	21	防滑电磁铁	电源线无烧损放电痕迹，接线良好；空气管路无泄漏	目视手动	5		
	22	左侧变流器柜	接线端子安装牢固，电线无变色，卡子无松动，管路法兰部无漏液，柜表面无变色变形	目视手动	5		
	23	右侧变流器柜	接线端子安装牢固，电线无变色，卡子无松动，管路法兰部无漏液，柜表面无变色变形	目视手动	5		
	24	左侧复合冷却器通风机组	风机安装螺丝牢固，电机接线无烧损，接线无松脱，冷却管路安装螺丝牢固，无漏液现象	目视手动	5		
	25	右侧受电弓、主断功能模块	各塞门位置正确，标牌清晰，管路无漏风现象，电磁阀接线无松脱	目视手动	5		
	26	复轨器、止轮器	安装牢固，螺丝紧固	目视手动	5		
	27	第一压缩机	外观完好，无破损，安装座螺栓孔无裂纹，安装螺丝紧固，油位符合标准，各风管接头无裂漏，安全阀状态良好，电机接线盒接线无松脱，无破损，无烧损、放电痕迹	目视手动	10		
	28	控制风缸及弹停风缸	风管无泄漏，塞门位置正确	目视手动	5		
	29	第四牵引风机	安装螺丝无松动，接线盒内部导线无烧损放电痕迹，接线良好	目视手动	5		
	30	防滑电磁铁	电源线无烧损放电痕迹，接线良好；空气管路无泄漏	目视手动	5		
	31	第五牵引风机	安装螺丝无松动，接线盒内部导线无烧损放电痕迹，接线良好	目视手动	5		
	32	防滑电磁铁	电源线无烧损放电痕迹，接线良好；空气管路无泄漏	目视手动	5		
	33	空气干燥系统	空气干燥系统无泄漏，电线路无烧损，各塞门位置正确，高压安全阀动作灵活	目视手动	5		
	34	总风缸	管路接头无漏风，排水阀位置正确	目视手动	5		
	35	复轨器、止轮器	安装牢固，螺丝紧固	目视手动	5		
	36	防滑电磁铁	电源线无烧损放电痕迹，接线良好，空气管路无泄漏	目视手动	5		
	37	空气制动管路柜	管路柜各模块塞门位置正确，风表仪表玻璃无破损，表针显示正确，表验日期有效，电源接线无断线、烧损现象，管路接头无漏风，辅助压缩机油位正常	目视手动	5		
	38	第六牵引风机	安装螺丝无松动，接线盒内部导线无烧损放电痕迹，接线良好	目视手动	10		
	39	机械室门	门开关灵活，关闭严密	目视手动	5		

（三）机车Ⅱ端、Ⅰ端司机室外部检查内容和要求（见表3-5）

表3-5 机车Ⅱ端、Ⅰ端司机室外部检查内容和要求

部位	序号	部件名称	检查内容及要求	检查方法	标准	次数	扣分
Ⅱ端司机室外侧正面	1	上部	大灯、前窗玻璃、雨刷、路徽无破损、开焊、丢失、变形	目视	5		
	2	中部	副灯、标志灯、玻璃完整，灯泡良好，扶手无开焊	目视	5		
	3	重联插座	外观完好，插座及盖作用良好，插座清洁、牢固	手动 目视	5		
	4	制动管软管、总风管软管、制动平均管软管	各折角塞门手柄动作灵活，接头无泄漏，安装座U形卡子良好，螺丝紧固；软管无硬化、老化、破裂和凸凹现象，水压试验不过气，软管安装卡子完好，螺丝紧固，软管连接器无开焊、裂纹，软管皮圈无断裂，软管角度正确，放风试验，风管畅通；软管试压为3个月，软管安装角度为45°	目视 测量 手动	10		
	5	车钩	提杆座牢固，无开焊，钩提杆无弯曲、变形，在防跳槽内不得旷动，钩尾扁销及钩身托板螺栓齐全紧固；均衡梁与吊杆不得有变形弯曲；钩头、钩舌锁铁、钩舌、钩耳、钩舌销孔、钩耳销孔不得有裂纹，尺寸符合要求。钩舌销无断裂、弯曲，车钩"三态"作用良好，开锁闭锁作用灵活，符合限度。钩头与冲击座间隙为80 mm；车钩中心水平线与轨面高度为815～890 mm；车钩开度：开钩220～250 mm，合钩110～130 mm	目视 测量 手动	10		

（四）Ⅱ端走行部右侧检查项目和要求（见表3-6）

表3-6 Ⅱ端走行部右侧检查项目和要求

部位	序号	部件名称	检查内容及要求	方法	标准	次数	扣分
车体右侧	1	车体外观	车体侧面平整，无变形、损伤，车体吊装孔盖齐全，安装良好，后视镜安装牢固无破损	目视	5		
	2	排障器内侧	机车自动信号装置及自动过分相装置，安装架螺丝紧固，接线无松脱；排石器安装良好，符合标准，胶皮无破损；排石器距轨面高70～80 mm，扫石胶皮距轨面10～15 mm	目视 测量	10		
	3	司机室扶手、脚梯	扶手、脚梯安装牢固，无变形、开焊	目视 手动	5		
	4	右四砂箱	砂箱安装牢固，箱体无变形、开焊；砂箱盖完整无损，扣锁良好，关闭严密；箱内砂子干燥，无异物，颗粒均匀，砂箱加热装置外观良好，电线无断线，管路外观良好，无堵塞，不偏斜，距轨面高度符合标准；撒砂胶皮管距轨面高不得低于25 mm	目视 手动	10		

续表

部位	序号	部件名称	检查内容及要求	方法	标准	次数	扣分
车体右侧	5	右六动轮	轮盘式制动单元安装牢固，螺丝无松动，单元制动缸无泄漏，制动盘不得有明显的台阶沟槽、拉伤；制动盘热裂纹长度不超过 65 mm，摩擦面磨伤深度不超过 1 mm，凹面不超过 2 mm；闸瓦与制动盘缓解间隙为 3 mm。 制动盘摩擦面的摩擦限度每侧为 5 mm（注：检查时不得敲打制动盘的任何部位）。 停放制动单元安装牢固，空气管路无泄漏。 踏面清扫制动装置，安装螺丝牢固，制动器外观良好，闸瓦无裂纹、偏磨、不到限，闸瓦穿销开闭销良好。 右六动轮踏面无剥离、擦伤，轮箍无裂纹、弛缓，轮辐、轮辋无裂纹。 轴箱状态良好，内外螺丝牢固，无漏油，无裂纹。 轴箱拉杆连体状态良好，橡胶关节无老化、裂纹和挤出，前后弹簧装置无裂纹。 轴箱接地线无断股、松脱现象，断股不超过10%。 轴箱油压减振器无漏油，安装螺丝牢固；轴箱温度正常，不超过 80℃；轴箱端盖安装螺栓齐全，无松动。 轮缘滑条支架安装牢固，滑条压力均匀，无卡滞现象。 制动指示器、弹停指示器安装及管接头良好，显示正确	目视锤检耳听	5		
	6	垂直油压减振器	套筒底座无裂纹，无漏油，安装螺丝齐全紧固	目视手动	5		
	7	高圆弹簧及垫片	无裂纹、移动、脱落	目视锤检耳听	5		
	8	右二侧向限制器	安装螺丝无松动，限制器座无开焊	目视	5		
	9	右五动轮	参照前述检查内容及要求	目视锤检耳听	5		
	10	第二转向架右侧侧梁上接线及管路、接地线	构架上接线无破损、松断，接头无松动，管路无漏泄，卡子紧固； 接地线无断股、松脱现象	目视手动	5		
	11	右四动轮	参照前述检查内容及要求	目视锤检耳听	5		

续表

部位	序号	部件名称	检查内容及要求	方法	标准	次数	扣分
车体右侧	12	右三砂箱	参照前述检查内容及要求	目视 锤检 耳听	5		
	13	主电路、控制电路插座	安装座无开焊，螺丝紧固，压盖严密，座芯洁净，无烧损；接线无破损、松脱	目视 手动	5		
	14	变压器储油箱	箱体无开焊，无变形，无漏泄；管路安装螺丝紧固。油箱外部状态良好，管路、管接头无漏油，放油阀手轮铁丝无断开，油流继电器指针位置正确，盖无丢失	目视 锤检	5		
	15	右二砂箱	参照前述检查内容及要求	目视 手动	5		
	16	右三动轮	参照前述检查内容及要求	目视 锤检 耳听	5		
	17	第二转向架右侧侧梁上接线及管路	构架上接线无破损、松断，接头无松动，管路无漏泄，卡子紧固	目视 手动	5		
	18	右二动轮	轮缘滑条支架安装牢固，滑条压力均匀，无卡滞现象	目视 锤击 耳听	5		
	19	垂直油压减振器	参照前述检查内容及要求	目视	5		
	20	右一侧向限制器	参照前述检查内容及要求	目视	5		
	21	高圆弹簧及垫片	参照前述检查内容及要求	目视 锤检 耳听	5		
	22	右一动轮	参照前述检查内容及要求	目视 锤检 耳听	5		
	23	行灯插座	安装座无开焊，螺丝紧固，压盖严密，座芯洁净，无烧损；接线无破损、松脱	目视 手动	5		
	24	右一砂箱	参照前述检查内容及要求	目视 手动 锤检	10		

（五）Ⅰ端走行部左侧检查项目和要求（见表3-7）

表3-7　Ⅰ端走行部左侧检查项目和要求

部位	序号	部件名称	检查内容及要求	方法	标准	次数	扣分
车体左侧	1	车体外观	参照前述检查内容及要求	目视测量	10		
	2	排障器内侧	机车自动信号装置及自动过分相装置安装架螺丝紧固，接线无松脱； 排石器安装良好，符合标准，胶皮无破损； 排石器距轨面高 70~80 mm，扫石胶皮距轨面 10~15 mm	目视测量	10		
	3	司机室门窗	门、窗完整无变形； 扶手、脚梯安装牢固，无变形、开焊	目视手动	5		
	4	左一砂箱	参照前述检查内容及要求	目视锤检测量	10		
	5	左一动轮	参照前述检查内容及要求	目视锤检耳听测量	10		
	6	垂直油压减振器	参照前述检查内容及要求	目视手动	5		
	7	高圆弹簧及垫片	参照前述检查内容及要求	目视锤检耳听	5		
	8	左一侧向限制器	参照前述检查内容及要求	目视	5		
	9	左二动轮	参照前述检查内容及要求	目视锤检耳听	5		
	10	第一转向架右侧上部侧梁上接线及管路	构架上接线无破损、松断，接头无松动，管路无漏泄，卡子紧固	目视手动	5		
	11	车体与转向架接地线	接地线无断股、松脱现象	目视	5		
	12	左三动轮	参照前述检查内容及要求	目视锤检耳听	10		
	13	左二砂箱	参照前述检查内容及要求		10		
	14	主、辅助电路库用插座	安装座无开焊，螺丝紧固，压盖严密，座芯洁净，无烧损；接线无破损、松脱	目视手动	5		
	15	变压器储油箱	箱体无开焊，无变形，无漏泄；管路安装螺丝紧固。油箱外部状态良好，管路、管接头无漏油，放油阀手轮铁丝无断开，油流继电器、油温表指针位置正确，盖无丢失	目视锤检	5		

续表

部位	序号	部件名称	检查内容及要求	方法	标准	次数	扣分
车体左侧	16	左三砂箱	参照前述检查内容及要求	目视锤检	5		
	17	左四动轮	参照前述检查内容及要求	目视手动	5		
	18	第二转向架左侧上部侧梁上接线及管路	构架上接线无破损、松断,接头无松动,管路无漏泄,卡子紧固	目视手动	5		
	19	左五动轮	参照前述检查内容及要求	目视锤检	5		
	20	高圆弹簧及垫片	参照前述检查内容及要求	目视锤检耳听	5		
	21	垂直油压减振器	参照前述检查内容及要求	目视手动	5		
	22	左二侧向限制器	参照前述检查内容及要求	目视手动	5		
	23	行灯插座	参照前述检查内容及要求	目视			
	24	左六动轮	轮盘式制动单元安装牢固,螺丝无松动,单元制动缸无泄漏,缓解良好,活塞杆复位时,不得有卡滞现象,单元制动缸间隙调整器良好,制动盘不得有明显的台阶沟槽、拉伤。踏面清扫制动装置安装螺丝牢固,制动器外观良好,闸瓦无裂纹、偏磨、不到限,闸瓦穿销开闭销良好。制动盘摩擦面的摩擦限度每侧为5 mm(注:检查时不得敲打制动盘的任何部位)。动轮踏面无剥离、擦伤,轮箍无裂纹、弛缓,轮辐、轮辋无裂纹。轴箱状态良好,内外螺丝牢固,无漏油,无裂纹。轴箱拉杆连体状态良好,橡胶关节无老化、裂纹和挤出,前后弹簧装置无裂纹。速度传感器导线无破损、松脱现象。油压减振器套筒及座无裂纹,无漏油,安装螺丝齐全紧固	目视锤检耳听	5		
	25	左四砂箱	参照前述检查内容及要求	目视锤检	5		
	26	司机室扶手、脚梯	扶手、脚梯安装牢固,无变形、开焊、缺损	目视手动			
	27	主、控制电路插座	参照前述检查内容及要求	目视手动	5		
	28	排障器内侧	参照前述检查内容及要求	目视手动	5		

(六)机车车底检查项目和内容(见表3-8)

表3-8 机车车底检查项目和内容

部位	序号	部件名称	检查内容及要求	方法	标准	次数	扣分
车底	1	Ⅱ端车钩下部及缓冲装置	钩体托板及缓冲器托板螺栓紧固,弹簧箱冲击座、钩尾框无裂纹,从板摩擦部分无缺油和非正常磨损	目视锤触	5		
	2	排障器	安装螺丝牢固,无开焊、裂纹;排障器距轨面的高度为110 mm	锤检	5		
	3	车底照明灯	安装牢固,玻璃罩完好,灯泡良好	目视	5		
	4	车钩前部管路	总风管、列车管、平均管各管路接头无漏风,塞门位置正确,橡胶无老化、裂纹痕迹,安装牢固	目视锤触	5		
	5	横向油压减振器	套筒及座无裂纹,无漏油,安装螺丝齐全紧固;油压减振器座焊缝无开焊	目视	5		
	6	牵引梁前部	检查各紧固件螺栓无松动,防缓线无位移;牵引销、橡胶关节及托板状态良好,O形圈无磨损、不超限	目视	5		
	7	自动信号接收线圈及自动过分相装置	各安装螺丝紧固,各部无破损,插座接线良好	目视手动	5		
	8	排石器	安装牢固,排石器支架无开焊,螺丝紧固,胶皮完整,高度符合标准; 扫石胶皮距轨面高10~15 mm	目视测量	10		
	9	左右第四砂箱背部	箱体完整,无开焊,安装座牢固,螺丝不松动,撒砂阀良好,砂管支架安装牢固,砂管角度不偏斜	目视锤触	5		
	10	第六动轮轮盘制动单元及弹停设置背部	制动器外部状态良好,安装螺丝紧固,来风管及接头无漏泄和裂纹。 轮盘式制动单元安装牢固,螺丝无松动;单元制动缸无泄漏,缓解良好;活塞杆复位时,不得有卡滞现象,制动盘不得有明显的台阶沟槽、拉伤;闸瓦吊杆、支架无开焊、裂纹,弹停拉钩灵活。 制动盘摩擦面的摩擦限度每侧为5 mm(注:检查时不得敲打制动盘的任何部位)	目视锤触	10		
	11	二转向架后部	构架无裂纹、变形、开焊,各风管及卡子无松动,无破损漏风	目视手动	10		
	12	第六动轮轮对	轮辐无裂纹。 踏面擦伤深度不大于0.7 mm,缺陷或剥离长度不超过40 mm,深度不大于1 mm,轮缘垂直磨耗锥形踏面向上11.25 mm处测量为33~23 mm。 轮箍无裂纹,轮缘符合标准,无碾堆,轮箍、轮心结合良好,无移位。 牵引电机大线无磨耗,定位紧固。 轮缘厚度为23~33 mm	目视测量	5		

续表

部位	序号	部件名称	检查内容及要求	方法	标准	次数	扣分
车底	13	第六动轮齿轮箱	箱体安装螺丝无松动,箱体无开焊、裂纹、漏油、变形,油封无漏油,油位符合标准,油堵不漏油,安装紧固	目视手动锤触	5		
	14	第六轮对踏面清扫装置	踏面清扫制动装置安装螺丝牢固,制动器外观良好,闸瓦无裂纹、偏磨、不到限,闸瓦穿销开闭销良好	目视手动	5		
	15	第六牵引电机	电机风道干净,无油泥;电机内部检查转子杆不松动、短路环、保持环及定子、绝缘外皮无损伤,各紧固螺栓无松动;电机油堵无松动、丢失	目视手动	5		
	16	第六牵引电机悬挂装置	悬挂座无裂纹、开焊,连接杆、吊杆无裂纹,橡皮垫无裂纹,下部螺母开口销安装紧固、齐全,防落板无断裂、变形	目视锤触	5		
	17	第二转向架牵引销座	同6项	目视锤触	5		
	18	第五动轮轮盘制动单元背部	制动器外部状态良好,安装螺丝紧固,来风管及接头无漏泄和裂纹。轮盘式制动单元安装牢固,螺丝无松动;单元制动缸无泄漏,缓解良好;活塞杆复位时,不得有卡滞现象,制动盘不得有明显的台阶沟槽、拉伤;闸瓦吊杆、支架无开焊、裂纹;制动盘摩擦面的摩擦限度每侧为5 mm(注:检查时不得敲打制动盘的任何部位)	目视锤触	5		
	19	第五动轮轮对	同12项		5		
	20	第五动轮齿轮箱	同13项		5		
	21	第五轮对踏面清扫装置	同14项	目视锤触	5		
	22	第五牵引电机	同15项		5		
	23	第五牵引电机悬挂装置	同16项		5		
	24	第四动轮轮盘制动单元背部	同18项		5		
	25	第四动轮轮对	同12项		5		
	26	第四动轮齿轮箱	同13项		5		
	27	第四牵引电机	同15项		5		

续表

部位	序号	部件名称	检查内容及要求	方法	标准	次数	扣分
车底	28	第四牵引电机悬挂装置	同16项		5		
	29	二转向架前部	同11项	目视 手动	5		
	30	横向油压减振器	同5项	目视	5		
	31	车底照明灯	同3项	目视	5		
	32	第四轮对踏面清扫装置	同14项		5		
	33	左右第三砂箱背部	同9项		5		
	34	监控装置支架	安装牢固，无开焊		5		
	35	各风管、接头及电线路	各风管及接头无裂漏，卡子紧固，电线路无松脱、断和破损，安装牢固	目视 手动	5		
	36	变压器油箱底部	箱体无开焊，无变形，无漏泄；管路安装螺丝紧固。油箱外部状态良好，管路、管接头无漏油，放油阀手轮铁丝无断开	目视 锤触	5		
	37	横向油压减振器	同5项	目视	5		
	38	车底照明灯	同3项	目视	5		
	39	左右第二砂箱	同9项		5		
	40	左右第三轮对踏面清扫装置	同14项		5		
	41	第一转向架后部	同11项		5		
	42	第三牵引电机悬挂装置	同16项	目视 锤触	5		
	43	第三牵引电机	同15项		5		
	44	第三动轮轮对	同12项		5		
	45	第三动轮齿轮箱	同13项		5		
	46	第三动轮轮盘制动单元背部	同18项		5		

续表

部位	序号	部件名称	检查内容及要求	方法	标准	次数	扣分
车底	47	左右第二轮对踏面清扫装置	同14项		5		
	48	第二牵引电机悬挂装置	同16项		5		
	49	第二牵引电机	同15项		5		
	50	第二动轮轮对	同12项		5		
	51	第二动轮齿轮箱	同13项		5		
	52	第二动轮轮盘制动单元背部	同18项		5		
	53	左右第一轮对踏面清扫装置	同14项	目视锤触	5		
	54	第一转向架牵引销座	同6项	目视锤触	5		
	55	第一牵引电机悬挂装置	同16项	目视锤触	5		
	56	第一牵引电机	同15项	目视手动	5		
	57	第一动轮轮对	同12项		5		
	58	第一动轮齿轮箱	同13项		5		
	59	第一转向架前部	同11项	目视锤触	5		
	60	第一动轮轮盘制动单元背部	同10项	目视锤触	5		
	61	左右第一砂箱	同9项	目视锤触	5		
	62	排石器	安装牢固，无开焊，螺丝紧固，胶皮完整，高度符合标准； 扫石胶皮距轨面高10~15 mm	目视锤触测量	10		
	63	横向油压减振器	套筒及座无裂纹，无漏油，安装螺丝齐全紧固；油压减振器座焊缝无开焊	目视	5		

续表

部位	序号	部件名称	检查内容及要求	方法	标准	次数	扣分
车底	64	车底照明灯	安装牢固，玻璃罩完好，灯泡良好	目视	5		
	65	排障器	安装螺丝牢固，无开焊裂纹；排障器距轨面的高度为 110 mm	锤触	5		
	66	自动信号接收线圈及自动过分相	各安装螺丝紧固，各部无破损，插座、接线良好	目视手动	5		
	67	Ⅱ端车钩下部及缓冲装置	钩体托板及缓冲器托板螺栓紧固，弹簧箱冲击座、钩尾框无裂纹，从板摩擦部分无缺油和非正常磨损	目视锤触	5		
	68	车钩前部管路	总风管、列车管、平均管各管路接头无漏风，塞门位置正确，橡胶无老化、裂纹痕迹，安装牢固	目视锤触	5		
	69	自动信号接收线圈及自动过分相装置	各安装螺丝紧固，各部无破损，插座、接线良好	目视手动	5		
	70	Ⅰ车钩下部及缓冲装置	钩体托板及缓冲器托板螺栓紧固，弹簧箱冲击座、钩尾框无裂纹，从板摩擦部分无缺油和非正常磨损	目视锤触	5		

（七）机车车顶检查项目和内容（见表3-9）

表3-9　机车车顶检查项目和内容

部位	序号	部件名称	检查内容及要求	方法	标准	次数	扣分
Ⅰ端车顶	1	脚梯	安装牢固，无开焊，无断裂	目视手动	5		
	2	车顶门	车顶门开合阻力要小，搭扣作用良好，门合页无开焊，无断裂和变形	目视手动	5		
	3	Ⅰ端风笛前灯	安装牢固，无损伤，前灯罩无变形，灯玻璃无破损	目视手动	5		
	4	百叶窗	窗结构无损伤，无开焊，窗叶整齐、坚固	目视	5		
	5	Ⅰ端受电弓	受电弓各铰链部分转动灵活，受电弓风箱和空气管路部分无泄漏现象，各紧固件紧固到位，各编织线不应有断裂破损现象，滑条板不得有严重缺损，安装牢固，接缝处应平整、密贴，滑板托及诱导角无裂纹、顶面平整，不得有锈蚀，导角与滑板条间应平稳过渡，间隙不得超限，弹簧无裂损、锈蚀；瓷瓶光洁，无裂纹，安装牢固；软线安装牢固，无断股	目视手动	5		
	6	瓷瓶及导电杆、软线	瓷瓶光洁，无裂纹，安装牢固；导电杆安装牢固；软线安装牢固，无断股	目视手动	5		

续表

部位	序号	部件名称	检查内容及要求	方法	标准	次数	扣分
Ⅰ端车顶	7	受电弓隔离开关	瓷瓶无裂纹，无放电痕迹，并清洁；瓷瓶转动灵活	目视手动	5		
	8	主断路器及支持瓷瓶	所有固定螺丝无松动，瓷瓶无裂纹，无放电痕迹，并清洁；各编织线不应有断裂破损现象	目视手动	5		
	9	高压电压互感器	绝缘瓷瓶不得破损，表面清洁，安装螺丝牢固	目视手动	5		
	10	避雷器	同9项	目视手动	5		
	11	导电杆、瓷瓶、软线	安装牢固，位置适当，各编织线不应有断裂破损现象	目视手动	5		
Ⅱ端车顶	12	导电杆、瓷瓶、软线	同11项	目视手动	5		
	13	受电弓隔离开关	同7项	目视手动	5		
	14	Ⅱ端受电弓	同5项	目视手动	5		
	15	Ⅰ端风笛前灯	同3项	目视手动	5		
	16	百叶窗	同4项	目视手动	5		

任务三　动车组司机室整备检查

动车组司机室整备检查是指对动车组司机室及其相关设备进行全面检查和维护，以确保司机室设备处于良好的技术状态，满足动车组安全运行的要求。

一、司机室内设备检查

（一）防护备品检查

1. 止轮器

未安装停放制动装置的动车组，需使用人工设置的止轮器或铁鞋进行无动力停放时的防溜。止轮器的检查标准为无碾轧痕迹、外观良好，每个司机室配备两个止轮器，数量应齐全。

2. 灭火器

CRH380A系列动车组灭火器安放在司机座椅左后方的灭火器存放柜中（见图3-3、图3-4）。灭火器的检查标准：灭火器铭牌应完整清晰；保险锁和铅封应完好；灭火器筒体喷嘴、压把等不应有锈蚀、开裂、损伤现象；灭火器的压力指示器的指针应指在绿区，灭火器应在有效期内。

图 3-3 灭火器存放柜

图 3-4 灭火器

（二）开关和仪表检查

1. 仪表检查

CRH380A 型动车组司机室操纵台仪表如图 3-5 所示。CRH380A 型动车组司机操纵台仪表检查如表 3-10 所示。

网压表　蓄电池电压表　　总风、制动缸压力

图 3-5　CRH380A 型动车组司机室操纵台仪表

表 3-10　CRH380A 型动车组司机操纵台仪表检查

序号	名称	检查要求
1	网压表	受电弓升起、闭合主断路器（VCB）后，网压表应能显示接触网网压；CRH380A 系列动车组的早期型号曾安装网侧高压互感器，现阶段已经全部拆除，所以只有在升弓、闭合 VCB 后方能显示网压
2	蓄电池电压表	蓄电池电压表可以通过电压切换开关的选择来显示蓄电池和应急蓄电池的电压；库内接车时蓄电池电压必须大于 87 V，否则必须对蓄电池进行充电
3	总风、制动缸压力表	总风、制动缸压力在司机操纵台上通过一个双针压力表显示，其中总风压力用红针表示，制动缸压力用黑针表示

2. 转换开关盘 1 检查

CRH380A 型动车组司机室转换开关盘 1 如图 3-6 所示。CRH380A 动车组司机室转换开关盘 1 检查如表 3-11 所示。

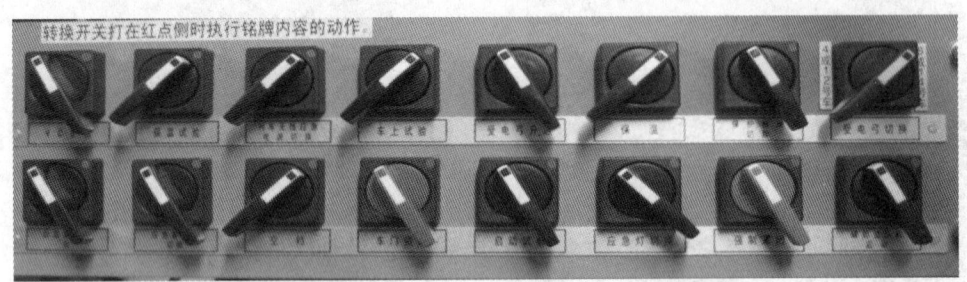

图 3-6　CRH380A 型动车组司机室转换开关盘 1

表 3-11　CRH380A 动车组司机室转换开关盘 1 检查

序号	名称	检查要求
1	受电弓切换	检查受电弓切换扳钮的位置（4 或 12 号车、6 或 14 号车）
2	辅助空气压缩机启动	该扳钮为弹簧复位的扳钮，正常指向左侧
3	保护接地切除	该扳钮为弹簧复位的扳钮，应指向左侧
4	强制罩闭	该扳钮为弹簧复位的扳钮，应指向左侧
5	保温	不需要对水平阀等的保温加热器加热时应指向左侧
6	应急灯切换	不需要在蓄电池断开状态启动司机室、客室应急照明时，应指向左侧
7	受电弓升起	该扳钮为弹簧复位的扳钮，应指向左侧
8	启动试验	该扳钮为弹簧复位的扳钮，应指向左侧
9	车上试验	动车组处于运营状态时，必须指向左侧
10	车门锁紧	该扳钮为弹簧复位的扳钮，应指向左侧
11	列车无线应急电源切换	不需要在蓄电池断开的情况下使用列车无线调度通信设备时，应指向左侧
12	空挡	运营状态的动车组，必须指向左侧
13	保温试验 SW	运营状态的动车组，必须指向左侧
14	应急蓄电池切除	动车组正常工作时，应指向左侧
15	VCB 合	该扳钮为弹簧复位的扳钮，应指向左侧
16	应急蓄电池合	不需要使用蓄电池维持通风换气系统时，必须指向左侧

3. 转换开关盘 2 检查

CRH380A 统型动车组司机室转换开关盘 2 如图 3-7 所示。CRH380A 动车组司机室转换开关盘 2 检查如表 3-12 所示。

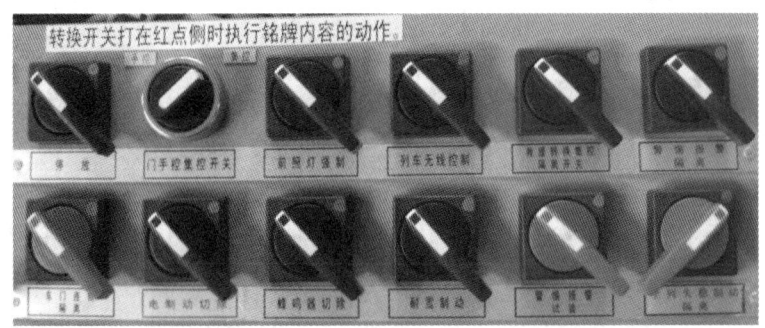

图 3-7 CRH380A 统型动车组司机室转换开关盘 2

表 3-12 CRH380A 动车组司机室转换开关盘 2 检查

序号	名称	检查要求
1	列车无线控制	动车组正常情况下，该开关应指向左侧
2	耐雪制动	正常运行情况下，该开关必须指向左侧
3	前照灯强制	正常运行情况下，该开关必须指向左侧
4	蜂鸣器切除	正常运行情况下，该开关必须指向左侧
5	门手控集控开关	不需要单独开、关头车车门时，该开关必须指向左侧
6	电制动切除	不需要切除电气制动情况下，应指向左侧
7	停放	运营状态动车组，必须指向左侧
8	车门联锁隔离	动车组正常情况下，该开关必须指向左侧
9	警惕报警试验	不需要在速度为零的情况下试验警惕功能时，该开关必须指向左侧
10	全列失稳制动隔离	动车组正常情况下，该开关必须指向左侧；需隔离转向架失稳检测装置（BIDS）触发的 B7 级制动时，指向右侧
11	警惕报警隔离	警惕功能正常时，该开关应指向左侧
12	救援转换集控隔离开关	非救援情况下，该开关必须指向左侧

4. 司机室配电盘 1 检查

CRH380A 统型动车组司机室配电盘 1 如图 3-8 所示。CRH380A 动车组司机室配电盘 1 检查如表 3-13 所示。

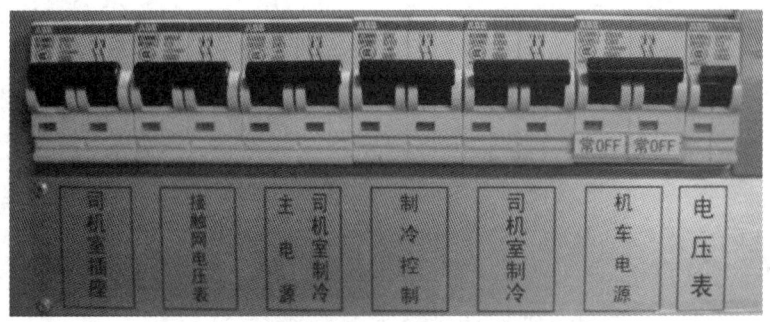

图 3-8 CRH380A 统型动车组司机室配电盘 1

表 3-13 CRH380A 动车组司机室配电盘 1 检查

序号	名称	检查要求
1	司机室插座	动车组正常情况下，该空气断路器应在闭合状态
2	接触网电压表	动车组正常情况下，该空气断路器必须在闭合状态
3	司机室制冷主电源	司机室空调系统压缩机正常情况下，该空气断路器应在闭合状态
4	制冷控制	司机室空调控制系统正常情况下，该空气断路器应在闭合状态
5	司机室制冷	司机室空调系统正常情况下，该空气断路器应在闭合状态
6	机车电源	不使用外部电源供电情况下，该空气断路器应在断开位
7	电压表	运营状态动车组，必须指向左侧

5. 司机室配电盘 2 检查

CRH380A 统型动车组司机室配电盘 2（列车间隔检测装置仅配置于 1 车）如图 3-9 所示。CRH380A 型动车组司机室配电盘 2 检查如表 3-14 所示。

图 3-9 CRH380A 统型动车组司机室配电盘 2

表 3-14 CRH380A 型动车组司机室配电盘 2 检查

序号	名称	检查要求
1	警惕装置	警惕装置工作正常时，此空气断路器应闭合
2	列车无线	占用端司机室，此空气断路器必须闭合；非操纵端司机室，此空气断路器按规定断开
3	救援指令器	运营状态动车组，此空气断路器须断开；在使用 BP 救援装置救援其他动车组时，须闭合此空气断路器
4	电加热玻璃	无须加热前窗玻璃时，此空气断路器应断开
5	联解控制	正常状态时，此空气断路器应断开；解编、重联时，此空气断路器必须闭合
6	设备室灯 1	正常状态时，此空气断路器应断开；需进入设备舱时，闭合此空气断路器，打开设备室 1 照明
7	设备室灯 2	正常状态时，此空气断路器应断开；需进入设备舱时，闭合此空气断路器，打开设备室 2 照明
8	保护接地	正常状态时，此空气断路器应断开；需强制性将接触网接地或维修人员需对高压设备箱进行作业时，必须闭合此空气断路器
9	辅助制动	制动系统在正常状态时，此空气断路器应断开；制动系统故障需要投入辅助制动时，闭合此空气断路器，闭合后只能在头、尾车产生相当于 1、4、7 级的纯空气制动
10	救援转换装置	正常状态时，此空气断路器应断开；需使用机车救援或无火回送时，必须闭合此空气断路器，闭合后接通制动指令转换器电源，将 BP 管压力变化转变为动车组制动指令信号
11	ATP 系统电源	占用端司机室，此空气断路器必须闭合；非操纵端司机室，此空气断路器必须断开
12	ATP 显示器 1	运营状态动车组，此空气断路器与 ATP 显示器 2 空气断路器必须闭合其中的一个
13	ATP 显示器 2	运营状态动车组，此空气断路器与 ATP 显示器 2 空气断路器必须闭合其中的一个

在本配电盘中，表 3-14 未提及的空气断路器在运营状态的动车组上，都必须在闭合位置。

6. 解联试验开关盘检查

CRH380A 系列动车组 1 车解联试验开关盘如图 3-10 所示。CRH380A 系列动车组解联试验开关盘检查如表 3-15 所示。

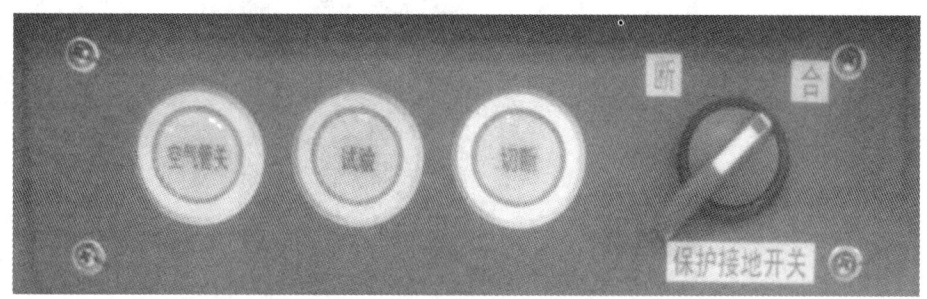

图 3-10 CRH380A 系列动车组 1 车解联试验开关盘

表 3-15　CRH380A 系列动车组解联试验开关盘检查

序号	名称	检查要求
1	保护接地开关	正常状态时，此开关必须处于"断"位；需强制性将接触网接地或维修人员需对高压设备箱进行作业时，必须将此开关置"合"位
2	空气管关	正常状态时，此开关必须处于"断"位；若按下此开关，则会强制将空气管开闭器转换为"关闭位置"
3	切断	正常状态时，此开关必须处于"断"位；若按下此开关，则会强制断开重联动车组的电气连接
4	试验	正常状态时，此开关必须处于"断"位；模拟动车组 5 km/h 速度信号输出，和解编旋钮配合使用可关闭头罩

7. 联解控制盘检查

CRH380A（统）型联解控制盘如图 3-11 所示。

图 3-11　CRH380A（统）型联解控制盘

解联控制盘是手动进行解编、重联的控制盘，在运转状态下该控制盘的各开关、扳钮都必须在断开位。

8. 救援（HELPS）开关检查

救援（HELPS）开关有"救援"和"正常"两个位置（见图 3-12），正常情况下该开关必须置于"正常"位；当同型号或同系列动车组相互救援，电气连接器不能正常使用，需要使用两列动车组连挂端的 32 芯救援连接器和 7 芯救援连接器进行连接时，将救援（HELPS）开关置于"救援"位。

图 3-12　CRH380A 系列动车组救援（HELPS）开关

9. 停放制动开关检查（仅 CRH380A 统型车）

目前，CRH380A（统）型车装备了停放制动装置，在司机室操纵台上设有停放制动控制开关，用来施加和缓解停放制动（当运行速度大于 5 km/h 时，停放制动施加按钮不起作用）。该开关设有"释放"和"施加"两个位置，正常情况下应将停放制动开关置于"释放"位。

10. 头罩开闭控制盘检查（仅 CRH380AL 型）

CRH380AL 型动车组装备了头罩开闭控制盘，运营状态下该控制盘中的头罩控制开关必须在"0"位，头罩闭指示灯（绿灯）和头罩闭锁指示灯（黄灯）必须在点亮状态。

11. 紧急制动拉式开关检查

紧急制动拉式开关（见图 3-13）正常状态下必须在关断位置（非拉出状态），若该开关处于拉出状态，则动车组紧急制动无法缓解。

图 3-13　CRH380A 动车组司机室紧急制动拉式开关

二、司机室内设备操作

（一）库内上电操作

（1）外观检查：确认动车组型号及编组正确、止轮器设置状态（CRH380A 统型动车组装备停放制动装置）、防护信号已撤除。

（2）从动车组非操纵端进入司机室，确认司机室 NFB 盘（"保护接地""救援转换装置""机车电源""辅助制动"开关在断开位，CRH380A 统型动车组"救援指令器"开关在断开位）、司机控制开关盘、操纵台各开关、手柄位置正确；闭合"列车无线"开关。

（3）确认制动手柄处在"拔出"位（见图 3-14），主控钥匙插入钥匙孔（见图 3-15），顺时针旋转到投入位，解锁制动控制器。

（4）将制动手柄移动至"快速"位（见图 3-16），从而激活占用的司机室。将 MON 显示屏页面切换至"电源电压页面"，确认蓄电池电压不低于 87 V（见图 3-17）。

图 3-14　制动手柄"拔出"位

图 3-15　主控钥匙与钥匙孔

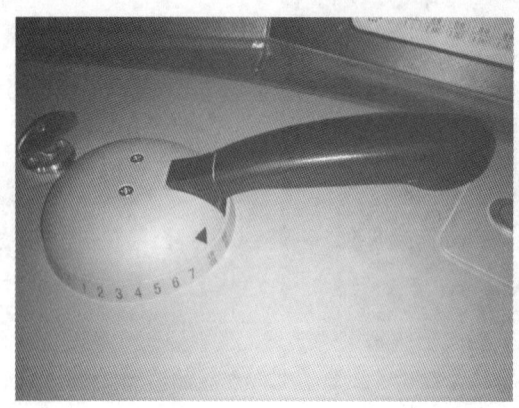

图 3-16　制动手柄快速位

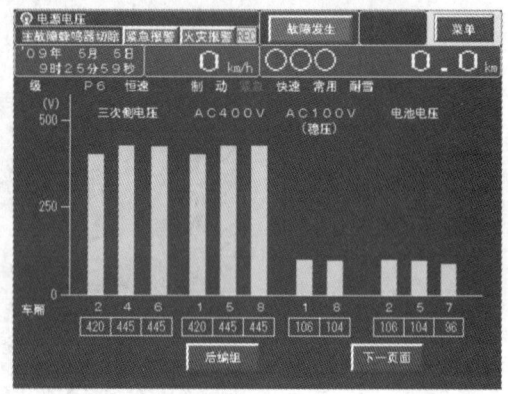

图 3-17　MON 屏电源电压页面

（5）激活占用端司机室后，在动车组无故障的情况下，驾驶台列车故障显示屏（见图 3-18）应点亮"紧急制动""电气设备""VCB"相应"单元"灯，其余均应熄灭；若此时总风压力低于 640 kPa，还应点亮"准备未完"灯。

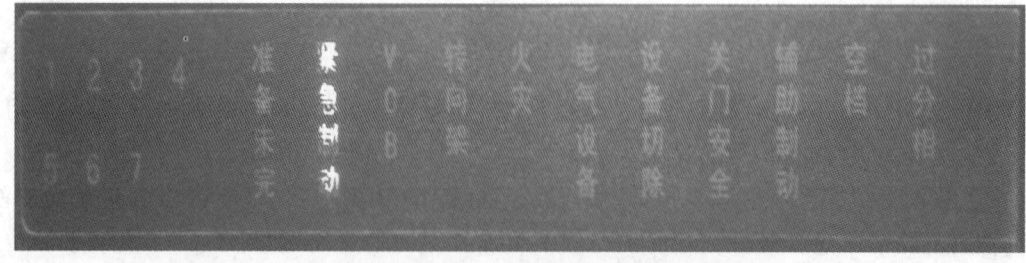

图 3-18　CRH380AL 型动车组驾驶台列车故障显示屏

"准备未完"灯在 CRH380A 系列动车组不具备受电弓升弓、VCB 闭合条件时点亮，右旋司机室转换开关盘 1 中的"辅助空压机启动"自复式扳钮，启动辅助空气压缩机，待压力上升至满足要求，故障显示灯"准备未完"灯熄灭。

（6）通过 MON 显示屏车辆信息第二页面确认 EGS 断开（见图 3-19），若 EGS 在闭合状态，则会造成受电弓无法升起；通过行驶状态页面确认列车编组正确（见图 3-20），发现故障信息及时通知随车机械师或动车所调度。

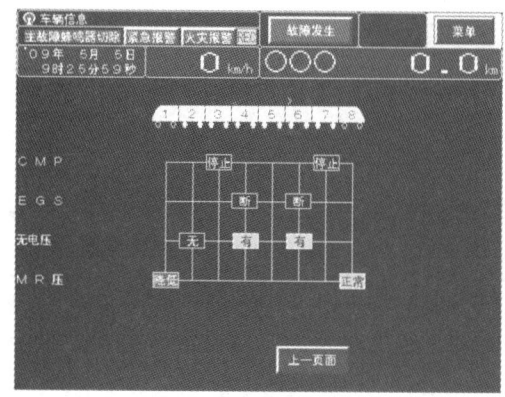

图 3-19　车辆信息第二页面

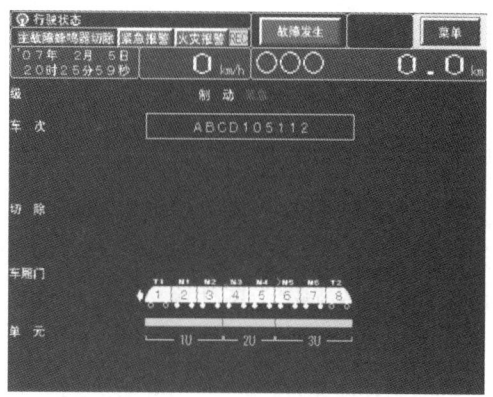

图 3-20　MON 屏电源电压页面

（二）升弓、闭合 VCB 操作

1. 受电弓切换

司机在升起受电弓之前应根据随车机械师的要求，将受电弓切换扳钮切换至相应位置。

为降低 CRH380A 系列动车组非工作端高压设备谐振、放电的可能性，防止低温天气下动车组换弓出现受电弓不能升起现象，低温天气时，CRH380A 系列动车组在出库前由随车机械师通知司机通过 MON 屏远程切除当日不用的受电弓后，方准升起当日所用的受电弓；动车组出现受电弓不能升起、自动降弓、列车无网压等故障，按照动车组途中应急故障处理手册相关办法操作，此时根据情况允许换弓。

2. 升起受电弓

右旋司机室转换开关盘 1 中的"受电弓升起"扳钮，可以升起受电弓，然后通过 MON 屏确认受电弓的升起状态。

需要说明的是，除 EGS 闭合会导致不能升弓外，VCB 闭合状态下受电弓也不能升起（CRH380A 系列动车组在网压为零的情况下可以闭合 VCB）。

3. 闭合 VCB

在 MON 屏上确认受电弓已经正常升起后，通过右旋司机室转换开关盘 1 中的"VCB 合"扳钮，或者按下司机驾驶台上的"VCB 合"按钮来闭合 VCB，闭合 VCB 后需要在操纵台上的网压表中确认接触网网压正常，确认故障显示屏中的"VCB"灯和"电气设备"灯熄灭。

（三）断开 VCB、降弓操作

1. 断开 VCB

按压司机驾驶台上的"VCB 断"按钮即可，VCB 断开后应在故障显示屏中点亮"电气设备""VCB"相应"单元"灯。

2. 降弓操作

确认 VCB 断开后，按压司机驾驶台上的"降弓"按钮，其后司机必须确认 MON 屏中受电弓图标状态。

（四）其他操作

1. 紧急制动复位

需缓解动车组自身输出的紧急制动时，正常情况下总风压力需大于 780 kPa（在救援转换 NFB 闭合时，总风压力需大于 340 kPa），制动手柄在"快速"位（CRH380A 统型车施加停放制动时，全列车无条件输出紧急制动，紧急制动复位操作前还需要确认停放制动在释放位置），按压司机操纵台上"紧急复位"按钮，此时动车组缓解紧急制动，同时故障显示屏中的"紧急制动"灯和"单元"灯熄灭。

CRH380A 系列动车组中，均装备有 CTCS-300S 型 ATP（CRH380A 统型车固定装备该型 ATP），由于该型 ATP 的制动试验需要在车辆紧急制动缓解的前提下进行（否则 ATP 会宕机），所以必须在 CTCS-300S 型 ATP 进行制动测试之前复位紧急制动，然后根据 CTCS-300S 型 ATP 制动测试的要求将制动手柄置于 B4 级。

2. 换室操作

需要更换驾驶室进行操纵时，按表 3-16 中的步骤操作。

表 3-16 CRH380A 系列动车组换室操作步骤

步骤	操作
1	将制动手柄置于"拔出"位
2	左旋电钥匙至关闭位，取出
3	关闭本端司机配电盘 2 中的"列车无线"
4	锁闭好本端司机门，行走至另一端司机室
5	检查另一端司机室
6	闭合另一端司机室配电盘 2 中的"列车无线"
7	插入电钥匙并右旋至投入位
8	将制动手柄置于"快速位"
9	按压"紧急复位"开关，缓解紧急制动（CRH380A 统型车在操作前还需将"停放制动"扳钮置于"释放"位）

注：第一步操作时，若 VCB 在断开状态，则会造成全车失电、车门自动关闭的现象。

3. 恒速操作

CRH380A 系列动车组在运行中具有恒速控制功能，在动车组满足表 3-17 中的条件时，通过司机按压司机驾驶台上的"恒速"按钮，使动车组进入恒速控制。

表 3-17　CRH380A 系列动车组恒速控制先决条件

序号	先决条件
1	运行方向控制开关在"前"或"后"位
2	制动控制手柄在"运行"位
3	ATP 处于正常工作状态
4	ATP 无制动指令输出
5	当前列车速度≥30 km/h
6	牵引控制手柄级位≥P2 级

4. 恒速切除操作

CRH380A 系列动车组在恒速控制状态时，司机通过按下司机驾驶台上的"恒速切"按钮，即可解除动车组的恒速控制。此外，任意挪动牵引控制手柄或制动控制手柄的位置，恒速控制也将自动解除。

5. 开、关门操作

CRH380A 系列动车组司机驾驶台上有车门开启、关闭按钮，按左、右侧对应的关系设置于驾驶台左、右侧开关盘中。例如，需要开启动车组左侧车门时，在驾驶台左侧开关盘中按压"开左门"按钮；需要关闭动车组左侧车门时，在驾驶台左侧开关盘中按压"关左门"按钮。

司机在驾驶台上进行开、关车门操作后，可以通过表 3-18 中的显示来判断操作是否成功。

表 3-18　CRH380A 系列动车组车门状态显示

序号	名称	显示	车门状态
1	"关门"灯	亮黄色灯光	全列车门已关闭
2	"关门"灯	灯光熄灭	至少有一扇车门未关闭
3	MON 屏行驶状态页面	车厢门状态栏无显示	全列车门已关闭
4	MON 屏行驶状态页面	车厢门状态栏有黄色方块显示	该车厢车门未全部关闭

模块小结

本模块聚焦列车整备作业的全流程技术逻辑与安全责任生态，通过"理论—方法—实践"的三维联动，实现了从"检修验收"到"运营交付"的无缝衔接。

（1）理论深化：阐明整备与检修的辩证共生——整备是"运营前哨"，检修是"健康基石"，二者以标准化流程与信息共享机制确保列车全生命周期安全。通过对比分析两者的作业范围、周期、目标及交付成果，塑造学员对整车运维体系的系统性认知。

（2）方法精进：掌握目视、手检、锤检、耳听、鼻嗅、仪表检测、量具检测七大核心检查法，覆盖列车从表面异常到内部隐患的多维度筛查。实操训练中强调"感官＋工具"协同诊断，如通过锤击音色判断螺栓松动、借助兆欧表量化绝缘性能，形成"从直觉到数据"的风险识别能力。

（3）场景贯通：

HX_D3 型机车整备：以走行部→机械间→司机室为链路，结合标准化检查表（如轮对磨耗限度、轴温曲线等），强化对关键设备状态的精准把控。

CRH380A 动车组司机室整备：聚焦高压设备状态联锁逻辑与 MON 系统人机交互，通过库内上电、受电弓升降、VCB 开闭等操作链，理解智能运维与人工校验的深度协同。

本模块最终以"出库状态确认单"的签发为终点，驱动学员完成"技术修复者→安全交付者"的角色蜕变，深化"一钉一铆皆使命"的职业内核。

任务实战

一、任务背景

某 HX_D3 型电力机车即将执行夜间重载货运任务，但此前运行中曾出现制动响应延迟、轮对轻微擦伤等问题。学员需组成 3 人整备小组（司机、副司机、地勤检修员），在 90 分钟内完成全车整备作业，排除故障，确保机车达到出库标准。

二、整备标准化流程执行

1. 工具准备与角色分工

司机：负责车顶高压设备、司机室操作台、动态试验。

副司机：走行部检查（轮对、轴箱、制动盘等）、砂箱填充与润滑补给。

地勤检修员：机械间设备检查（牵引风机、变流器柜、主断路器）、数据记录。

要求：根据《HX_D3 整备作业手册》，核查工具清单、穿戴合规劳保用品。

2. 七大检查法实战应用

目标：完成表 3-3 至表 3-9 中至少 80% 的检查项。

挑战：人工设定 3 处"隐藏故障点"（如轴箱漏油点、高压接线端子松动、制动闸瓦偏磨）并查找定位。

模块四　检修设备与技术运用

在铁路运输的"钢铁动脉"中，列车的高效运行与安全保障离不开精密完备的检修设备与日新月异的检测技术。从三层立体作业平台到不落轮镟床的毫米级修复，从磁粉探伤的细微裂纹捕捉到超声波对深藏隐患的"透视"，本模块将带您走进列车检修的"技术心脏"，亲手触摸智能化检测设备的前沿设计，解密无损探伤的科学逻辑，体验传感器与大数据联动的预测性维护革命。通过对检修工具、无损技术和智能诊断三大核心领域的系统学习，您将在机械、电子、物理的多维碰撞中，构建起"工装为骨、数据为脉、绿色为魂"的现代检修技术体系，为未来参与高铁"状态修"与"智能运维"奠定坚实的专业基础。

学习目标

【知识目标】

（1）掌握列车整备与检修设备的分类、功能及关键技术参数（如自动洗车机水循环系统、公铁两用车牵引力计算）；

（2）理解磁粉探伤与超声波探伤的核心原理（磁化曲线滞后效应、横波入射角计算）；

（3）熟悉传感器在故障诊断中的技术架构（振动传感器频响曲线、温度传感器标定方法）；

（4）了解智能化检修技术的前沿应用（PHM系统数据流分析、边缘计算节点部署）。

【能力目标】

（1）能规范操作DS-7A型退磁装置完成车轴退磁工艺流程；

（2）会使用CTS-9000超声波探伤仪完成轮对踏面裂纹定量分析。

【素质目标】

（1）培养"精准到微米"的探伤作业规范意识；

（2）强化对磁悬液浓度偏差引发误判的职业敏感性；

（3）建立多技术协同决策的系统工程思维。

 模块学习寄语

当您拧动手中的力矩扳手，是对机械传动的精准掌控；当您调试探伤仪的声束聚焦，是对微观缺陷的深度解码；当您凝视传感器传回的实时波形，是对工业脉搏的智慧聆听。

希望您在本模块中：

像侦探般敏锐：在磁粉聚散的蛛丝马迹中锁定隐患；

像乐师般专注：从超声回波的频率谱线中倾听金属的"心跳"；

像棋手般布局：在传感器的数据洪流中构建预防性维护的智慧防线。

记住：每一次校准探头的谨慎，都是对"中国速度"的无声承诺；每一份精准的检测报告，都在诠释"毫米不差、分秒必争"的工匠尊严。

技术终将迭代，但探求真理的精神永不褪色。

——愿您在此启程，成为智能时代的"装备医生"。

项目一 检修设备与工具认识

列车的整备与检修是铁路运输系统中保障列车安全运行、延长使用寿命、维持技术性能的重要环节。随着铁路技术的快速发展，整备与检修设备设施的种类和功能也在不断升级，涵盖了从燃料补充、清洗保养到故障修复、专项检测等全生命周期的维护工作。通过认识和了解这些设备设施的种类、功能及操作流程，能够帮助我们更好地掌握列车维护技术，提高作业效率，确保铁路运输的安全与高效。本项目将从列车整备设备设施和检修设备设施两个方面展开，详细介绍其组成、用途及技术特点，为后续学习奠定基础。

任务一 认识列车整备设备设施

机车整备是为保证机车在牵引列车或调车前具备安全运行条件而进行的物资供应和准备工作，包括燃料、润滑油、水、砂的补充，以及机车各部件的检查、检测、清洗和保养等。机车的主要整备设备应在机务段内；采用循环运转制时，机车的主要整备设备可设在机务折返段内；如经过技术经济比选认为合理时，也可在机务段所在站到发线上设置必要的整备设备。

图 4-1 为某机务段整备场平面图。

机车整备设施

一、作业平台

机务段整备棚内设置了整备台位，具备三层作业平台，并设置了安全联锁监控系统、立体作业面及防护网，整备作业人员登顶流程安全可控，在车顶的整备作业有了有效的安全防护措施，确保作业安全。由于整备棚覆盖了隔离开关及分段绝缘器，保证雨雪天气不会出现短路现象，确保全天候进行整备作业。除整备棚顶部设置了照明设施之外，在平台上也设置了照明设施，满足了夜间整备作业的要求。由于设置三层作业面，整备作业可以在走行部、机车两侧、车顶同时作业，而且配置了相应的电源、水源等辅助设施，极大地提高了作业效率，并减轻了作业人员的劳动强度。三层作业平台如图 4-2 所示。

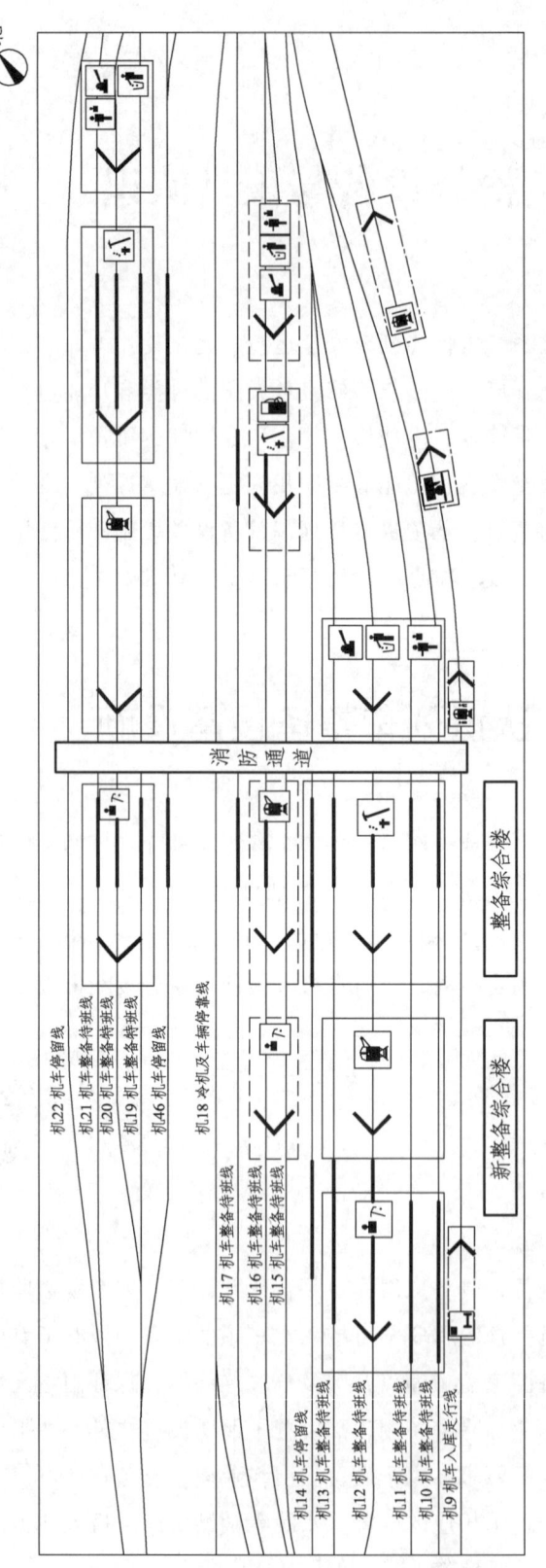

图 4-1 某机务段整备场平面图

图 4-2　三层作业平台

二、自动洗车机

自动洗车机主要用于列车车体外表面的清洗，采用列车行进中清洗的方式，在洗车线上通过各个洗刷组自动对列车两侧（包括车门和窗玻璃）、车头及车端面进行洗刷作业，清除由于列车运行过程中造成的外部表面的灰尘、油污和其他污垢。洗车机主要由洗车行车信号指示系统、光电信号系统、洗刷系统、喷淋系统、供水系统、水循环处理系统、供气系统、电气控制及监视系统组成，如图 4-3 所示。

图 4-3　自动洗车机

三、自动上砂设备

自动上砂设备是用于铁路行业机车、城市轨道交通车辆整备作业时，为砂箱补充制动用砂的专用设备。自动上砂设备由砂房输砂系统、砂仓、气动输送系统、集中除尘系统、配砂站、电控系统、空压机组、综合管路系统等组成。自动上砂设备如图4-4所示。

图4-4　自动上砂设备

四、公铁两用车

公铁两用车是指既能在铁路轨道上运行，又能在一般道路，甚至能在野外运行的特殊车辆，主要承担无动力区域牵引任务。公铁两用车要求能迅速而方便地进行公路和铁路的转换运行，通常是通过底盘上的液压换道回转装置和能随时起落的铁路行驶导轮装置实现的。有了导轮装置，一般橡胶胎车轮就能沿钢轨行驶，如图4-5所示。

图4-5　公铁两用车

公铁两用车分为内燃机型与蓄电池型。内燃机型公铁两用车功率输出稳定，牵引速度高，常用于轨道牵引、调车作业和轨道货物转运。蓄电池型公铁两用车受电池性能影响，电池的蓄电量、环境温度、老旧程度都对功率输出有影响，因此牵引速度低，多作为短时牵引的设备。

公铁两用车具备人工驾驶、无线遥控两种控制方式。公铁两用车配备固定式自动车钩，具有与机车车钩挂钩的功能，同时具备自动解钩功能。

模块四　检修设备与技术运用

任务二　认识列车检修设备设施

列车检修是为保障车辆安全运行、延长使用寿命、维持技术性能而进行的系统性维护活动，涵盖日常检查、故障修复、定期维护、专项检测等全生命周期管理流程。

列车检修工作在检修库内进行，如图4-6所示为机车和动车组的检修库。

（a）机车检修库　　　　　　　　　　　（b）动车组检修库

图4-6　列车检修库

一、架车机

架车机从功能上可分为移动式架车机和固定式架车机两种，均适用于列车检修作业时架车承重举升，能实现车体单独顶升，或转向架单独顶升，具有同步功能；同时设计了完善的保护和报警装置。架车机如图4-7所示。

机车检修设施

（a）固定式架车机　　　　　　　　　　（b）移动式架车机

图4-7　架车机

二、快速换轮装置

大功率交流传动机车有着独特的车下结构，牵引杆的位置主要在转向架的下方，实践操作中，必须先拆卸完牵引杆后才能开展换轮工作。快速换轮装置是针对转向架结构推出的轮对电机更换设备，可以满足大功率交流传动机车故障轮对电机在不架车情况下快速进行更换作业的需求。

快速换轮装置如图 4-8 所示，可在同一工位上拆卸和安装牵引杆、轮对及牵引电机，不仅保证了换轮工作流程的规范性，而且作业效率也快速提高。快速换轮装置既适用于传统地沟形式，又适用于轨道桥形式。

图 4-8　快速换轮装置

三、不落轮镟床

机车在日常运用过程中，轮对踏面会发生剥离、擦伤，因此需要对踏面进行镟修。不落轮镟床如图 4-9 所示，可在机车转向架和轮对不进行任何拆解的条件下，直接对机车单个轮对的车轮踏面和轮缘进行镟削加工。不落轮镟床可实现机车轮对在线镟修，提高轮对镟修效率和经济性，确保机车轮对具有较好的检修质量水平。

图 4-9　不落轮镟床

四、翻转架

翻转架是列车检修中一种重要的辅助设备,主要用于对列车较大部件进行翻转操作,以便检修人员对部件的各个面进行全面检查和维护。它通过机械结构和动力系统实现部件的稳定翻转,是提高检修效率和质量的关键工具之一。图 4-10 为构架翻转架,图 4-11 为柴油机翻转架。

图 4-10 构架翻转架

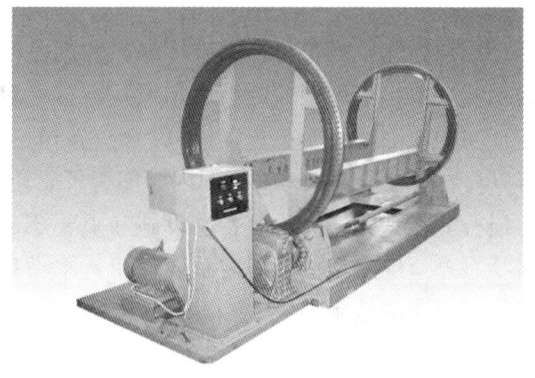

图 4-11 柴油机翻转架

项目二 无损检测技术认识与应用

无损检测技术是指在不破坏材料和制品的前提下，应用声、光、磁和电等多种物理原理和化学现象，借助现代的技术和设备器材，对各种零部件进行有效的检验和测试，判断出可能存在的缺陷尺寸及位置，借以评价它们的连续性、完整性、安全可靠性及某些物理性能，可以对材料在给定的寿命期间内，能否可靠使用或作长期保存后是否仍能可靠使用作出评价。无损检测是铁路产品（装备、设施和重要零部件等）检修工作中的重要环节，在保障铁路线路状态、运输安全中发挥着重要作用。本项目主要介绍磁粉探伤和超声波探伤这两种铁路常用的无损检测技术。

任务一 磁粉探伤

磁粉探伤

磁粉检测是无损检测中应用较早的一种方法，它是利用磁场磁化工件所产生的漏磁和合适的检验介质发现试件表面和近表面不连续性的方法，缺陷的漏磁可以用磁粉，也可以用其他测量元件来显示，用磁粉显示的方法称为磁粉检测。磁粉检测法可检测露出表面，用肉眼或放大镜不能直接观察到的微小缺陷，也可检测未露出表面，埋藏在表面下几毫米的近表面缺陷。其对面积型缺陷更灵敏，更适于检查因淬火、轧制、锻造、铸造、焊接、电镀、磨削、疲劳等引起的裂纹。

一、磁粉检测设备

磁粉检测设备是用于产生磁场对工件进行磁化并完成缺陷检测的装置，是磁粉检测过程中的重要组成部分。在实际检测中，应根据检测零件的材质、形状、尺寸以及缺陷类型等因素，合理选配检测设备和器材的性能配置。这不仅能准确判定工件缺陷的大小和位置，还能帮助检测人员选择最适合的检测方法。正确、科学地使用和维护检测设备，确保其始终保持良好的技术状态，是实现设备寿命周期费用最经济、综合效能最高以及适应生产发展需求的关键。

1. 固定式磁粉探伤机

该设备体积较大、质量较重，通常固定在车间或实验室中使用。它具备多种磁化方法，能够实现整体磁化或复合磁化。此外，设备还配备了照明装置、磁悬液搅拌和喷洒装置、退磁装置、夹持工件的磁化夹头以及放置工件的工作台和格栅，适用于对中小型工件的检测，如各轴棒类、桶类零件，如曲轴、凸轮轴、连杆、气门、螺栓等。对于难以搬上工作台的大型工件，设备还备有支杆触头和电缆，可实施支杆通电法或电缆缠绕法探伤，如图 4-12 所示。固定式磁粉探伤机一般均可对被检工件分别实施周向磁化、纵向磁化和周向、纵向联合磁化，还可以进行交流或直流退磁。采用的额定磁化电流一般为 1 000～10 000 A 的交流电或直流电。设备操作相对简便，但需要定期进行维护和保养，以确保其性能和使用寿命。例如，磁悬液槽需要定期清理，以防止铁屑等杂物进入；照明装置和退磁装置也需要定期检查。

图 4-12　固定式磁粉探伤机

2. 移动式磁粉探伤机

移动式磁粉探伤机具有比较大的灵活性和良好的适应性，如图 4-13 所示，可在工作场地许可的范围内自由移动，便于检测不容易搬动的大型工件。移动式磁粉探伤机采用的磁化电流大小介于固定式和手提式之间，为 500～8 000 A 的半波整流电或交流电。附件有触头、夹钳、开合和闭合式磁化线圈及软电缆等，能进行触头法、夹钳通电法和线圈法磁化，如对大型铸锻件及多层式高压容器进行环焊缝或管壁焊缝的质量检查。

图 4-13　移动式磁粉探伤机

3. 便携带手提式磁粉探伤机

便携带手提式磁粉探伤机灵活性最大，如图 4-14 所示，适用于野外和高空操作，其缺点是磁场强度比较小，磁化电流一般为 500~2 000 A 的半波整流电或交流电。

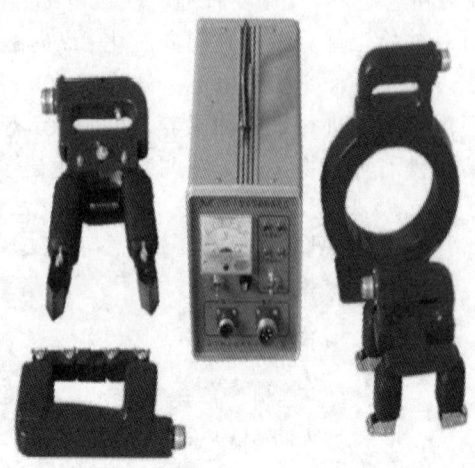

图 4-14 便携带手提式磁粉探伤机

目前，铁路机车车辆部门使用的探伤仪磁化设备有三种形式：手提式、台式与全磁式。手提式探伤仪磁化设备又可分为开合式环形式、闭合式环形式、开合式马蹄形式等。

二、磁粉检测设备的主要组成

磁粉检测设备种类繁多、用途各异，但都由主体装置和附属装置组成。主体装置也称为磁化电源装置。附属装置则包括退磁装置、工件夹持装置、磁粉和磁悬液喷洒装置、剩磁测定装置和缺陷图像观察装置等。

1. 磁化电源装置

探伤器专用的电源一般都是低电压大电流的，这是因为磁力线和磁场强度的大小与电流大小有关。一般采用的探伤专用电源：电压 4~36 V，电流 5~30 A，功率 0.4~12 kW。

2. 工件夹持装置

夹持装置又叫接触板，是用来夹紧工件，使其通过电极或通过磁场磁极的装置。固定式探伤机都有夹持工件的磁化夹头或触头。为了适应不同规格的工件，夹头的间距是可调的，调节可用电动、手动或气动等多种形式。有些探伤机的磁化夹头做成可沿轴 360°旋转，磁化夹头夹紧工件后一起旋转，保证工件周向各部位有相同的检测灵敏度。为保证工件与夹头之间有良好的接触，在磁化夹头上包上铅垫或铜编织网，以利于接触，防止打火和烧伤工件。

3. 指示与控制装置

指示装置由显示磁化电流（电压）大小的仪表及有关工作状态的指示灯组成。由于磁化电流一般都很大，电流表通常与互感器（用于交流电）或分流器（用于直流电）组合使用。

电表和指示灯装在设备的面板上，交流电多采用有效值表，也有将有效值换算成峰值的电流表，直流电采用平均值表。

探伤机大多采用电磁式仪表或数字表，仪表精度一般要求 5%或 10%。

4. 磁粉和磁悬液喷洒装置

磁粉和磁悬液喷洒装置分为干粉喷粉装置、喷磁悬液装置等几种类型。

在固定式磁粉探伤机中，磁悬液喷洒装置是由磁悬液槽、液压泵、搅拌装置、导液软管、喷嘴、控制开关以及回液盘组成的。移动式和便携式磁粉探伤机上一般没有搅拌喷洒装置。在进行湿法检测时，常采用电动喷壶或手动喷洒装置，如带喷嘴的塑料瓶，使磁粉或磁悬液均匀地分布在工件表面。干法检测时可以使用压缩空气或专用的橡皮磁粉撒布器来撒布磁粉。

5. 照明装置

照明装置是在一定的光照下观察缺陷磁痕的装置，有非荧光磁粉检测用的白炽灯或荧光灯以及荧光磁粉检测专用的紫外线灯等，如图 4-15 所示。

  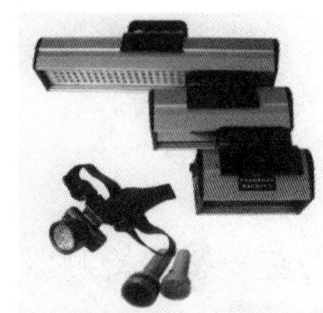

进口紫外线灯　　　　　　国产紫外线灯　　　　　　LED 紫外线灯

图 4-15　紫外线灯

荧光磁粉检测专用的紫外线灯又叫黑光灯。它产生的是一种长波紫外线，波长范围为 320~400 mm。当黑光照射到表面包覆一层荧光染料的荧光磁粉上时，荧光物质便吸收紫外线的能量，激发出黄绿色的荧光。由于人眼对黄绿色的特殊敏感性，这大大增强了对磁痕的识别能力。

黑光灯使用的注意事项：

（1）黑光灯刚点燃，输出达不到最大值，所以检验工作应等 5 min 以后再进行。

（2）要尽量减少灯的开关次数，频繁启动会缩短灯的寿命。

（3）黑光灯使用后，辐射能量下降，所以应定期测量黑光辐照度。

（4）电源电压波动对黑光灯影响很大。电压低，灯可能启动不了，或使点燃的灯熄灭；当使用的电压超过灯的额定电压时，对灯的使用寿命影响又很大，所以必要时应加稳压电源，以保持电源电压稳定。

（5）滤光片上有脏污，应及时清除，因为会影响黑光的发出。

（6）避免将磁悬液溅到黑光灯泡上，使灯泡炸裂。

（7）不要将黑光灯直对着人的眼睛照。

（8）滤光片如果有裂纹，应及时更新，否则会使可见光和中、短波紫外光通过。

6. 退磁装置

凡经过磁化探伤的零件，由于铁磁性物质的磁滞特性，都会存在剩磁，这会给零件的使用或零件的下一步检测带来不利影响。例如，当轴承零件的剩磁磁场强度超过 3.5 Oe（3.5×10^{-4} T）或车轴零件的剩磁磁场强度超过 7 Oe（7×10^{-4} T）时，会给机车车辆的安全运行带来不利影响，严重者将导致行车事故。因此，退磁装置就是用于消除探伤后零件的剩磁，如图 4-16 所示。

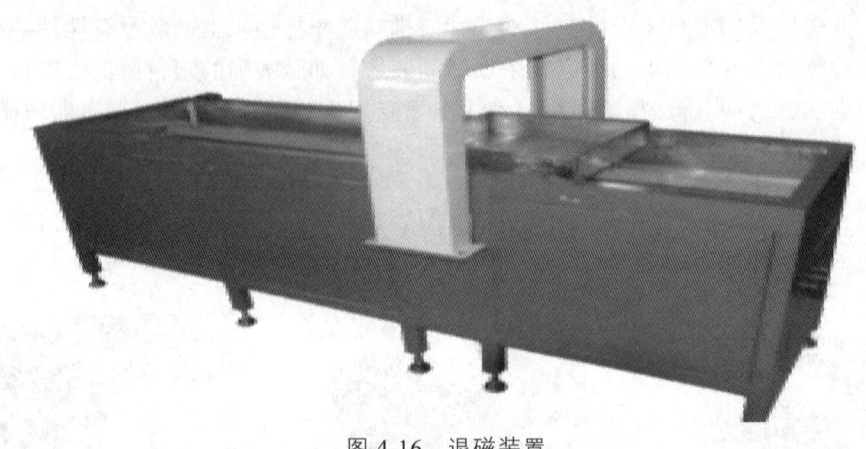

图 4-16　退磁装置

三、磁粉检测器材

磁粉是一种粉末状的物质，有一定大小、形状、颜色和较高的磁性，能吸引缺陷部位的漏磁场，从而把缺陷的轮廓清晰显示出来。磁粉的特性包括磁性、尺寸、形状、密度、流动性和可识别力等。按磁痕观察方式，磁粉分为荧光磁粉和非荧光磁粉；按在磁粉检测时施加的磁性介质状态分为干粉和湿粉。磁痕显示依据磁化过程中磁粉的施加方式以及磁悬液的浓度产生堆积的现象判断缺陷，如果施加不当，易产生过度背景。因此，掌握磁悬液的施加方法以及熟知磁粉的性能尤为重要。

1. 荧光磁粉

在黑光下显示磁痕的磁粉为荧光磁粉。荧光磁粉是以磁性氧化铁粉、工业铁粉或羰基铁粉为核心，在铁粉外面用树脂黏附一层荧光染料或将荧光染料通过化学处理黏附在铁粉表面而成。

磁粉的颜色、荧光亮度及与工件表面颜色的对比度，对磁粉检测灵敏度都有很大的影响。由于荧光磁粉在黑光照射下，能发出波长范围在 510～550 nm 色泽鲜明的黄绿色荧光，人眼对这种荧光的接受最敏感，与工件表面的对比度也高，适用于任何颜色的受检表面。荧光磁粉一般只适用于湿法检测。

对在役特种设备进行磁粉检测时，如制造时采用高强度钢以及对裂纹敏感的材料，或是长期工作在腐蚀介质环境下，有可能发生应力腐蚀裂纹的场合，其内壁宜采用荧光磁粉方法进行检测。

2. 非荧光磁粉

在可见光下显示磁痕的磁粉称为非荧光磁粉，常用的有四氧化三铁（Fe_3O_4）黑磁粉和 γ 三氧化二铁（$\gamma\text{-}Fe_2O_3$）红褐色磁粉。这两种磁粉既适用于湿法，也适用于干法。另外，还有以纯铁粉为原料，用黏合剂包覆制成的白磁粉，或经氧化处理的蓝磁粉等非荧光的彩色磁粉，它们只适用于干法。

湿法用磁粉是将磁粉悬浮于油或水载液中喷洒到工件表面的磁粉；干法用磁粉是将磁粉在空气中吹成雾状喷洒到工件表面的磁粉。

3. 载　液

对于湿法检测，用来悬浮磁粉的液体称为载液或载体，磁粉检测常用油基载液和水载液。磁粉检测-橡胶铸型法应使用无水乙醇载液。

1）油基载液

油基载液优先用于如下场合：①对腐蚀须严加防止的某些铁基合金（如经精加工的轴承和轴承套）；②水可能引起电击的地方；③在水中浸泡可引起氢脆或腐蚀的某些高强度钢和金属材料。

磁粉检测用油基载液是具有高闪点、低黏度、无荧光和无臭味的煤油。

2）水载液

水不能单独作为载液使用，因为磁粉检测水载液必须在水中添加分散剂、防锈剂，必要时还要添加消泡剂，以保证水载液具有合适的润湿性、分散性、防腐蚀性、消泡性和稳定性。水载液验收包括对 pH 值、润湿性、分散性、防锈性、消泡性及稳定性的试验。用水做载液的优点是水不易燃、黏度小、来源广、价格低廉。

4. 磁悬液

磁粉和载液按一定比例混合而成的悬浮液体称为磁悬液。

磁悬液浓度：每升磁悬液中所含磁粉的质量（g/L）或每 100 mL 磁悬液沉淀出磁粉的体积（mL/100 mL）称为磁悬液浓度。前者称为磁悬液配制浓度，后者称为磁悬液沉淀浓度。磁悬液浓度对显示缺陷的灵敏度影响很大，浓度不同检测灵敏度也不同。浓度太低，会影响漏磁场对磁粉的吸附量、磁痕不清晰，使缺陷漏检；浓度太高，会在工件表面滞留很多磁粉，形成过度背景，甚至会掩盖相关显示。

5. 反差增强剂

在检测表面粗糙的焊接件或铸钢件时，由于工件表面凹凸不平，或者由于磁粉颜色与工件表面颜色对比度很低，使缺陷难以检出，容易造成漏检。为了提高缺陷磁痕与工件表面颜色的对比度，检测前可在工件表面上涂上一层白色薄膜，厚度为 25～45 μm，干燥后再磁化工件，然后喷洒黑磁粉磁悬液，其磁痕就清晰可见了。这一层白色薄膜就叫反差增强剂。

施加反差增强剂，整个工件检查可用浸涂法，局部检测可用喷涂或刷涂法。

清除反差增强剂，可用工业丙酮与稀释剂 X-1 按 3∶2 配制的混合液浸过的棉纱擦洗，或将整个工件浸入该混合液中清洗。反差增强剂喷灌具有涂层成膜迅速均匀、附着力强、颜色洁白等特点，如图 4-17 所示。

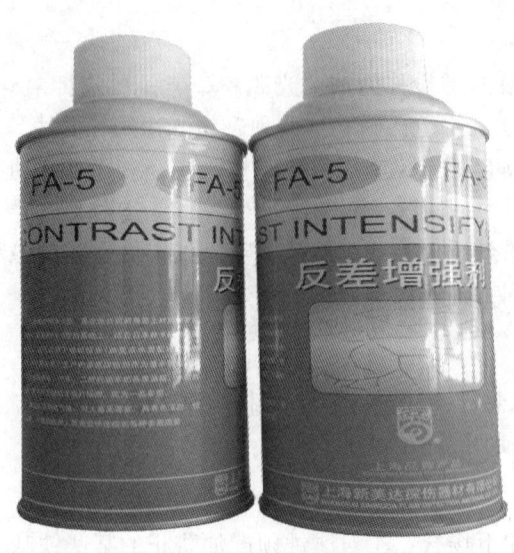

图 4-17 FC-5 型反差增强剂

6. 标准试片与试块

在磁粉检测过程中，标准试片与标准试块是实现检测系统校准、工艺验证和灵敏度评估的核心工具。二者通过模拟人工缺陷，为检测过程提供量化标准，确保检测结果的准确性与可靠性。常见的标准试件可分为人工缺陷标准试片、人工标准试块和自然缺陷试块。

1）人工缺陷标准试片

人工缺陷标准试片（简称人工试片）用来检查探伤设备、磁粉、磁悬液的综合使用性能，以及操作方法是否恰当，考察被检工件表面各处的磁场分布规律或大致确定理想的磁化电流值。我国使用的人工试片有 A1 型、C 型、D 型和 M1 型四种试片。最常用的是 A1 型试片，如图 4-18 所示。使用试片时，刻痕朝着工件表面，用透明胶粘贴且勿盖住刻痕。

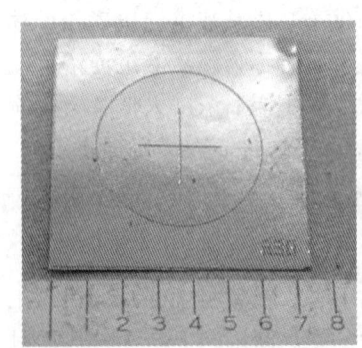

图 4-18 A1 型试片

2）人工标准试块

人工标准试块也是磁粉检测必备的器材之一，主要适用于检验磁粉检测设备、磁粉和磁悬液的综合性能（系统灵敏度），也用于考察磁粉检测的试验条件和操作方法是否恰当，还可以检验各种磁化电流在大小不同时，产生的磁场在标准试块上大致的渗入深度。人工标准试块不适用于确定被检工件的磁化规范,也不能用于考察被检工件表面的磁场方向和有效磁化区。人工标准试块的主要种类有 B 型、E 型、1 型、2 型,B 型试块用于直流电磁化,E 型试块用于交流电磁化,另外还有磁场指示器、提升力试块、自然缺陷标准样件等。

(1) B 型标准试块

B 型标准试块的形状和尺寸如图 4-19 所示。材料为经退火处理的 9CrWMn 钢锻件,其硬度为 90 ~ 95 HBR。

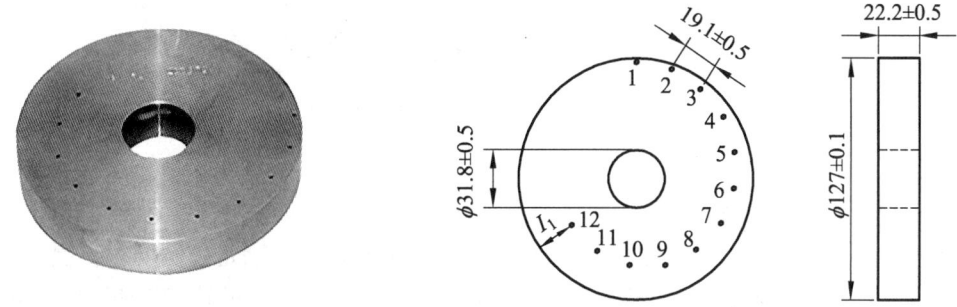

图 4-19 B 型标准试块

(2) E 型标准试块

E 型标准试块的形状和尺寸如图 4-20 所示。材料为经退火处理的 10 钢锻件。

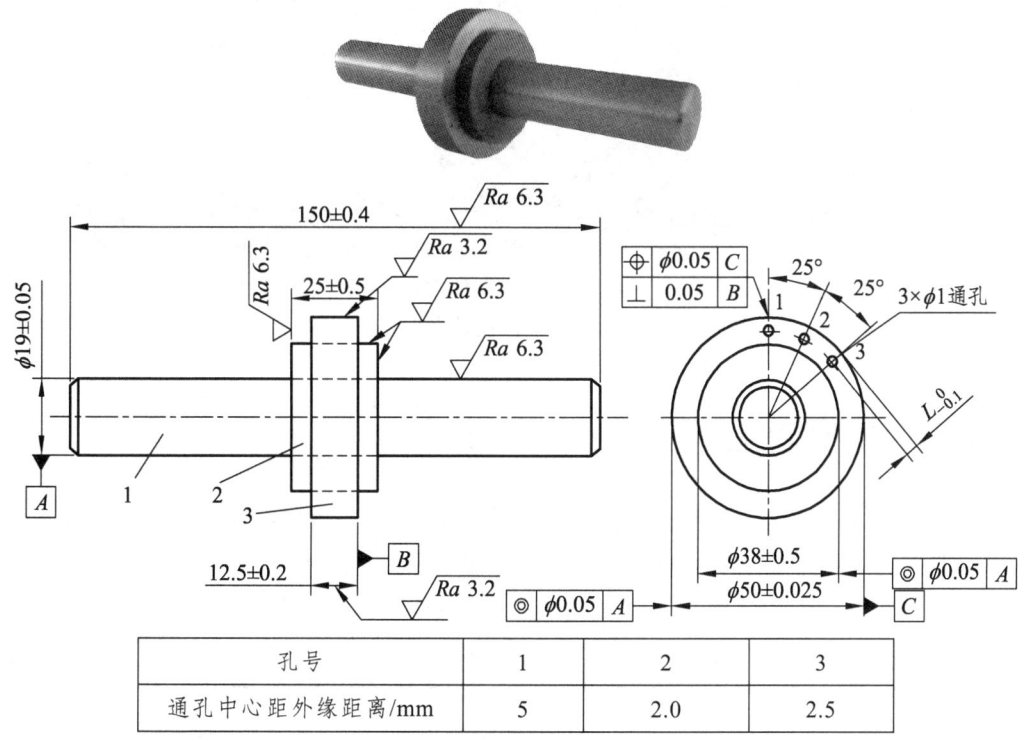

孔号	1	2	3
通孔中心距外缘距离/mm	5	2.0	2.5

图 4-20 E 型标准试块

(3) 磁场指示器

磁场指示器是用铜焊条将 8 块低碳钢与铜片焊在一起构成的,它有一个非磁性手柄,通常称为八角试块,如图 4-21 所示。磁场指示器用来粗略地反映被检工件表面或局部的磁场强度和方向。使用时,磁场指示器置于被磁化的工件表面,在施加磁场的同时施加磁粉。当指示器焊缝呈现交叉、清晰的磁痕时,则表明此时具有合适的磁通或磁场强度。

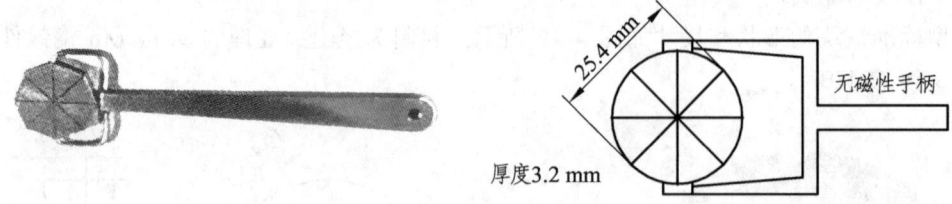

图 4-21　磁场指示器

（4）提升力试块

在磁粉检测的磁轭法中,提升力试块是用于定量校验磁轭磁化能力的标准工具,通过测量磁轭对试块的吸附力（即提升力）,确保磁轭产生的磁场强度满足检测要求。提升力越大,表明磁轭产生的磁场强度越高,越能有效检测出工件表面及近表面的缺陷（如裂纹、折叠等）。提升力试块按质量划分为 3.5 kg 圆柱形提升力试块、4.5 kg 和 18.1 kg 平板提升力试块。图 4-22 所示为 4.5 kg 平板提升力试块。

注：有效面积≥300 mm×100 mm,材质为 Q235A,质量为（4.5＋0.05）kg。

图 4-22　平板提升力试块

四、磁粉检测工艺

磁粉检测工艺,是指包含磁粉检测的预处理、磁化工件（选择磁化方法和磁化规范）、施加磁粉或磁悬液、磁分析评定、退磁和后处理 6 个程序的全过程。

根据不同分类,磁粉检测方法的分类如表 4-1 所示。

表 4-1　磁粉检测方法分类

分类方式	磁粉检测方法
施加磁粉的载体	湿法（荧光磁粉、非荧光磁粉）、干法（非荧光磁粉）
施加磁粉的时机	连续法检测、剩磁法检测
磁化方法	轴向通电法、触头法、线圈法、磁轭法、中心导体法、交叉磁轭法等

1. 连续法

（1）定义：在外加磁场磁化的同时，将磁粉或磁悬液施加到工件上进行磁粉检测的方法。

（2）应用范围：①适用于所有铁磁性材料和工件的磁粉检测；②工件形状复杂不易得到所需剩磁时；③表面覆盖层较厚的工件；④使用剩磁法检验，设备功率达不到时。

（3）优点：①适用于任何铁磁性材料；②最高的检测灵敏度；③可用于多向磁化；④交流磁化不受断电相位的影响；⑤能发现近表面缺陷；⑥用于湿法和干法检验。

（4）局限性：①效率低；②易产生非相关显示；③目视可达性差。

2. 剩磁法

（1）定义：在停止磁化后，再将磁悬液施加到工件上进行磁粉检测的方法。

（2）应用范围：①凡经过热处理（淬火、回火、渗碳、渗氮及局部正火等）的高碳钢和合金结构钢，矫顽力在 1 000 A/m，剩磁在 0.8 T 以上者，才可进行剩磁法检验；②用于因几何形状限制连续法难以检验的部位，如螺纹根部和筒形件内表面；③用于评价连续法检验出的磁痕显示属于表面还是近表面缺陷显示。

（3）优点：①效率高；②足够的检测灵敏度；③缺陷显示重复性好，可靠性高；④目视可达性好，可用湿连续法检测管子内表面；⑤易实现自动化检测；⑥能评价连续法检测出的磁痕显示属于表面还是近表面缺陷显示；⑦可避免螺纹根部、凹槽和尖角处磁粉过度堆积。

（4）局限性：①只适用于剩磁和矫顽力达到要求的材料；②不能用于多向磁化；③交流磁化受断电相位的影响；④检测缺陷的深度小，发现近表面缺陷的灵敏度低；⑤不适用于干法检验。

3. 干 法

（1）定义：以空气为载体用干磁粉进行磁粉检查的方法。

（2）应用范围：①适用于表面粗糙的大型锻件、铸件、毛坯、结构件和大型焊接件焊缝的局部检查及灵敏度要求不高的工件；②常与便携式设备配合使用，磁粉不回收；③适用于检测大缺陷和近表面缺陷。

（3）优点：①检验大裂纹灵敏度高；②用干法＋单相半波整流电流检验工件近表面缺陷灵敏度高；③适用于现场检验。

（4）局限性：①检验微小缺陷的灵敏度不如湿法；②磁粉不易回收；③不适用于剩磁法检验。

4. 湿 法

（1）定义：将磁粉悬浮在载液中进行磁粉检测的方法。

（2）应用范围：①适用于锅炉压力容器上的焊缝、宇航工件及灵敏度要求高的工件；②适用于大批量工件的检查，常与固定式设备配合使用，磁悬液可回收；③适用于检测表面微小缺陷，如疲劳裂纹、磨削裂纹、焊接裂纹和发纹等。

（3）优点：①用湿法＋交流电，检验工件表面微小缺陷灵敏度高；②可用于剩磁法检验；③与固定式设备配合使用，操作方便，检测效率高，磁悬液可回收。

（4）局限性：检测大裂纹和近表面缺陷的灵敏度不如干法。

5. 荧光磁粉检测

荧光磁粉检测是采用荧光磁粉对工件进行检测，操作过程中，在紫外灯的照射下，荧光磁粉形成的磁痕能发出人眼敏感的黄绿色荧光。如果在暗室条件下进行，其对比度和识别度均好于非荧光磁粉，因而其检测灵敏度和检测效率高。

荧光磁粉一般只适用于湿法检测。另外，荧光磁粉检测需要配备紫外灯，且一般要求在暗室环境中进行。

6. 非荧光磁粉检测

非荧光磁粉检测既可用于干法，也可用于湿法。其局限性：与荧光磁粉法相比，对比度较差，必要时需喷涂反差增强剂以提高对比度，检测灵敏度和检测效率均低于荧光磁粉检测。

五、磁粉检测工艺流程

磁粉检测时机应安排在容易产生缺陷的各道工序（如焊接、热处理、机加工、磨削、矫正和加载试验）之后进行。对于有产生延迟裂纹倾向的材料，磁粉检测应安排在焊接完 24 h 后进行。磁粉检测工序应安排在喷漆、发蓝、磷化、氧化、阳极化、电镀或其他表面之前进行。磁粉检测可以在电镀工序之后进行。对于镀铬、镀镍层厚度大于 50 μm 的超高强度钢（抗拉强度等于或超过 1 240 MPa）工件，在电镀前后均应进行磁粉检测。

焊接接头的磁粉检测应安排在焊接工序完成之后进行。有再热裂纹倾向的材料，应在热处理后再增加一次磁粉检测。除另有要求，对于紧固件和锻件的磁粉检测，应安排在最终热处理之后进行。

1. 预处理

因为磁粉检测是用于检测工件的表面缺陷，工件的表面状态对磁粉检测的操作和灵敏度都有很大的影响，所以磁粉检测前，对工件应做好以下预处理工作：

1）清除

清除工件表面的油污、铁锈、毛刺、氧化皮、焊接飞溅物、油漆等保护涂层、金属屑和砂粒等；使用水磁悬液时，工件表面要认真除油；使用油磁悬液时，工件表面不应有水分；干法检验时，工件表面应干净和干燥。清除工件表面的油污和润滑脂，可采用蒸汽除油或溶剂清洗，但不允许用硬金属丝刷清除。

2）打磨

有非导电覆盖层的工件通电磁化时，必须将与电极接触部位的非导电覆盖层打磨掉。另外，实际检测过程中被检工件表面的不规则状态不得影响检测结果的正确性和完整性，否则应做适当的修理，且打磨后被检工件的表面粗糙度 Ra 应小于等于 25 μm。如果被检工件表面残留有涂层，当涂层厚度均匀且不超过 0.05 mm，不影响检测结果时，经各方同意，可以带涂层进行磁粉检测。

3）分 解

装配件一般应分解后探伤：①装配件一般形状和结构复杂，磁化和退磁都困难；②分解后探伤容易操作；③装配件动作面（如滚珠轴承）流进磁悬液难以清洗，会造成磨损；④分解后能观察到所有探伤面；⑤交界处可能产生漏磁场形成磁痕显示，容易与缺陷的磁痕显示混淆。

4）封 堵

若工件有盲孔和内腔，磁悬液流进后难以清洗时，探伤前应将孔洞用非研磨性材料封堵上。应注意，检验使用过的工件时，小心封堵物掩盖住疲劳裂纹。

5）涂 敷

如果磁痕与工件表面颜色对比度小，或工件表面粗糙影响磁痕显示时，可在探伤前先给工件表面涂敷一层反差增强剂。

2. 磁化、施加磁粉或磁悬液

磁化工件是磁粉检测中较为关键的工序，对检测灵敏度影响很大，磁化不足会导致缺陷的漏检，磁化过度，会产生非相关显示而影响缺陷的正确判断。

磁化工件时，要根据工件的材质、结构尺寸、表面状态和需要发现的不连续性缺陷的性质、位置和方向来选择磁粉检测方法和磁化方法，确定磁化电流、磁化时间等工艺参数，使工件在缺陷处产生足够强度的漏磁场，以便吸附磁粉形成磁痕显示。

施加磁粉或磁悬液要注意掌握施加的方法和施加的时机。连续法和剩磁法、干法和湿法对施加磁粉或磁悬液的要求各不相同。

采用便携式电磁轭进行干法磁化，磁化时磁轭做连续移动，边磁化边喷洒磁粉，磁粉线保持稳定，对每一个部位均需进行两个相互垂直方向的磁化，检测范围要相互覆盖，观察磁痕时不要去掉磁场；采用便携式电磁轭进行湿法磁化，磁轭不能像干法做连续移动，充磁的同时喷洒磁悬液，然后再充磁 2~3 次，也可不断电、停顿一段时间，以利于形成磁痕，分块检测，每个检测区域需进行两次相互垂直的磁化，且检测区域要相互覆盖。

3. 退 磁

退磁是将工件置于交变磁场中，产生磁滞回线，当交变磁场的幅值逐渐递减时，磁滞回线的轨迹也越来越小，当磁场强度降为零时，使工件中残留的剩磁 B 接近于零，退磁原理如图 4-23 所示。由此看出，退磁时电流与磁场的方向和大小的变化必须"换向、衰减同时进行"。退磁的基本原则：退磁所用的磁场强度至少应等于或大于磁化时所用的磁场强度，以克服矫顽力，且足以使工件上原来的剩余磁场方向颠倒过来。磁粉检测退磁一般采用反转磁场法。

4. 后处理与工件标记

1）后处理

后处理包括对退磁工件的清洗和分类标记。后处理应包括以下内容：

①清洗工件表面包括孔中、裂纹和通路中的磁粉；

②使用水磁悬液检验，为防止工件生锈，可用脱水防锈油处理；

③如果使用过封堵，应去除；

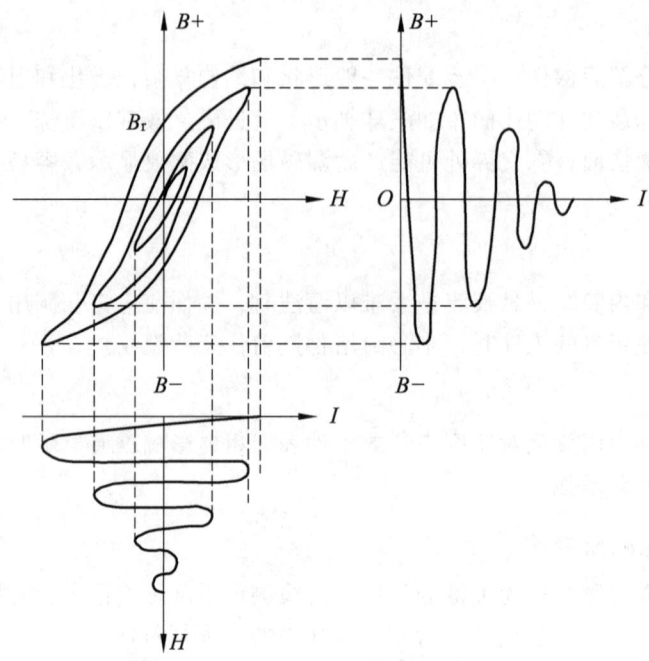

图 4-23 退磁原理

④如果涂覆了反差增强剂，应清洗掉；

⑤被拒收的工件应隔离。

2）工件标记

（1）合格工件标记方法：

①打钢印。应打在产品的工件号附近。

②刻印。用电笔或风动笔刻上标记。

③电化学腐蚀。不允许打印记的工件可用电化学腐蚀标记，标记所用的腐蚀介质应对产品无害。

④挂标签。不允许用上述方法标记时，可以挂标签或装纸袋用文字说明，表明该批工件合格。

（2）标记注意事项：

①检测内容作为产品验收项目者，应在合格工件或材料上做永久性或半永久性的醒目标记。

②标记方法和部位应经委托或设计单位同意。

③标记方法应不影响工件的使用和后面的检验工作。

④标记应防止擦掉或沾污。

⑤标记应经得起运输和装卸的影响。

5. 磁痕观察、记录与缺陷评定

1）磁痕观察

磁痕的观察和评定一般应在磁痕形成后立即进行。磁粉检测的结果，完全依赖检测人员目视观察和评定磁痕显示，所以目视检查时的照明极为重要。当现场采用便携式手提灯照明，由于条件所限无法满足时，可见光照度可以适当降低，但不低于 500 Lx。

非荧光磁粉检测时，被检工件表面应有充足的自然光或日光灯照明，可见光照度应≥1 000 Lx，并应避免强光和阴影。

荧光磁粉检测时使用黑光灯照明，并应在暗区内进行，暗区的环境可见光应≥20 Lx，被检工件表面的黑光辐照度应≥1 000 μW/cm²。检验人员进入暗室后，在检验前应至少等候5 min，才能进行荧光磁粉检测操作，以使眼睛适应在暗光下工作。检测时，检验人员不准戴墨镜或是光敏镜片的眼镜，但可以戴防护紫外线的眼镜。

2）缺陷磁痕记录

工件上的磁痕有时需要保存下来，作为永久性记录。缺陷磁痕记录的内容：磁痕显示的位置、形状、尺寸和数量。记录磁痕一般采用以下方法：

①照相：用照相摄影记录缺陷磁痕时，要尽可能拍摄工件的全貌和实际尺寸，也可以拍摄工件的某一特征部位，同时把刻度尺拍摄进去。如果使用黑色磁粉，最好先在工件表面喷一层很薄的反差增强剂，就能拍摄出清晰的缺陷磁痕照片。

②贴印：利用透明胶纸粘贴复印磁痕的方法。将工件表面有缺陷的部位清洗干净，施加用酒精配制的低浓度黑磁粉磁悬液，在磁痕形成后，轻轻漂洗掉多余的磁粉，待磁痕干后用透明胶纸粘贴复印磁痕显示，并贴在记录表格上，连同表明磁痕在工件上位置的资料一起保存。

③橡胶铸型：用磁粉探伤-橡胶铸型法镶嵌缺陷磁痕显示，直观、擦不掉并可长期保存。

④录像：用录像记录缺陷磁痕显示的形状、大小和位置，同时把刻度尺拍摄进去。

⑤可剥性涂层：在工件表面有缺陷磁痕处喷上一层快干可剥性涂层，待干后揭下保存。

⑥临摹：在草图上或表格上摹绘缺陷磁痕显示的位置、形状、尺寸和数量。

3）记录内容和报告

磁粉检测所用的方法、设备和材料不同，会使检测结果不同。验收级别不同，会影响验收/拒收的结论。全部检验结果均需记录，记录应能追踪到被检验的具体工件和批次。因此，检测记录至少应包括以下内容：

（1）工件名称、编号、材料和热处理状态。

（2）磁化设备（型号、名称）。

（3）磁化方法（通电法、线圈法、触头法、磁轭法、中心导体法和旋转磁场法等）。

（4）检验方法（连续法、剩磁法、湿法和干法）。

（5）磁粉名称（黑磁粉、红磁粉和荧光磁粉）。

（6）试片名称、型号（如 A 型、15/50，C 型，D 型、7/50 等）

（7）验收标准。

（8）检测结果（缺陷名称、尺寸和结论、验收/拒收数量）。

（9）检测日期。

（10）工件和缺陷示意图（工件草图，缺陷磁痕的位置、大小和方向）。

（11）检测者和审核者的姓名及技术资格。

（12）委托单位和检验单位。

磁粉检测报告格式如表4-2所示。

表 4-2 磁粉检测报告

试件名称/编号				试件尺寸			
表面状态				检测程度/区域			
检测标准/规范				检测设备/型号			
磁化电流				磁极/电极间距			
电流形式				□直流电		□交流电	
检测介质				载液油水			
反差增强剂				批号			
对检测介质的验证				对比物			
磁场方向				提升力		N	
切向磁场强度		kA/m		检测仪器编号			
白光照度		Lx		紫外辐照度		μW/cm²	
序号	显示类型	坐标/mm			尺寸/mm	允许的	
		X_1	X_2	Y		极限值	是 否
评价/其他措施				□满足要求		□不满足要求	
示意图							
检验地点				检验日期		检验人员签章	

4）磁痕评价

在缺陷评价过程中首先要对缺陷进行定性，之后确定缺陷是否达到了可记录的尺寸，最后再根据标准的内容进行磁粉检测质量的分级或按某具体产品的磁粉检测质量进行缺陷的评定，以决定产品合格与否。

任务二 超声波探伤

超声波检测是无损检测领域的主要方法之一。它是利用超声波在介质中传播时，遇到表面或内部缺陷会在分界面处发生反射的原理来发现缺陷的无损检测方法。超声波探伤适宜检测厚度较大的工件，具备检测成本低、速度快、仪器体积小、质量轻、现场使用便捷等特点，且对缺陷在工件厚度方向上的定位较为准确。该方法被广泛应用于轨道交通、航空航天、建筑、冶金等行业，尤其在轨道交通领域的装备制造、设备维护、检修及运行等方面发挥着重要作用，已成为保障行车安全的关键手段。

一、超声波检测设备及检测器材

超声波探伤

1. 超声波检测仪器

超声波检测仪是超声波检测的主体设备，它的作用是产生电振荡并施加于探头上，激励探头发射超声波，同时接收并将来自探头的电信号放大后，以一定方式显示出来，从而得到有关工件内部缺陷的信息。超声波检测仪器有以下几种分类：

1）按缺陷显示方式分类

① A 型显示检测仪：A 型显示是一种波形显示，检测仪荧光屏的横坐标代表声波的传播时间（或距离），纵坐标代表反射波的幅度。由反射波的位置可以确定缺陷位置，由反射波的幅度可以估算缺陷大小。

② B 型显示检测仪：B 型显示是一种图像显示，检测仪荧光屏的横坐标是靠机械扫描来代表探头的扫查轨迹，纵坐标是靠电子扫描来代表声波的传播时间（或距离），因而可直观地显示出被探工件任一纵截面上缺陷的分布及缺陷的深度。

③ C 型显示检测仪：C 型显示也是一种图像显示，检测仪荧光屏的横坐标和纵坐标都是靠机械扫描来代表探头在工件表面的位置。探头接收信号幅度以光点辉度表示，因而，当探头在工件表面移动时，荧光屏上便显示出工件内部缺陷的平面图像，但不能显示缺陷的深度。

A 型、B 型、C 型三种显示分别如图 4-24 所示。

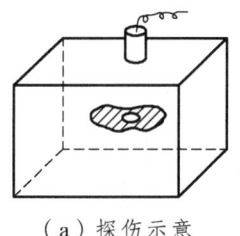 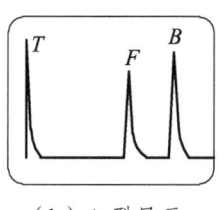 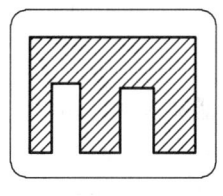 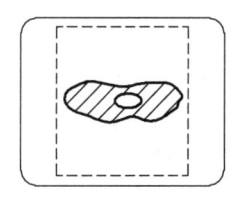

（a）探伤示意　　　（b）A 型显示　　　（c）B 型显示　　　（d）C 型显示

图 4-24　A 型、B 型、C 型显示

2）按超声波的连续性分类

①脉冲波检测仪：这种仪器通过探头向工件周期性地发射不连续且频率不变的超声波，根据超声波的传播时间及幅度判断工件中缺陷的位置和大小，是目前使用最广泛的检测仪。

②连续波检测仪：这种仪器通过探头向工件中发射连续且频率不变（或在小范围内周期性变化）的超声波，根据透过工件的超声波强度变化判断工件中有无缺陷及缺陷大小。这种仪器灵敏度低，且不能确定缺陷位置，因而已被脉冲波检测仪所代替，但在超声显像及超声共振测厚等方面仍有应用。

③调频波检测仪：这种仪器通过探头向工件中发射连续的频率周期性变化的超声波，根据发射波与反射波的差频变化情况判断工件中有无缺陷。以往的调频线路检测仪便采用这种原理。但由于这种仪器只适宜检查与探测面平行的缺陷，所以也大多被脉冲波检测仪所代替。

2. 超声波检测探头

在超声波检测中，超声波的发射和接收是通过探头来实现的。探头中的压电晶片具有压电效应，当高频电脉冲激励压电晶片时，发生逆压电效应，将电能转换为声能（机械能），探头发射超声波。当探头接收超声波时，发生正压电效应，将声能转换为电能。由于超声波探头在工作时实现了电能和声能的相互转换，因此常把探头叫作换能器。

1）探头的结构

压电换能器探头一般由压电晶片、阻尼块、接头、电缆线、保护膜和外壳组成。斜探头中通常还有一个使晶片与入射面成一定角度的斜楔块，图4-25所示为探头的基本结构。

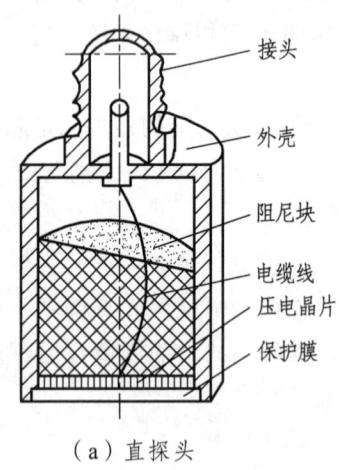
（a）直探头

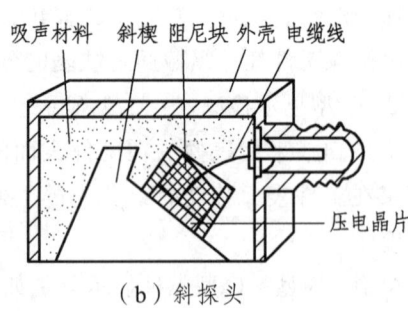
（b）斜探头

图4-25　探头的基本结构

（1）压电晶片

压电晶片的作用是发射和接收超声波，实现电声换能。晶片的性能决定着探头的性能。晶片的尺寸和谐振频率，决定发射声场的强度、距离-波幅特性与指向性。晶片制作质量的好坏，也关系着探头的声场对称性、分辨力、信噪比等特性。

晶片可制成圆形、方形或矩形。晶片的两面需敷上银层（或金层、铂层）作为电极，以使晶片上的电压能均匀分布。

(2）阻尼块和吸声材料

阻尼块是由环氧树脂和钨粉等按一定比例配成的阻尼材料，其声阻抗应尽可能接近压电晶片的声阻抗，紧贴在压电晶片或楔块后面。阻尼块对压电晶片的振动起阻尼作用，一是可使晶片起振后尽快停下来，从而使脉冲宽度减小，分辨力提高；二是阻尼块还可以吸收晶片向其背面发射的超声波；三是对晶片起支承作用。斜探头中，晶片前面已粘贴在斜楔上，背面可不加阻尼块。但斜楔内的多次反射波会形成一系列杂乱信号，故需在斜楔周围加上吸声材料，以减小噪声。

（3）保护膜

保护膜的作用是保护压电晶片不致磨损或损坏。保护膜分为硬保护膜和软保护膜两种。硬保护膜适用于表面粗糙度较高的工件检测。软保护膜可用于表面粗糙度较低的工件检测。

（4）斜楔

斜楔是斜探头中为了使超声波倾斜入射到检测面而装在晶片前面的楔块。斜楔使探头的晶片与工件表面形成一个严格的夹角，以保证晶片发射的超声波按设定的倾斜角斜入射到斜楔与工件的界面，从而能在界面处产生所需要的波形转换，以便在工件内形成特定波形和角度的声束。同时，斜楔在晶片前面也可起保护作用。一般斜楔用有机玻璃制成，也有一些探头用尼龙、聚合物等其他新材料制作斜楔。有些斜楔在前面开槽，或者将斜楔做成牛角形，使反射波进入牛角而不返回晶片，从而减少杂波。

（5）电缆线

探头与检测仪间的连接需采用高频同轴电缆，这种电缆可消除外来电波对探头的激励脉冲及回波脉冲的影响，并防止这种高频脉冲以电波形式向外辐射。

如图4-26所示为同轴电缆的截面。电缆线的中心是单股或多股芯线。芯线的外面是聚乙烯隔层。聚乙烯隔层的外面是金属丝编织的屏蔽层。电缆线的最外面是外皮。对于石英、硫酸锂等介电常数很低的压电晶片制成的探头，电缆的长度、种类的变化会引起探头与检测仪间阻抗匹配情况的较大改变，从而影响检测灵敏度，因此，应选用专用电缆，且在检测过程中不可任意更换，如果更换，应考虑重新进行仪器状态调整。同轴电缆比一般电缆脆弱，弯曲过大时容易损坏，因此，使用探头电缆线要注意，应将电缆线理顺，不可扭折电缆线。

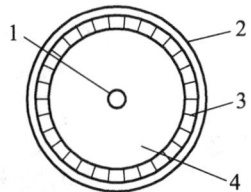

1—芯线；2—外皮；3—金属丝屏蔽层；4—聚乙烯隔层。

图4-26 同轴电缆截面

（6）外壳

外壳的作用在于将各部件组合在一起，并对其进行保护。

2）常见探头

超声波检测探头的种类很多，根据波形不同分为纵波探头、横波探头、表面波探头、板波探头等；根据耦合方式分为接触式探头和液（水）浸式探头；根据波束分为聚焦探头与非聚焦探头；根据晶片数不同分为单晶探头、双晶探头等。此外，还有高温探头、微型探头等特殊用途探头。下面列举几种典型探头。

（1）直探头（纵波探头）

直探头用于发射和接收纵波，故又称为纵波探头。以探头直接接触工件表面的方式进行垂直入射纵波检测。直探头主要用于探测与探测面平行的缺陷，如板材、锻件检测等。直探头的结构如图4-27所示，主要由压电晶片、保护膜、吸收块、电缆接头和外壳等部分组成。一般直探头上标有工作频率和晶片尺寸等主要参数。

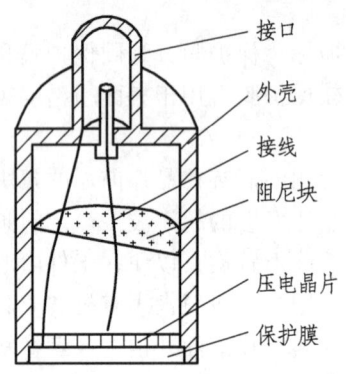

图4-27　直探头结构及外形

（2）斜探头

斜探头可分为纵波斜探头、横波斜探头和表面波斜探头。

纵波斜探头是入射角 $\alpha_L < \alpha_1$ 的探头。目的是利用小角度的纵波进行缺陷检测，或在横波衰减过大的情况下，利用纵波穿透能力强的特点进行纵波斜入射检测。使用时，应注意工件中同时存在的横波的干扰。

横波斜探头是利用横波检测，主要用于探测与探测面垂直或成一定角度的缺陷，如焊缝检测、轮轴镶入部检测等。斜探头的结构如图4-28所示。由图可知，横波斜探头实际上是由直探头和透声斜楔组成。

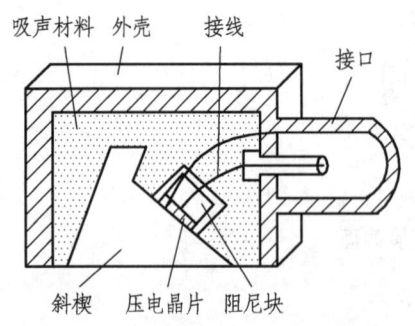

图4-28　斜探头结构及外形

透声斜楔的作用是实现波形转换，使被探工件中只存在折射横波。要求透声斜楔中的纵波声速必须小于工件中的纵波声速，透声斜楔的衰减系数适当，且耐磨、易加工。一般透声斜楔采用有机玻璃制成（近年来，有些探头用尼龙、聚酯等其他新材料制成斜楔，效果不错）。斜楔前面开槽，可以减少反射杂波。还可将斜楔做成牛角形，使反射波进入牛角出不来，从而减少杂波。

横波斜探头的标称方式有两种：一是以纵波入射角 α_L 来标称，常用 α_L=30°、40°、45°、50°等；二是以钢中横波折射角 β_S 来标称，常用 β_S=40°、45°、50°、60°、70°等。

表面波（瑞利波）斜探头：当斜探头的入射角大于或等于第二临界角时，在工件中便产生表面波。因此，表面波探头是斜探头的一个特例，它用于产生和接收表面波。表面波探头的结构与横波斜探头一样，唯一的区别是斜楔块入射角不同。表面波探头一般标有工作频率和晶片尺寸。表面波探头用于探测表面或近表面缺陷。

（3）双晶探头（分割式探头）

双晶探头有两块压电晶片，一块用于发射超声波，另一块用于接收超声波。根据入射角 α_L 不同，双晶探头分为双晶纵波探头（$\alpha_L < \alpha_I$）和双晶横波探头（$\alpha_n < \alpha_L < \alpha_I$）。双晶探头的结构如图4-29所示。

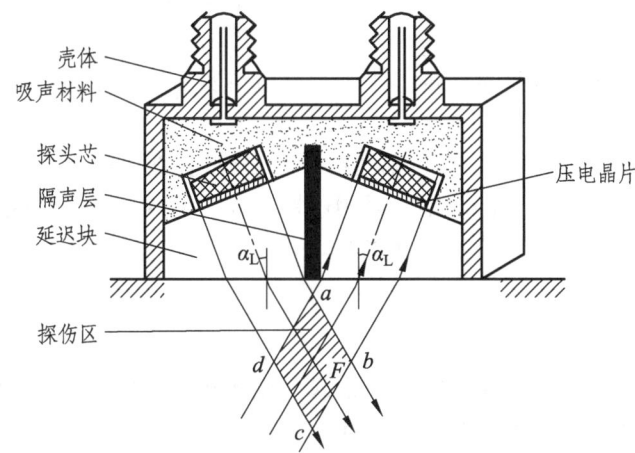

图 4-29 双晶探头结构及外形

双晶探头具有以下优点：

①杂波少，盲区小。双晶探头由两块晶片组成，一发一收，消除了发射压电晶片与延迟块之间的反射杂波。同时，由于始脉冲未进入放大器，克服了阻塞现象，使盲区大大减小，为检测近表面缺陷提供了有利条件。

②工件中近场区长度小。双晶探头采用了延迟块，缩短了工件中的近场区长度，这对检测是有利的。

③双晶探头检测时，对于位于棱形区域（图4-29中 *abcd*）内的缺陷灵敏度较高。可以通过改变入射角 α_L 来调整棱形区域范围。α_L 增大，棱形区域向表面移动，在水平方向变扁。α_L 减小，棱形区域向内部移动，在垂直方向变扁。双晶探头主要用于检测近表面缺陷。双晶探头上标有工作频率、晶片尺寸和探测深度。

3. 耦合剂

当探头和试件之间有空气层时，即使很薄的一层空气也可以阻止超声波传入试件。因此，排除探头和试件之间的空气非常重要。耦合剂就是为了改善探头和试件间声能的传递而加在探头和检测面之间的液体薄层。耦合剂可以填充探头与试件间的空气间隙，使超声波能够传入试件，这是使用耦合剂的主要目的。除此之外，耦合剂还有润滑作用，可以减少探头和试件之间的摩擦，防止试件表面磨损探头，并使探头便于移动。在液浸法检测中，通过液体实现耦合，此时液体也是耦合剂。常用的耦合剂有水、甘油、变压器油、化学糨糊等。

4. 试　块

按一定用途设计制作的具有简单几何形状人工反射体的试样，通常称为试块。试块和仪器、探头一样，是超声波检测中的重要工具。

1）试块的作用

①确定检测灵敏度：超声波检测灵敏度太高或太低都不好，太高杂波多，判伤困难，太低又会引起漏检。因此，在超声波检测前，常用试块上某一特定的人工反射体来调整检测灵敏度。

②测试仪器和探头的性能：超声波检测仪和探头的一些重要性能，如放大线性、水平线性、动态范围、灵敏度余量、分辨力、盲区、探头的入射点、折射角等都是利用试块来测试的。

③调整扫描速度：利用试块可以调整仪器示波屏上水平刻度值与实际声程之间的比例关系，即扫描速度，以便对缺陷进行定位。

④评判缺陷的大小：利用某些试块绘出的距离-波幅曲线（即 DAC 曲线）来对缺陷定量是目前常用的定量方法之一。特别是 $3N$ 以内的缺陷，采用试块比较法仍然是最有效的定量方法。此外，还可利用试块来测量材料的声速、衰减性能等。

2）试块的种类

（1）按试块来历分：

①标准试块：是由权威机构制定的试块，试块材质、形状、尺寸及表面状态都由权威部门统一规定，如国际焊接学会 1 型参考试块和 2 型参考试块。

②参考试块：是由各部门按具体检测对象制定的试块，如 CS-1 试块、CSK-IA 试块等。

（2）按试块上人工反射体分：

①平底孔试块：一般平底孔试块上加工有底面为平面的平底孔，如 CS-1、CS-2 试块。

②横孔试块：横孔试块上加工有与探测面平行的长横孔或短横孔，如焊缝检测中 CSK-IA（长横孔）和 CSK-ⅢA（短横孔）试块。

③槽形试块：槽形试块上加工有三角尖槽或矩形槽，如无缝钢管检测中所用的试块，内、外圆表面就加工有三角尖槽。

3）试块的使用和维护

①试块应在适当部位编号，以防混淆。

②试块在使用和搬运过程中应注意保护，防止碰伤或擦伤。

③使用试块时，应注意清除反射体内的油污和锈蚀。常用磨油细布将锈蚀部位抛光，或用合适的去锈剂处理。平底孔在清洗干燥后用尼龙塞或胶合剂封口。

④注意防止试块锈蚀，使用后停放时间长，要涂敷防锈剂。

⑤要注意防止试块变形，如避免火烤，平板试块尽可能立放，防止重压。

二、常用的超声波检测方法

实际检测中有很多超声波检测方法，每种方法各有其特点和局限性，适用范围不尽相同，检测过程和操作手法也有区别。在了解并掌握了超声波检测的常用仪器及设备之后，我们还需要根据不同的检测情景使用不同的检测方法。

1. 按波形分类

根据检测采用的波形，超声波检测方法可分为纵波法、横波法、表面波法、板波法、爬波法等。

1）纵波法

使用纵波进行检测的方法，称为纵波法。纵波法包括纵波直探头法和纵波斜探头法。

（1）纵波直探头法

使用纵波直探头进行检测的方法，称为纵波直探头法。此方法波束垂直入射至试件探测面，以不变的波形和方向透入试件，所以又称为垂直入射法，简称垂直法，如图4-30所示。

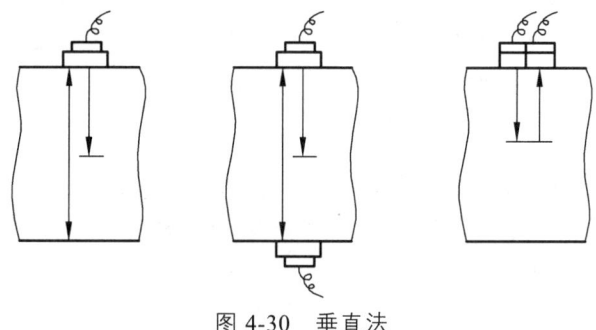

图 4-30　垂直法

垂直法分为单晶探头反射法、双晶探头反射法和穿透法。常用的是单晶探头反射法，主要用于铸造、锻压、轧材及其制品的检测，该法对与探测面平行的缺陷检出效果最佳。由于盲区和分辨力的限制，其中反射法只能发现试件内部离探测面一定距离以外的缺陷。

在同一介质中传播时，纵波速度大于其他波形的速度，穿透能力强，晶界反射或散射的敏感性较差，所以可探测工件的厚度是所有波形中最大的，而且可用于粗晶材料的检测。

由于垂直法检测时，波形和传播方向不变，所以缺陷定位比较方便。

（2）纵波斜探头法

使用纵波斜探头进行检测的方法，称为纵波斜探头法。小角度纵波斜探头常用来检测探头移动范围较小、检测范围较深的一些部件，如从螺栓端部检测螺栓、多层包扎设备的环焊缝等。

2）横波法

将纵波通过楔块、水等介质倾斜入射至试件探测面，利用波形转换得到的横波进行检测的方法，称为横波法。由于透入试件的横波束与探测面成锐角，所以又称斜射法，如图4-31所示。此方法主要用于焊缝、管材的检测。其他试件检测时，则作为一种有效的辅助手段，用以发现垂直检测法不易发现的缺陷。

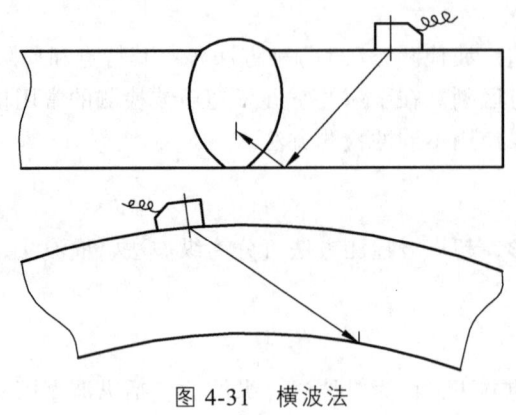

图 4-31　横波法

3）表面波法

使用表面波进行检测的方法，称为表面波法。这种方法主要用于表面光滑的试件。表面波波长比横波波长短，因此衰减也大于横波。同时，它仅沿表面传播，对于表面上的涂层、油污、不光洁等，反应敏感，并被大量地衰减。利用此特点可以通过手沾油在声束传播方向上进行触摸并观察缺陷回波高度的变化，对缺陷定位。

4）板波法

使用板波进行检测的方法，称为板波法。板波法主要用于薄板、薄壁管等形状简单的试件检测。板波充塞于整个试件，可以发现内部和表面的缺陷。但是检出灵敏度除取决于仪器工作条件外，还取决于波的形式。

5）爬波法

爬波是指表面下纵波，它是当第一介质中的纵波入射角位于第一临界角附近时，在第二介质中产生的表面下纵波。这时第二介质中除了表面下纵波外，还存在折射横波。这种表面下纵波不是纯粹的纵波，还存在有垂直方向的位移分量。对于检测表面比较粗糙的工件的表层缺陷，如铸钢件、有堆焊层的工件等，爬波灵敏度和分辨力均比表面波高。

2. 按探头数目分类

1）单探头法

使用一个探头兼作发射和接收超声波的检测方法称为单探头法。单探头法操作方便，大多数缺陷可以检出，是目前最常用的一种方法。

单探头法检测对与波束轴线垂直的片状缺陷和立体型缺陷的检出效果最好，但与波束轴线平行的片状缺陷难以检出。当缺陷与波束轴线倾斜时，则根据倾斜角度的大小，能够收到部分回波或者因反射波束全部反射在探头之外而无法检出。

2）双探头法

使用两个探头（一个发射，一个接收）进行检测的方法称为双探头法。双探头法主要用于发现单探头法难以检出的缺陷。

双探头法又可根据两个探头的排列方式和工作方式进一步分为并列式、交叉式、V型串列式、K型串列式、串列式等。

3）多探头法

使用两个以上的探头成对地组合在一起进行检测的方法，称为多探头法。多探头法的应用，主要是通过增加声束来提高检测速度或发现各种取向的缺陷，通常与多通道仪器和自动扫描装置配合，如图4-32所示。

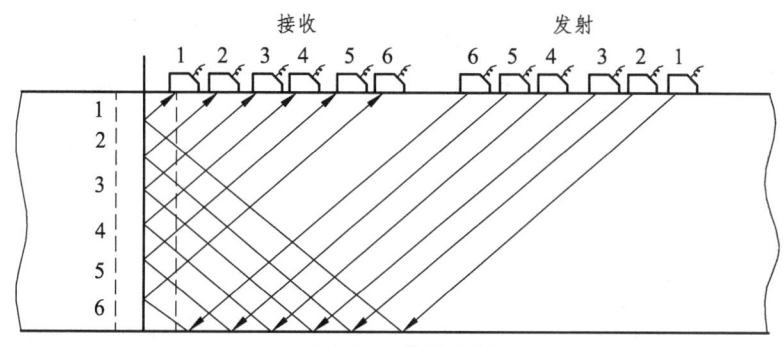

图4-32 多探头法

3. 按探头接触方式分类

依据检测时探头与试件的接触方式，超声波检测方法可以分为直接接触法与液浸法。

1）直接接触法

探头与试件探测面之间，涂有很薄的耦合剂层，因此可以看作为两者直接接触，这种检测方法称为直接接触法。

此方法操作方便，检测图形较简单，判断容易，检出缺陷灵敏度高，是实际检测中用得最多的方法。但是，直接接触法检测的试件，要求其探测面粗糙度较高。

2）液浸法

将探头和工件浸于液体中以液体作耦合剂进行检测的方法，称为液浸法，如图4-33所示。耦合剂可以是水，也可以是油。当以水为耦合剂时，称为水浸法。

液浸法检测，探头不直接接触试件，所以此方法适用于表面粗糙的试件，探头也不易磨损，耦合稳定，探测结果重复性好，便于实现自动化检测。

液浸法按检测方式不同又分为全浸没式和局部浸没式。

（1）全浸没式：被检试件全部浸没于液体之中，适用于体积不大、形状复杂的试件检测，如图4-33（a）所示。

（2）局部浸没式：把被检试件的一部分浸没在水中或被检试件与探头之间保持一定的水层而进行检测的方法，适用于大体积试件的检测。局部浸没法又分为喷液式、通水式和满溢式。

①喷液式：超声波通过一定压力喷射至探测表面，如图4-33（b）所示。

②通水式：借助一个专用的有进水、出水口的液罩，使罩内经常保持一定容量的液体，如图4-33（c）所示。

③满溢式：满溢罩结构与通水式相似，但只有进水口，多余液体在罩的上部溢出，如图 4-33（d）所示。

根据探头与试件探测面之间液层的厚度，液浸法还可分为高液层法和低液层法。

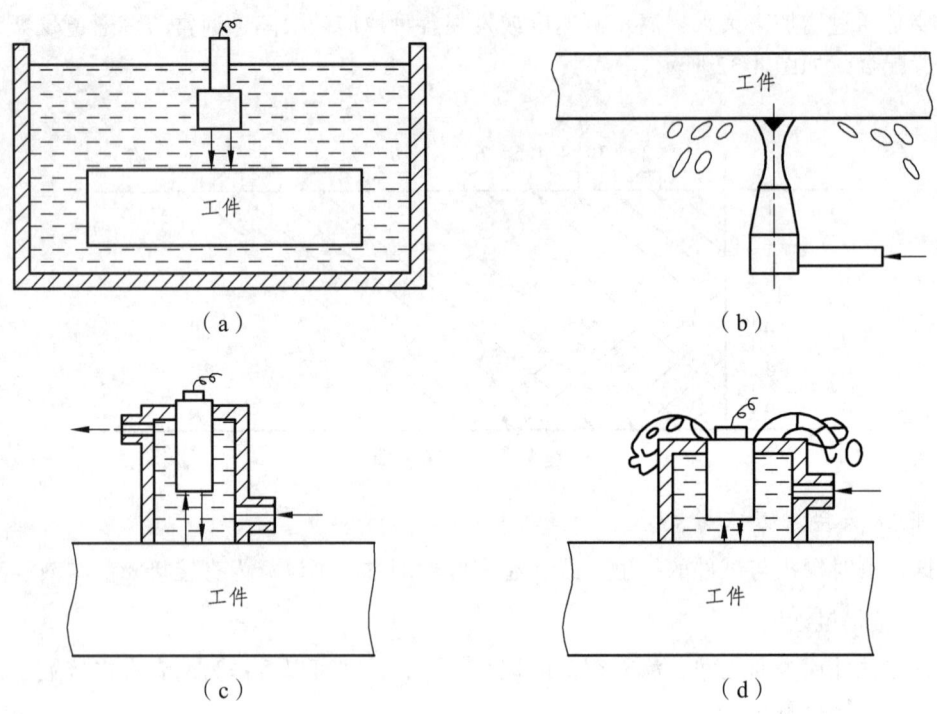

图 4-33 液浸法

项目三　传感器与故障诊断技术学习

传感器与故障诊断技术是在机车车辆检修中通过监测关键部件（轮对、轴承、电机等）的振动、温度、压力等参数，结合阈值分析、频谱检测、机器学习等方法，识别磨损、过热、泄漏等故障，推动"定期修"转向"状态修"，降低运维成本并提前预警安全隐患。多传感器融合、边缘计算及数字孪生方向的发展，实现了车载与地面系统联动的设备全生命周期管理，为轨道交通安全高效运行提供了支撑。

任务一　认识传感器检测技术

在机车检修工作中，需要对机车运行时的多种关键参数进行实时检测与精准控制，如轴承振动幅度、电机绕组温度、制动系统压力、轮轴转速等。能够从这些被检测的参数中提取关键信息（通常转化为电信号），并将其转换为便于传输和处理的电子信号的装置，就是机车检修中常用的传感器。

一、传感器的组成

传感器通常由敏感元件、传感元件及转换电路组成，如图4-34所示。

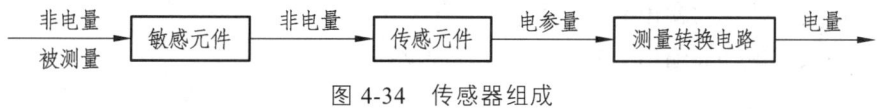

图 4-34　传感器组成

①敏感元件是指传感器中直接感受被测量的部分。在完成非电量到电量的变换时，并非所有的非电量都能利用现有手段直接转换成电量，往往是先变换成另一种易于变成电量的非电量，然后再转换成电量。

②传感元件是指传感器中能将敏感元件输出的非电量转换成适于传输和测量的电量信号的部分。有些传感器把敏感元件和传感元件合二为一。

③转换电路是指将无源型传感器输出的电参量转换成易于处理的电量部分。常用的转换电路有电桥电路、脉冲调宽电路、谐振电路等，它们将电阻、电容、电感等电参量转换成电压、电流或频率。

二、传感器的分类

传感器的种类非常多,从量值变换这个观点出发,每一种物理效应都可构成一类传感器,因此,在对非电量的测试中,有的传感器可以同时测量多种参量,而有时对一种物理量又可用多种不同类型的传感器进行测量。目前,采用较多的传感器分类方法主要有以下几种:

1. 按被测物理量分类

传感器按被测物理量可分为温度、压力、位移、加速度、位置、湿度、气体、流量和转速等传感器。这种方法明确表明了传感器的用途,便于使用者选择,如位移传感器用于位移测量等。

2. 按传感器工作原理分类

传感器按工作原理可分为应变式、电容式、电感式、压电式、热电式和磁电式传感器。这种方法表明了传感器的工作原理,有利于对传感器的学习和设计,如电感式传感器、电容式传感器等。

3. 按传感器转换能量的情况分类

(1) 能量转换型:又称发电型,不需外加电源而将被测能量转换成电能输出,这类传感器有压电式、热电耦式、光电池等。

(2) 能量控制型:又称参量型,需外加电源才能输出电能量。这类传感器有电阻式、电感式、霍尔式等传感器,以及热敏电阻式、光敏电阻式、湿敏电阻式等。

4. 按传感器的工作机理分类

(1) 结构型:被测参数变化引起传感器的结构变化,从而使输出电量变化,利用物理学中场的定律和运动定律等构成,如电感式、电容式。

(2) 物性型:利用某些物质的某种性质随被测参数变化的原理构成。传感器的性能和材料密切相关,如压电传感器、各种半导体传感器等。

5. 按传感器输出信号的形式分类

(1) 模拟式:传感器输出为模拟量。

(2) 数字式:传感器输出为数字量,如编码器式传感器。

三、传感器的性能要求

各种传感器的变换原理、结构、使用目的、环境条件虽各不相同,但对它们的主要性能要求都是一致的。这些主要性能要求如下:

①足够的容量。传感器的工作范围或量程足够大,具有一定的过载能力。

②灵敏度高,精度适当。要求输出信号与被测信号成确定的关系(通常为线性),且比值要大;传感器的静态响应和动态响应的准确度能满足要求。

③响应速度快,工作稳定,可靠性高。

④实用性和适应性强。体积小，质量轻，动作能量小，对被测对象的状态影响小；内部噪声小，又不易受外界干扰的影响；其输出信号力求为通用或标准形式，以便于系统对接。

⑤使用经济。成本低，寿命长，便于使用、维修和校准。

任务二 传感器误差分析

传感器在铁路机车故障诊断等众多应用中发挥着关键作用，但其输出信号往往存在一定的误差，且原始信号可能较为微弱，易受干扰。因此，对传感器误差进行分析并采用有效的信号处理技术，对提高测量精度、保障故障诊断的准确性等方面具有重要意义。实际中，用测量仪表对被测量进行测量时，测量结果与被测量的约定真值之间的差值就称为测量误差。

一、误差的分类及分析

根据不同的标准，可对误差进行不同的分类。

1. 绝对误差

测量值与被测量真值之间的差值称为绝对误差，绝对误差的单位与被测量的单位相同，且有正、负符号之分。用绝对误差表示仪表的误差大小也比较直观，它被用来说明测量结果接近被测真值的程度。需要注意的是，在实际使用中，被测真值是得不到的，只能用更精确的测量方法所测得的值来代替真值。

绝对误差不能作为衡量测量精确度的标准，例如，用一个电流表测量 200 A 的电流，绝对误差为 +1 A，而用另一个电流表测量 10 A 的电流，绝对误差为 +0.5 A，前者的绝对误差大于后者，但误差值对测量结果的影响却是后者大于前者，即两者的测量精确度相差很大，由此而引出了相对误差的概念。

2. 相对误差

所谓相对误差，是指绝对误差与被测量的约定值之百分比值。在实际测量中，相对误差分为实际相对误差、示值（标称）相对误差和引用（满度）相对误差三种表示方法。实际相对误差用绝对误差与被测真值的百分比来表示。示值相对误差用绝对误差与被测量值的百分比来表示。引用相对误差用绝对误差与仪表满量程的百分比来表示。

3. 准确度

传感器的误差是以准确度来表示的，仪表的准确度习惯上称为精度，准确度等级习惯上称为精度等级。准确度表示传感器的最大相对误差。准确度等级 S 按规定取一系列标准值。目前，我国电工仪表准确度分为七级：0.1、0.2、0.5、1.0、1.5、2.5、5.0 级。从仪表面板上的标识可以判断出仪表的等级，仪表的等级表示对应仪表的满度误差不应超过的百分比。例如，等级为 0.1 的仪表，它的基本误差最大不超过 ±0.1%。由此可知，等级越大，误差就越大。所以，等级值越小，仪表的价格就越贵。工业上常用 0.5 级以上的仪表。

二、误差产生的原因

根据误差产生的原因，对误差进行分类，不同的误差有不同的解决方法。

1. 系统误差

在相同条件下，多次重复测量同一被测参量时，其测量误差的大小和符号保持不变，或在条件改变时，误差按某一确定的规律变化，这种测量误差称为系统误差。误差值恒定不变的又称为定值系统误差，误差值变化的则称为变值系统误差。变值系统误差又可分为累进性的、周期性的以及按复杂规律变化的等。

系统误差表征测量结果的准确度，系统误差越小，则表明测量准确度越高。它可以通过实验的方法或引入修正值的方法计算修正，也可以重新调整测量仪表的有关部件予以消除。

2. 随机误差

在相同条件下多次重复测量同一被测参量时，测量误差的大小与符号均无规律变化，这类误差称为随机误差。随机误差主要是由于检测仪器或测量过程中某些未知或无法控制的随机因素（如仪器的某些元器件性能不稳定，外界温度、湿度变化，空中电磁波扰动，电网的畸变与波动等）综合作用的结果。随机误差的变化通常难以预测，因此也无法通过实验方法确定、修正和消除。但是通过足够多的测量比较可以发现随机误差服从某种统计规律（如正态分布、均匀分布、泊松分布等）。

通常用精密度表征随机误差的大小。精密度越低，随机误差越大；反之，随机误差就越小。

3. 粗大误差

粗大误差是指明显超出规定条件下预期的误差，其特点是误差数值大，明显歪曲了测量结果。粗大误差一般由外界重大干扰或仪器故障或不正确的操作等引起。存在粗大误差的测量值称为异常值或坏值，一般容易发现，发现后应立即剔除。也就是说，正常的测量数据应是剔除了粗大误差的数据，所以我们通常研究的测量结果误差中仅包含系统和随机两类误差。

任务三　认知现代检测技术与智能化检修

传感器在铁路领域的应用十分广泛，几乎涵盖了铁路运营的各个方面。例如，速度传感器、温度传感器、压力传感器、加速度传感器等，分别用于监测列车的运行速度、车辆关键部件的温度和压力、车辆的振动状态等，以确保列车的安全运行。随着物联网、大数据、人工智能等新兴技术与铁路行业的深度融合,铁路传感器网络的部署和数据分析能力得到了显著提升。智能传感器不仅可以实时传输数据,还能进行一定的初步数据分析,及时预警潜在的安全隐患,为决策者提供准确的信息支持。

一、传感器新技术的发展

如今,传感器新技术的发展主要有以下几个方面:

1. 发现并利用新现象

物理现象、化学反应、生物效应等是传感器的工作原理基础。随着科研投入的增加和跨学科研究的深入,不断有新现象与新效应被发现,为铁路系统新型传感器的研发提供了理论支撑。例如,基于磁阻效应的磁传感器,可用于铁路轨道的车辆检测系统,精确地感知列车轮对经过时引起的微小磁场变化,从而实现列车的精准定位和速度测量。

2. 利用新材料

材料科学的飞速发展为铁路传感器的升级换代提供了物质基础。新型材料的使用使铁路传感器在性能上有了质的飞跃。例如,光纤布拉格光栅传感器以其卓越的性能在铁路桥梁健康监测中崭露头角,其高灵敏度和抗电磁干扰能力使其能精准监测桥梁结构的应变和温度变化,为桥梁的安全评估提供关键数据。

3. 微机械加工技术

半导体制造技术的不断进步,使得微机械加工技术在铁路传感器制造领域得到了广泛应用。这种技术能够实现传感器的微型化、高性能化和低成本化。例如,硅微机械加速度传感器在铁路车辆的振动监测系统中发挥着重要作用,其微型化的特点使其能够方便地安装在车辆的关键部位,实时监测车辆的振动状态。

4. 集成传感器

集成传感器在铁路系统中的应用,大大提升了传感器系统的综合性能和智能化水平。例如,将温度传感器、压力传感器与相应的信号处理电路集成在一起,形成具有补偿、自诊断等功能的集成传感器,能够提高铁路机车柴油机冷却系统的监测精度和可靠性,保证柴油机的正常运行。

5. 智能化传感器

智能化传感器在铁路系统中的应用,体现了当代传感器技术的先进水平。例如,在高铁列车的运行监测系统中,智能化传感器能够实时采集列车的运行数据,利用内置的微处理器对数据进行分析处理,自动判断列车的运行状态,及时发现潜在故障并预警,有效提高了高铁列车运行的安全性和可靠性。

与传统传感器相比,智能化传感器有很多优点:
①具有判断和信息处理功能,能对测量值进行修正、误差补偿,因而提高了测量精度。
②可实现多传感器多参数测量。

③有自诊断和自校准功能,提高了可靠性。
④测量数据可存取,使用方便。
⑤有数据通信接口,能与微型计算机直接通信。

二、智能化检修在铁路系统中的应用

　　智能化检修技术在铁路系统中的应用,改变了传统的检修模式,提高了检修效率和质量。例如,在地铁车辆检修中,智能检测系统通过各类传感器、探测器和检测设备,自动化地进行各种测量和监控,为后续的故障诊断提供基础数据。故障诊断系统利用神经网络、深度学习等算法,对收集到的数据进行分析和处理,实现对地铁车辆的故障预警和诊断,能够准确识别异常行为,确定故障的具体位置和原因。

　　数据分析和管理系统对大量的数据进行存储、处理、分析和管理,不仅提高了检修效率,还通过对历史数据的分析预测未来可能出现的故障,实现预防性维修,为决策者提供重要的决策支持。

　　未来,铁路检测将更加智能化、自动化和信息化。检测设备将向小巧灵活、无人值守、便携式方向发展,检测数据以无线方式传输,实现等速检测。同时,随着技术的不断进步,智能化检修技术在铁路系统中的应用将更加广泛,有望克服现有挑战,进一步提升铁路检修的效率和质量,为铁路运营提供更可靠的保障。

模块小结

一、核心内容回顾

1. 检修设备体系化认知

掌握三层立体作业平台、公铁两用车、不落轮镟床等关键设备的操作逻辑与安全规范，理解自动化洗车机水循环系统、快速换轮装置同步控制等核心技术原理。

通过翻转架、架车机等辅助设备的使用分析，构建"效率优先"的机械化检修作业思维。

2. 无损检测技术应用

解密磁粉探伤的磁场耦合效应与盲区规避方法，完成试片灵敏度校验与磁痕真伪判别。

运用超声波时差法精确定位轮对内部裂纹，掌握 DAC 曲线绘制与缺陷当量计算的核心技能。

3. 智能诊断技术进阶

分析温度、振动传感器的误差来源与补偿算法，建立传感器网络与 PHM（预测与健康管理）系统的逻辑关联。

探索智能化检修的"云-边-端"协同框架（如数字孪生模型预测磨损周期、AI 算法识别故障图谱）。

二、技术赋能维度

从"经验修"到"精准修"：依托磁粉探伤的显性化缺陷识别、超声波的深层探伤能力，突破传统检修的"肉眼可见"局限。

从"单机作业"到"智能协同"：通过传感器数据的实时采集与 5G 传输，实现设备数据流与检修工单的动态匹配。

从"修复失效"到"预测维护"：融合振动频谱分析与机器学习模型，预判轴承寿命、齿轮箱疲劳等隐性故障。

三、技能提升聚焦

规范意识：磁悬液浓度需精准至 ±0.1 g/L，传感器校准误差严禁超过 ±0.5%FS，毫米级的作业标准支撑"中国精度"。

决策能力：面对探伤图谱中的疑似伪缺陷（如磁性痕迹、超声杂波），能通过极性切换、声束优化等策略科学判定。

系统思维：在智能检修场景中，同步协调机器人巡检路径规划、数据分析平台阈值设定与人工复核的权责边界。

在机械与电磁的共振中，您已触摸到现代检修技术的"智慧密码"。无论是磁粉聚散的微妙反馈，还是超声回波的数字跃迁，都在诉说着一个真理：技术的高度，始于工具的精度，成于思维的深度。未来的检修战场，将属于那些既能驾驭智能设备之"器"，又能参透数据规律之"道"的新时代工匠。愿您以本模块为起点，在工具革新与技术创新中，成为铁路"智维"革命的领跑者！

任务实战

一、任务名称

轮对"全维度体检"——磁粉-超声联合探伤与智能诊断。

二、任务目标

通过多技术融合,完成轮对的表面-近表面-内部三级缺陷检测(磁粉探伤捕捉表面裂纹、超声探伤定位内部缺陷),并借助传感器数据的智能建模预判轮对剩余寿命,构建"检测+评估+预测"的一体化检修流程。

三、任务设计

1. 任务场景

模拟对象:预制缺陷的轮对模型(人工制造表面划痕、埋藏气孔、内部裂纹等)。

基础设备:手持式磁粉探伤仪、便携式超声波探伤仪。

智能工具:振动传感器套件(贴片式加速度计)、LabVIEW 信号采集系统、PHM 数据分析平台(云端或本地部署)。

2. 任务流程

阶段一:基础检测。

(1)磁粉探伤(近表面缺陷检测)。

清洁轮对表面,喷涂反差增强剂。

施加磁悬液,观察磁痕显示,拍摄记录可疑裂纹位置。

使用极性反转法区分磁痕伪缺陷。

(2)超声波探伤(内部缺陷检测)。

校准探伤仪(选用 K2 斜探头,生成 DAC 参考曲线)。

扫描轮对踏面及轴身,记录缺陷回波位置(如深度 15 mm、当量 ϕ2 mm 平底孔)。

使用三角定位法计算裂纹延伸长度。

阶段二:智能诊断。

在轮对轴承座安装振动传感器,采集设备运转状态下的加速度数据。

通过 LabVIEW 软件提取振动频谱特征(关注 1 kHz 高频共振峰)。

阶段三:综合决策。

根据探伤结果,结合振动分析,生成检修工单报告,给出检修建议。

四、评价标准(见表 4-3)

表 4-3 评价标准

维 度	评分细则
规范操作(40%)	磁悬液配比误差≤5%、超声波入射角误差≤2°、传感器安装位置误差≤1 mm
缺陷识别(30%)	表面裂纹定位误差≤2 mm、内部缺陷当量计算误差≤0.5 mm
报告质量(30%)	逻辑清晰,包含数据图谱与阈值分析

模块五　关键部件检修

在铁路交通迅猛发展的今天，确保列车安全、高效地运行，已然成为行业的重中之重。本模块设计了两个项目，并细分为 8 个相互关联的任务，层层递进，助力学生深度掌握专业知识与技能。

模块内容精准聚焦铁路主型电力机车与动车组的核心部件：牵引电机、高压电器、转向架以及牵引缓冲装置等。详尽阐释这些部件的检修标准与复杂的工艺操作流程，为学生搭建起系统、扎实的专业知识架构，让学生对铁路列车关键部件的维护原理与技术要点有清晰且全面的认知。

通过本模块的学习，不仅能熟练掌握列车部件检修的专业技术，更能在学习实践的过程中，树立一丝不苟、依规循标的职业理念，并培养精研细究、臻于至善的工匠精神，塑造突破极限、追求卓越的进取意志。

学习目标

【知识目标】

1. 掌握电力机车关键部件检修要求

（1）精准把握电力机车牵引电机、受电弓等高压电器的绝缘性能、部件磨耗等检修指标；

（2）熟知转向架及其轮对、构架等关键部位的测量要求，以及牵引缓冲装置缓冲性能等检修规范，以严格标准指导实际作业。

2. 掌握电力机车关键部件检修工艺流程

（1）深入学习牵引电机、受电弓等高压电器部件的检修工艺，清楚从检查→分解→检修→组装→性能测试的全流程操作；

（2）明晰转向架各部件拆解、清洁、组装顺序及牵引缓冲装置调试步骤，熟悉各环节衔接要点，构建完整工艺知识链条。

3. 掌握动车组关键部件检修要求

（1）牢记动车组牵引电机、受电弓和真空断路器检修规范，明确检查标准与要素；

（2）熟知转向架以及牵引缓冲装置高速运行结构的性能检测要点，确保知识储备满足动车组检修需求。

4. 掌握动车组关键部件工艺流程

（1）熟悉动车组牵引电机、受电弓和真空断路器检修工艺流程，掌握部件检查、测量、试验等环节；

（2）清晰掌握转向架、牵引缓冲装置及其各部件从分解、组装直至调试的整套工艺流程，深入剖析并透彻理解每一步检修流程背后的内在逻辑与原理。

【素质目标】

1. 按标作业的职业理念

借助部件检修案例，让学生领悟铁路行业标准权威，明白违规后果，杜绝随意操作，养成严谨细致、严守标准流程的工作作风。

2. 精益求精的工匠品质

引导学生跳出基本检修局限，鼓励深度思考、提升检修精度、优化设备性能。通过技能竞赛等活动，营造氛围，促使学生以精益求精的精神打造检修精品。

3. 追求卓越的进取精神

激发学生树立行业标杆意识，介绍先进技术与成果，鼓励质疑传统、探索创新，支持学生参与科研实践，以进取意志推动检修技术发展。

【能力目标】

1. 能正确理解检修与工艺要求

（1）通过对电力机车和动车组关键部件结构、原理的深入学习，能够准确解读各类检修文件、工艺图纸；

（2）能够分析每项要求背后的技术逻辑，为后续操作奠定坚实基础。

2. 能按照检修与工艺要求正确选择测量与检测手段

（1）依据不同部件特性、故障类型及精度要求，能够熟练挑选合适的测量检测工具；

（2）掌握工量具的正确使用方法，正确操作获取准确数据，为检修决策提供可靠依据。

3. 能根据工艺流程实施检修

（1）在掌握全面知识与技能后，学生能够严格遵循既定工艺流程，有条不紊地完成从部件拆解、检测、修复到组装调试的全过程。

（2）通过模拟真实检修场景反复实践，积累丰富经验，提升实际作业能力，成为合格列车检修专业人才。

模块学习寄语

列车关键部件在列车运行时，直接关乎行车安全，任何细微故障都可能引发严重后果。而部件检修，是确保列车性能良好、安全运行的关键防线。通过严谨细致的检修，能及时排除隐患，让列车时刻处于最佳状态。

学习本模块内容，我们就握住了为铁路安全保驾护航的有力武器。愿大家以严谨的态度、扎实的技术，在未来的检修岗位上，守护每一趟列车平稳飞驰，让旅客安心抵达目的地。

项目一　电力机车关键部件解体检修

在国家经济发展的宏大版图中，干线电力机车承担着极为重要的使命。它们日夜穿梭在广袤的大地上，承载着海量的货物，如同勤劳的钢铁巨兽，保障着国家经济命脉的畅通。可以说，每一趟平稳运行的货运列车，都为各行各业的生产生活注入了源源不断的动力，其重要性不言而喻。

在干线电力机车这个复杂而精密的系统里，高压电器与转向架堪称两大关键所在。高压电器如同机车的"动力心脏"，它直接关乎列车动力的输出。列车能否在铁轨上高速飞驰、顺利爬坡、克服阻力，高压电器起着决定性作用。而转向架则像是列车的"稳定之翼"，是保障列车平稳运行的核心部件。无论面对直线行驶的平稳路段，还是蜿蜒曲折的弯道，转向架都能确保列车始终保持稳定，为货物的安全运输保驾护航。

我们都清楚，关键部件的良好性能是行车安全的最大保障。一旦这些关键部件出现故障，后果不堪设想。因此，高质量的检修就成了确保关键部件性能的唯一手段。通过严谨、细致、专业的检修，我们能够及时发现潜在问题，消除安全隐患，让每一台干线电力机车都能时刻保持最佳状态。

接下来，我们将开启电力机车关键部件解体检修这一重要项目的学习之旅。在这个项目里，大家将深入学习牵引电机、高压电器、转向架和牵引缓冲装置的解体检修要求及工艺流程。通过理论学习与实际操作相结合，我们将逐步掌握这些关键部件解体检修的核心技能，为今后投身铁路机车检修行业打下坚实基础。

任务一　牵引电机解体检修

一、牵引电机概述

牵引电机由牵引变流器供电，通过变压变频控制方式实现对交流牵引电机牵引、制动的调速控制，并将电能转换为机械能，为机车牵引提供动力。

牵引电机主要由定子、转子、端盖、轴承和测速装置等部件组成。C5、C6 检修对电机进行解体检修，通过对部件清洁、尺寸检测、状态检修、绝缘测试、电机组装及例行试验，恢复各部件的固有性能。以下以 HX$_D$3 型电力机车牵引电机为例进行介绍。牵引电机结构如图 5-1 所示。

牵引电机检修作业要求

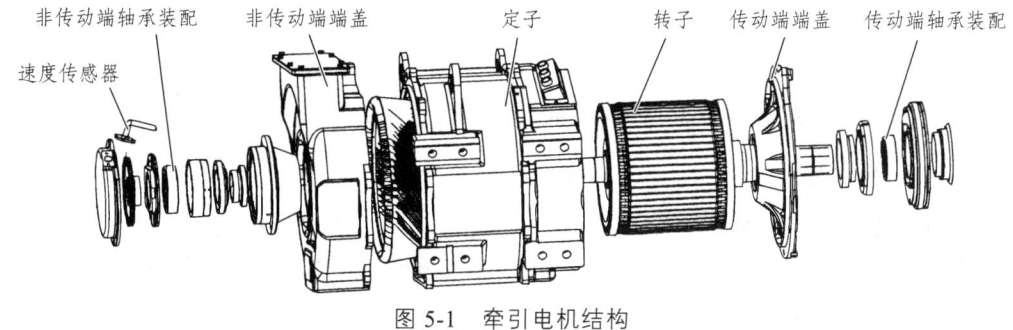

图 5-1 牵引电机结构

二、检修要求

C5 修以下车分解检修为主。对电机各部件进行清洁、检查，定子、转子表面油漆破损时可补漆。对机座吊挂、端盖轴承室、转轴轴承位、轴锥面、轴锥过渡圆角处、导条与端环焊接处、封环等部件进行探伤，不许有裂纹、变形。对电机引出线电缆、引线夹、传感器电缆、接地线、油嘴及标牌须安装牢固，不许有松动及破损。轴承、润滑脂、紧固件、橡胶密封件须更新。转子须做动平衡试验；绕组须进行冷态直流电阻测试、绕组对地绝缘电阻测试；传感器须进行功能测试和绝缘电阻测试；整机须进行堵转试验、空载试验、轴承温升试验、振动试验、绕组耐压试验、整机喷漆等。

C6 修在 C5 修的基础上增加了引出线电缆、传感器更新，部分偶换件变为必换件。

三、工艺过程

（一）清洁检查

检查电机进风口、出风口、轴伸端、传感器、连接器是否正常，电机转动是否正常；检查连接紧固件、盖板、铭牌等应完整、无松动。

检查电机外观无裂纹、无损伤、无异物、无部件脱落。

检查悬挂部位是否有裂纹，通风道是否堵塞。

记录电机状态及入厂相关信息。

将电机吊入除尘区域内，清扫、擦拭电机外表面的浮尘。

（二）电机拆装

在电机两端安装好导向杆、工艺螺栓及吊具。

用专用工具拆下传动端端盖固定螺栓，两人同时紧固电机两端工艺螺栓，使端盖与定子分离，平行向外拉动吊具，直至转子与定子分离。

拆除速度传感器，用专用工具拆下非传动端端盖固定螺栓，用天车吊住端盖，再对称紧固工艺螺栓，直至端盖与定子分离。

用专用焊接设备焊钳夹紧焊接处，通电加热后熔下引出线电缆（引出线不更新时此项略）。

用专用工装拆除转子传动端轴承盖、外封环、端盖、轴承内圈及非传动端轴承内圈、内封环等配件。

拆解过程做好记录,确保检修后配件能原装原配(更新除外)。

(三)定子检修

用专用工装对定子两端进行防护,再用高压水枪对机座外部进行清洗。

拆除防护工装,对定子绕组表面、铁心通风孔、螺孔进行擦洗,再用水冲洗各部位,最后用干燥的高压风吹扫定子各部位的残留水分。

将定子吊入烘箱中,进行烘潮处理。

对定子装配传动端、非传动端止口配合面、吊挂及机加表面打磨、除锈,去除其高点、毛刺,修复后各部位目视、手感无高点。

用丝锥铰手工具对定子上各部位的螺孔过丝,用高压风吹扫干净螺孔内部。定子端部螺孔过丝。

对引出线电缆、传感器线缆进行防护。

对机座吊挂根部、吊挂周边焊缝须进行探伤检查,有裂纹的机座按要求进行缺陷补焊,焊后 24 h 后再次探伤复检。

(四)转子检修

转子吊至清洗区域,用高压水枪对转子表面进行清洗。

转子吊入烘箱内,进行烘潮处理。

转轴表面质量检测:轴锥接触面≥75%,两端轴承位尺寸检测符合图纸要求。

目视转子表面无开裂,导条端环焊接处无裂纹。

轴孔过丝,清洁转轴螺孔内部并对转轴加工面进行防护。

对转子表面进行喷漆处理。

拆除转轴加工面防护纸,将转子吊至动平衡区域对其重新进行动平衡试验。

(五)配件检修

对传动端端盖、非传动端端盖、传动端轴承外盖、非传动端轴承座、测速齿盘等机加工配件进行螺孔过丝处理。

对机加工配件表面清洁,去除高点、毛刺。

用内径千分尺检测配件尺寸,如端盖止口、轴承室尺寸、封环内径等关键尺寸。

清洁传感器线缆、引出线电缆、接地线电缆表面并进行检查。

(六)电机组装

用烘箱或感应加热器加热热套件(如内封环、轴承内圈)至要求温度,用白布擦干净转轴表面,按图纸顺序将热套件安装于转轴相应位置上,安装时应戴手套,防止烫伤。

按图纸要求给轴承注润滑脂,将已注润滑脂的轴承用油压机或工装压入端盖轴承室中,检测轴承压装平面度是否符合工艺要求。

按工艺要求焊接三相引出线电缆(若更新),并绑扎牢固。

将非传动端端盖装在电机定子上,螺栓对称、按力矩要求紧固到位。

将已压入轴承的传动端端盖、外封环、轴承盖依次装在转轴上，轴承盖螺栓对称、按力矩要求紧固到位。

在转子传动端安装转子吊具、非传动端安装导向杆；用天车吊起转子，平稳地将转子推入定子内部，观察并调整转子非传动端导向杆与定子工艺孔位置对齐，两人配合同时紧固螺栓，直到转子、定子组装到位。

按图纸螺栓力矩要求，用力矩扳手逐个互检螺栓紧固力矩，并做好标识。

在电机非传动端安装测速齿盘、速度传感器，检查插针有无变色、变形、缩针等现象。

（七）例行试验

用手盘动转子，转动灵活、平稳，无滞停现象，声音均匀，无杂音。

用兆欧表测量定子绕组对机壳的冷态绝缘电阻、转轴对机壳的绝缘电阻。

记录环境温度，用微欧计或电桥测量绕组冷态直流电阻。

电机 U、V、W 三相引出电缆对应与电源 U、V、W 线连接，通电后从传动端看为逆时针方向旋转。

堵转试验：把堵转工装安装在转轴上，给电机绕组施加给定电压，测量堵转电流，并记录输入功率。

空载试验：电机在给定电压下运行，观察电机的运行状态。同时，用红外线测温仪测量传动端轴承温度、非传动端轴承温度、定子温度。

在电机空载试验时，检测速度传感器输出波形、电压、相位差。

振动试验：电机在空载运行时，测量电机传动端、非传动端轴承的纵向、横向、垂向振动值。

在热态下，用兆欧表测量绕组热态绝缘电阻，对电机绕组进行给定电压下的绝缘耐电压试验。

试验结束后，将试验过程所采集的试验数据填入规定表格内，同时对试验结果进行判定，各试验项目合格，电机方可交出。

（八）整体喷漆

用铲刀将电机涂装表面起皱的漆皮及锈蚀物去除，用打磨机将涂装表面粗化，再用高压风和白布吹、擦干净涂装表面的粉尘。

用塑料布条、纸胶带对电缆线、传感器、端盖网罩孔、吊挂面、螺孔等非喷漆表面进行防护。

按比例分别进行底漆、面漆调配，并对电机进行喷漆处理。注意先喷底漆，自然晾干后再喷面漆。

漆膜完整连续、色泽均匀，无露底，无流挂，允许少许色差。

（九）收尾交验

拆去电机喷涂防护材料。

在电机所有外露螺栓表面做防松标识。

安装所有标识牌，如注油标牌、检修铭牌、接地标牌等。

传感器、引出线电缆绑扎固定。

吊挂面、转轴面防锈处理。

安装防轴窜装置。

提交检查、验收单,并办理相关手续。

任务二　高压电器解体检修

电力机车上网侧高压电器主要有受电弓、真空(主)断路器、主(牵引)变压器、高压隔离开关等。高压电器解体检修基本流程:外部清扫→解体→清洗→检查修理→整洁处理→组装→试验。

一、受电弓检修

受电弓是一种铰接式的机械构件,它通过绝缘子安装于电力机车车顶。受电弓的弓头升起后与接触网导线接触,从接触网上集取电流,并将其通过车顶母线传送到车内供机车使用。以 HX_D1C 型电力机车的 TSG15B 型受电弓为例,其主要由底架部分、铰链机构、弓头、传动机构和控制机构组成,如图 5-2 所示。

受电弓检修作业要求

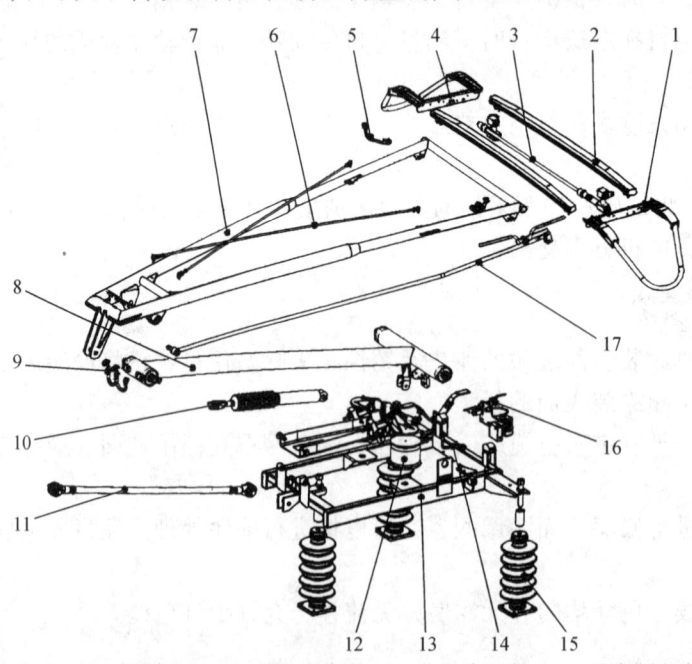

1—右弓角组焊;2—碳滑板;3—弓头悬挂装置;4—左弓角组焊;5—弓头电流连接组装;
6—对角线杆组装;7—上框架组焊;8—下臂杆组装;9—肘节电流连接组装;
10—阻尼器组装;11—拉杆组装;12—气囊组装;13—底架组装;
14—底架电流连接组装;15—绝缘子组装;
16—气路组装;17—平衡杆组装。

图 5-2　TSG15B 型受电弓结构

(一) 检修要求

C5 修要求受电弓下车解体检修。对底架、铰链机构、轴承、橡胶止挡、弓头、弓角、橡胶弹簧、气囊、管路、气阀板等各部件进行状态检查，不许有弯曲、裂纹、变形、锈蚀，转动或活动部分动作灵活。导流线断股不超过原形的 5%。橡胶止挡不许有老化、龟裂和变形。紧固件不许有松动、裂纹、缺损。滑板更新。弓角与滑板之间须平滑过渡，间隙在 0.5~1.5 mm 之间。气囊裂缝超过 20 mm 或泄漏者更新。阻尼器泄漏者更新。钢丝绳更新。PU 管更新。风管及接头无泄漏现象。解体检修快排阀，更新快排阀内膜板及复原弹簧。清洁零部件并检测合格后，重新组装，同时进行例行试验。

C6 修要求受电弓下车完全解体检修。除 C5 修内容外，C6 修增加了更新轴承、导流线、销、套、拆解的紧固件、橡胶止挡、防尘盖、密封件、管夹、橡胶垫、橡胶弹簧元件、气囊、阻尼器防尘套、软管、精密调压阀、过滤阀、单向节流阀、安全阀、压力开关、气路结构、扎带、卡箍、球阀。

(二) 工艺过程

1. 外观检查

检查受电弓外观。确认产品和相关标识的完整性。检查各杆件是否有变形、裂纹等缺陷。检查气路接口是否有污物、杂质、灰尘进入。

2. 修前检测

记录受电弓主要配件的钢印和标识（如底架、下臂杆、上框架、弓角组焊、碳滑板等），根据外观检查结果，检测缺陷尺寸，缺陷超过许用值应进行修复，无法修复或修复的可靠性无法验证的，应进行更新。同时，记录需要修整或更换的零部件。

3. 拆解检查

将受电弓解体，对下臂杆和上框架进行渗透探伤，检查其他部件是否有锈蚀、变形、焊缝脱焊或开裂等。在拆解过程中，对非报废的物料进行有效防护，避免物料碰伤损坏。对需要修整的零部件进行修复，如调整变形、补焊等。修复完成后，对相应物料进行包装防护，防止在储存转运过程中发生碰伤损坏。

检查弓头和弓角，不许有裂损、锈蚀、变形。检测滑板总厚度不小于 29 mm，同一受电弓两滑板厚度差不大于 3 mm，滑板无裂纹或异常掉块。检测弓角与滑板间隙为 0.5~1.5 mm。检查弓头的活动部分在任何高度均能动作灵活。若出现轻微变形，则进行修复，对于轻微焊缝开裂，则进行补焊。碳滑板与弓角接触部分涂导电润滑脂。检查橡胶弹簧元件，无变形、裂纹等缺陷。

拆解受电弓上框架，进行探伤。检查上框架是否变形。轻微变形的进行调整，无法调整的换新。检查焊缝是否出现开裂，发现上框架焊缝开裂及母材开裂时换新。检修下臂杆焊缝。检查底架，不许有裂纹、开焊、变形；局部腐蚀深度不大于原形的 1/4；各关节动作灵活。检修底架焊缝。其余结构件清洗，要求见本色和无锈蚀，如有锈蚀，进行除锈防锈处理。检查轴承，应动作灵活，密封良好。

解体检修快排阀，更新膜板及复原弹簧。检查快排阀性能及气密性。

检修气阀板，更新必换件，检查气密性。压力开关整定值符合技术要求。

检修气囊，裂缝超过 20 mm 或泄漏者更新，C6 修换新。

检修阻尼器，泄漏者更新。

检修管路，老化、裂纹、漏气者更新，C6 修更新。

4. 清洁配件

对零部件进行清洁。对下臂杆、上框架、平衡杆、止挡杆等油漆部件重新进行油漆。

5. 部件组装

补齐必换件和更新的偶换件，记录配置信息后，进行部件组装，主要有上框架组装、气阀板组装、弓头组装、拉杆组装、平衡杆组装等。

6. 整机组装

重新组装受电弓。组装过程中，应确保组装顺序和紧固件拧紧力矩符合技术要求；弹簧、轴承、活塞等运动部件得到合适的润滑；密封件安装时应确保洁净，无杂质、灰尘等。紧固件按要求紧固后进行防松标记。

7. 例行试验

按试验大纲要求进行例行试验和调试，确保所有检测结果符合技术要求。

8. 终检交付

进行终端检查，确保零部件完整，标识齐全，外观无明显缺陷。

主断路器检修作业要求

二、主断路器检修

真空断路器是电力机车网侧主电路的主断路器，用于接通和开断主电路，也能在车辆控制下用于过载和短路保护。真空断路器利用真空灭弧室熄灭分断电路时产生的电弧。以 HX_D1C 型电力机车的 BVAC.N99D 型真空断路器为例，真空断路器主要由高压部分、绝缘支撑部分和低压控制部分组成，如图 5-3 所示。

（一）检修要求

C5 修要求真空断路器下车解体检修，对接地簧片、绝缘子、真空开关管、传动机构、电连接、气路密封件、紧固件等各部件进行状态检查。润滑传动机构中的轴承、活塞、活塞销和接地簧片。更新部分辅助联锁和状态不良、磨耗超限的零部件。对电磁阀进行解体检修，更新电磁阀内部的密封件和复原弹簧。检测电磁阀、保持线圈和主电路电阻，检测高压部分的绝缘性能，检测并确认真空开关管的技术状态。清洁零部件并检测合格后，重新组装真空断路器，同时进行例行试验。

C6 修要求真空断路器下车完全解体检修。除 C5 修内容外，增加了更新真空开关管组装、弹簧、密封件、电缆、销、套、拆解的紧固件、调压阀、电磁阀、控制单元分压电阻、所有辅助联锁。

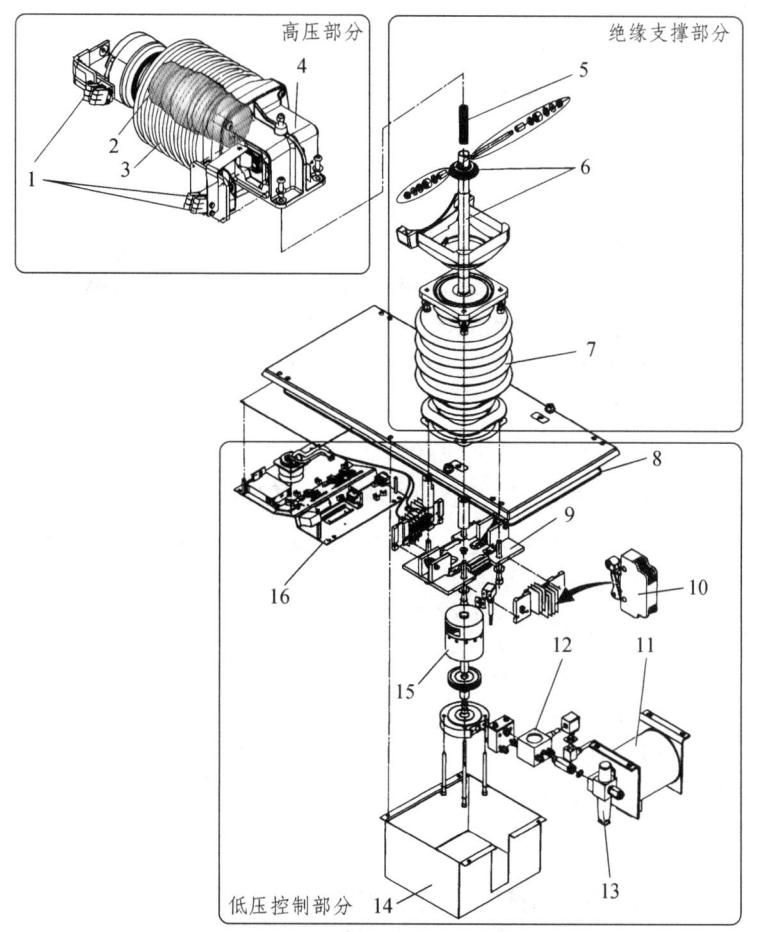

1—接地簧片；2—真空开关管组装；3—水平绝缘子；4—完整轴头；5—恢复弹簧（复原弹簧）；
6—操纵杆+波纹管；7—垂直绝缘子；8—底板；9—肘节机构；10—辅助联锁；11—储风缸；
12—电磁阀；13—调压阀；14—保护罩；15—保持线圈+压力气缸；16—控制单元。

图 5-3　BVAC.N99D 型真空断路器结构

（二）工艺过程

1. 外观检查

检查真空断路器外观。确认产品和相关标识的完整性。检查绝缘子法兰是否锈蚀、松动、开裂等。检查底板是否有变形、裂纹等缺陷。检查 35 芯连接器、插针是否歪斜、缩针等。检查气路接口是否有污物、杂质进入。检查底板上 O 形圈是否有老化、开裂等缺陷。缺陷超过许用值，应修复，无法修复或修复可靠性无法验证的，应更新。

2. 修前检测

检测绝缘子表面缺陷，累计缺损面积大于 300 mm^2 但不超过 2 500 mm^2 时，须在拆解后进行历时 1 min 的 75 kV 工频耐电压试验；单个缺陷面积大于 30 mm^2 或累计缺损面积大于 2 500 mm^2 时更新。

对高压部分进行工频耐受电压检测。不合格者，后续拆解时，检测绝缘子绝缘性能，绝缘子合格时，更新真空开关管；绝缘子不合格时，单独检测真空开关管绝缘性能。检测真空开关管触头磨耗厚度，超过 2 mm 的更新。

检测电磁阀和保持线圈电阻，超过许用值时更新。

3. 拆解检查

将真空断路器解体，将零部件按必换件和偶换件进行分类检修。拆解过程中，对非报废的物料应进行有效防护，避免物料碰伤损坏。对偶换件按技术要求进行检测。

解体检修驱动机构，对各零部件进行外观检查，有裂纹、变形等缺陷的更新，更新拆卸的紧固件。检测螺纹孔，确保干净无滑扣。检测磨耗件，如活塞环、压力气缸、活塞、活塞销、轴承、双头螺杆、弹簧杆、销轴等，磨损厚度超过许用值的更新。弹簧杆磨损见白色金属本色时更新。

电磁阀解体检修。更新密封件和复原弹簧。

检查操纵杆 + 波纹管，发现孔洞、裂纹或老化的更新。

按修程要求更新对应的辅助联锁，不是必须更新的辅助联锁，应检查外观并测量接触电阻，外观异常或电阻超过 200 mΩ 者更新。

检查电连接，发现公针、母针、线鼻子变形、裂纹等缺陷，不能修复时更新。

检查电缆，发现绝缘层破损、老化，更新。

检查密封件，发现老化、破损、裂纹，更新。

排空调压阀和储风缸内的积水/污物。发现积水/污物内有硬质颗粒物、浑浊杂质时，更新调压阀，清洗或更新储风缸。

4. 清洁配件

对可重复使用的零部件进行清洁。其中，对裸露在车外的全金属零部件应进行清洗。底板重新钝化。母排、接地簧片等电连接用铜件返镀。

任务三　转向架及其部件解体检修

转向架属于机车走行部，除了支撑车体上的重量与传递牵引力、制动力外，它对机车动力学性能、牵引性能与安全性能起着重要的作用。轮轨间的黏着，使轮轨接触处产生必要的轮轨力，从而保证机车运行的平稳性和稳定性。

本任务以 HX_D3C 型电力机车为例来介绍转向架的检修要求与作业方法。HX_D3C 型电力机车转向架主要由构架、一系悬挂装置、驱动装置、轮对装配、二系悬挂装置、基础制动装置、牵引电机及其悬挂装置、牵引装置和附属装置等组成。构架采用箱型梁焊接结构，基础制动采用轮盘制动，采用进口整体碾钢车轮，车轴采用 JZ50 钢。驱动装置齿轮箱采用铸造齿轮箱体，采用单级斜齿轮传动，牵引电机采用滚动抱轴悬挂方式。轴箱采用螺旋弹簧加单轴箱拉杆结构的一系悬挂结构。二系悬挂装置采用高圆簧结构，配合横向减振器、二系垂向减振器、横向止挡、垂向止挡、摇头止挡、点头止挡等。牵引装置采用低位平直单牵引杆，一端通过构架上的牵引销座连接。轮缘润滑装置采用喷脂式轮缘润滑方式。砂箱装配安装在构架的四个角上，采用压差式撒砂结构。扫石器采用悬挂式的左右分体结构，使用弹簧钢材料吸收冲击和振动。转向架上安装有控制基础制动装置制动缸、撒砂装置、弹簧停车装置的空气管路装配及撒砂加热装置所需的电线管装配。转向架上还装有走行部车载安全监测系统，用来监测轴承振动、冲击及温度，并能监测齿轮、车轮踏面的冲击、振动状态。转向架结构如图 5-4 所示。

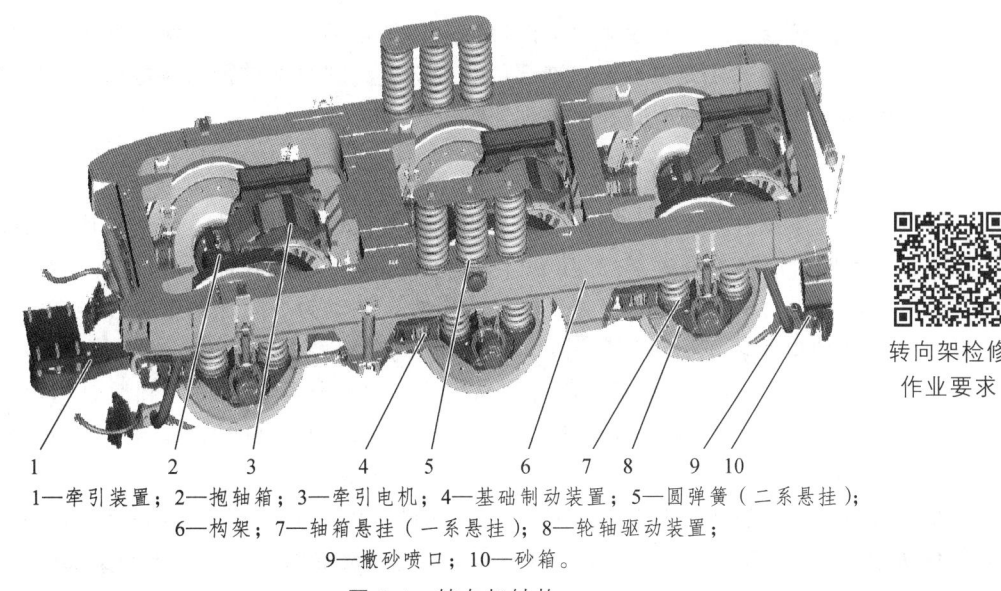

1—牵引装置；2—抱轴箱；3—牵引电机；4—基础制动装置；5—圆弹簧（二系悬挂）；
6—构架；7—轴箱悬挂（一系悬挂）；8—轮轴驱动装置；
9—撒砂喷口；10—砂箱。

图 5-4　转向架结构

一、转向架检修

（一）检修要求

1. 构　架

各梁不许有裂纹、开焊、硬伤和局部变形，牵引销、弹簧座、轴箱拉杆座、油压减振器座、制动器吊座、电机吊座安装面等不许有变形、裂损。牵引销座、弹簧座、轴箱拉杆座、油压减振器座、制动器吊座、电机吊座焊缝探伤，轴箱拉杆座和电机吊座探伤，不许有裂纹，有裂纹时，允许消除裂纹后焊修。构架螺纹孔螺纹状态良好，螺纹不许有断扣、乱扣、毛刺和碰伤。构架重新油漆。

2. 电机悬挂

电机吊杆探伤检查不许有裂纹。橡胶关节、紧固螺栓、螺母更新。电机吊杆与电机间隙不小于 2 mm。

3. 一、二系弹簧及油压减振器

一、二系弹簧探伤检查不许有裂纹；自由高、试验压缩高及同轮对、同转向架试验压缩高之差均须符合限度要求。一、二系弹簧配组时允许加垫调整。当轮重和轴重不符合要求时,可在一系弹簧减振垫下加垫调整,调整垫厚度不大于 6 mm。检测一、二系圆弹簧横向自由偏移方向,按图纸要求进行组装。一、二系减振垫更新。油压减振器解体检修,橡胶关节、橡胶件、密封件更新,性能试验须符合相关要求。油压减振器试验合格后,平放 24 h 不许有渗漏。

4. 牵引装置

牵引杆解体检修,所有焊缝除漆探伤检查,不许有裂纹。关节橡胶、橡胶 O 形圈、橡胶垫、M24 螺栓更新。牵引销 1∶5 圆锥部位及根部过渡圆角处进行除漆探伤,不许有裂纹。安全吊索外观检查,不许有断股和腐蚀现象。

5. 基础制动装置

制动单元解体检修。更新标准紧固件、橡胶件及工程塑料零件。制动闸片更换时,同一制动夹钳单元闸片厚度差不大于 2 mm;同一台车不同厂家的闸片不许混装。制动闸片厚度符合限度要求。制动单元检修后进行气密性、行程、制动力、间隙调整等性能试验,应符合技术要求。制动单元装车后进行闸片间隙测试,制动缓解时制动单元闸片与制动盘间隙两侧之和为 2~4 mm。制动盘摩擦面不许有从内径贯穿到外径以及贯穿到散热筋片的穿透裂纹;不许使用带灼烧痕迹超过 1 cm^2 单个碎片、整个摩擦面上碎片总量超过 5 cm^2 的车轮制动盘。

制动盘摩擦面凹陷磨损不大于 2 mm,划痕深度不大于 1.5 mm,裂纹不许超出相关规定。单个制动盘最大磨损量不大于 3 mm;同一车轮两侧制动盘磨耗差值不大于 2 mm。紧固件有松动、丢失者,更新整盘紧固件。

6. 轮缘润滑装置

风、油管路清洁、完好,不许有裂损,安装牢固。调压阀、喷头、塞门等完好,作用正常。油脂罐安装牢固,表面清洁,油脂罐重新注油脂。轮缘润滑装置紧固状态良好,紧固螺栓防缓标记清晰、规范。组装注油后试验作用良好,喷射位置正确,管路不许有泄漏。更新拆卸的紧固件、垫圈及空气管路接头的密封圈。更新橡胶软管。

7. 其 他

牵引电机进风道更新。

扫石器支架探伤检查不许有裂纹,胶皮挡板更新。

撒砂装置连接紧固,作用良好。撒砂软管、硅橡胶垫等更新,管路畅通。撒砂装置 C6 修时更新。

空气管路清洁,连接状态良好。

(二)工艺工程

1. 转向架与整车分离

整车与转向架相连接的装配,包括二系悬挂装置、牵引杆装配、车上与转向架连接线缆、通风道装配等。

1）二系悬挂装置分解

松开二系垂向减振器与转向架侧连接螺栓 M16×90，卸下二系垂向减振器。松开二系横向减振器连接螺栓 M20×90 和 M20×100，卸下二系横向减振器。每台机车共 4 个二系垂向减振器和 4 个二系横向减振器。

2）牵引杆装置分解

牵引杆装置结构如图 5-5 所示。

待检修机车必须放置在无电网且有地沟的操作场地。将牵引杆端钢丝绳安装中销、开口销拆下。拆下牵引销内六角螺栓 M24×130 及钢丝，取下托板。通过牵引销注油孔使牵引杆体与牵引销分离，同时降低升降机，直至牵引杆体完全脱离牵引销。

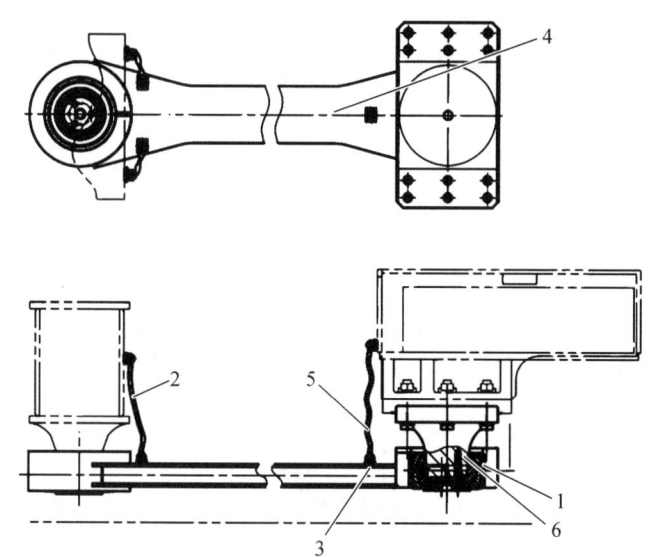

1—橡胶关节；2，5—钢丝绳；3—安全索座；4—牵引杆体；6—牵引销装配。

图 5-5 牵引装置结构

3）车上与转向架连接电缆分解

松开机车速度传感器软管固定螺栓与管卡，拔出与车体连接的插头。松开二系接地线安装螺栓，拆下二系接地线。拆下轴温报警装置的接线插头。断开电机三相线、电机速度传感器和电机接地线，旋转拔出插头。松开中继箱螺钉，拔出线缆。

4）通风道装置分解

电机通风道拆卸，用架车机或吊车起架车体升高 200 mm，松开牵引电机通风道电机侧螺栓 M10×30。

5）起吊转向架

起吊转向架（不包含牵引杆）时，只使用起吊专用的起吊点，并确定转向架一直保持水平状态。转向架整体起吊如图 5-6 所示。

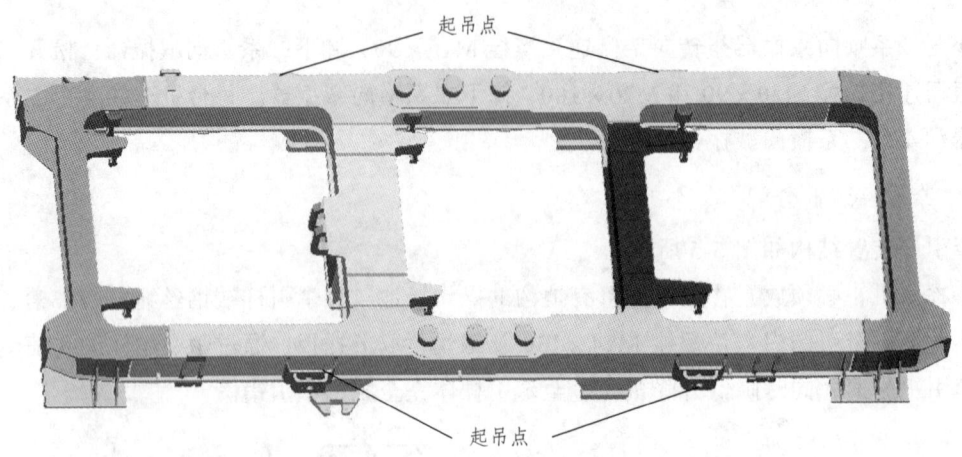

图 5-6 转向架整体起吊点

2．转向架分解

1）拆卸空气管路

拆下所有空气管路、电线管的管卡及固定螺栓，并分类存放。

2）拆卸撒砂装置

松开螺栓 M6、垫圈，拆下固定撒砂管的线扎。松开固定螺栓 M8、垫圈，分离撒砂管与支架，注意撒砂管与撒砂器不得断开，整体拆下。松开撒砂器固定螺栓 M12、垫圈，拆下撒砂装置。

3）拆卸轮缘润滑装置

松开轮缘润滑装置固定螺栓 M12、垫圈、螺母，拆下轮缘润滑器。

4）拆卸扫石器

松开螺栓 M16 和垫圈，将定位板和支架从砂箱底部拆下。拆下防松钢丝，松开螺栓 M16、垫圈，拆下扫石器。

5）拆卸一系悬挂装置

松开轴箱拉杆的外侧固定螺母 M20，松开内侧固定螺母 M20、螺栓、套管，拆下轴箱拉杆。松开吊钩固定螺栓 M16，分离吊钩与轴箱体。松开一系垂向减振器与构架连接螺栓 M16、螺母、垫圈，松开一系垂向减振器与轴箱连接螺栓 M16 和垫圈，拆下一系垂向减振器。

6）拆卸电机悬挂装置

用吊车和软带固定电机吊杆，防止拆卸完成后电机吊杆脱落。松开电机吊杆与构架连接螺栓 M30、套管，松开电机吊杆与电机连接螺栓 M30、垫圈和螺母，拆卸电机吊杆。

7）拆卸制动单元

拆卸前，用吊车和软带吊稳制动单元，防止拆卸后制动单元脱落。拆下构架制动吊座上制动单元的螺栓 M16。拆卸制动吊座上的安装螺栓 M16、螺母 M16，拆下制动单元。

3. 转向架组装

1）基础制动装置组装

将基础制动装置用螺栓 M16×70、螺母 M16 安装到构架的制动座上，画防松标识线，如图 5-7 所示。

2）砂箱组装

用螺栓 M20×65、弹簧垫圈 20 把砂箱安装在构架砂箱座板上，画防松标识线。

3）电机悬挂组装

用吊车将各电机吊杆吊运至各个电机的吊座上，将螺栓 M30×160、螺母 M30、弹簧垫圈拧紧在各个牵引电机的电机吊座上，如图 5-8 所示。

图 5-7　基础制动装置组装

图 5-8　电机悬挂装置组装

4）转向架空气管路保压试验

用干燥风源（400~600 kPa）对管路进行吹扫，吹扫两次以上，每次吹扫 30 s 以上；用白色无毛毛巾在管路出口检测，要求吹出的风为干净时方为合格。吹扫完毕后，及时用工艺堵头进行防护。

空气管路状态良好，组装后用 500~600 kPa 的压缩空气检查管路密封状态，保压 10 min，压降不大于 10 kPa。制动夹钳弹停、制动试验，检查夹钳动作性能良好。

5）转向架称重

按照称重技术条件对转向架进行称重。

二、轮轴驱动装置检修

机车轮轴驱动装置的作用是负责机车牵引力的传动，将牵引电机产生的驱动力通过齿轮传递到轮对上，最终通过轮轨摩擦力产生机车牵引力。轮轨摩擦力再通过车轮、车轴、轴承、构架、牵引杆、车体，最终带动整车运行。

机车轮轴驱动装置主要包括牵引电机、轴箱装配、齿轮箱装配、轮对装配、抱轴箱装配等，如图 5-4 所示。其悬挂方式可分为半悬挂、全悬挂。半悬挂（抱轴式）方式的特点是牵引电机的一侧通过滑动或滚动的抱轴承直接扣压在车轴上，而另一侧则由悬挂装置弹性地悬挂在转向架构架的横梁上。全悬挂分为架悬式和体悬式，架悬式是驱动装置悬挂在构架上，体悬式是驱动装置悬挂在车体上。全悬挂驱动装置通常设计为空心轴结构，即空心轴套在车轴上，一侧通过连杆安装到车轮上，另一侧连接到齿侧连杆盘，齿侧连杆盘与从动齿轮、齿芯连接在一起，套在空心轴外圈。全悬挂的主要优点是牵引电机的全部质量均为簧上质量，从而减轻了簧下质量。

以 HX_D3C 型电力机车为例来介绍轮轴驱动装置的检修要求与作业方法。HX_D3C 型电力机车轮轴驱动装置悬挂方式为半悬挂，轮对主要由车轴、车轮、制动盘等组成；车轮为整体碾钢车轮，踏面为 JM3 型踏面，轴箱采用独立悬挂，轴箱相对构架的上、下和横向移动靠弹簧、橡胶元件的弹性变形来获得。

（一）检修要求

轮轴驱动装置解体检修要求如下：

车轴、车轮轮辋及踏面进行超声波探伤，不许有超标缺陷；车轴轴颈、防尘座、轮辋磁粉探伤，不许有裂纹；车轴轴颈与轴承、防尘圈与车轴防尘座过盈量须符合限度要求，轴颈拉伤深度及车轴端面镟修量均须符合限度要求；车轴禁止焊修。车轮滚动圆直径、滚动圆直径差、轮辋宽度、轮缘高度、轮缘厚度、轮对内侧距、同轴轮对内侧距差须符合限度要求。车轮注油孔状态良好。C6 修时更新车轮。

轴箱解体检修。轴箱体及前后端盖不许有裂损，轴端压盖良好，轴箱吊钩不许有裂纹。轴箱体拉杆座前加工端面、弹簧座与母体的连接根部进行探伤检查；轴箱体螺纹孔状态良好，螺纹不许有断扣、乱扣、毛刺和碰伤。轴箱轴承解体、清洗、检测、检修，状态良好。轴箱横动量须符合限度要求。C6 修时更新轴箱轴承。

抱轴箱各零部件状态须良好。抱轴箱箱体与电机结合面磁粉探伤不许有裂纹。抱轴承不许有异响，补脂 180~200 g。从动齿轮与车轴不许有弛缓现象。齿轮齿廓和齿廓端面探伤检查不许有裂纹；齿形偏差、公法线长度、齿边角折损、齿面剥离、点蚀剥落面积须符合限度要求。主动齿轮压入量符合限度要求。齿轮箱箱体不许有裂纹，通气孔、泄油孔及注油孔畅通。更新润滑油，驱动装置组装后，按相关技术规范进行温升、泄漏和振动试验。C6 修时主动齿轮更新、轴箱轴承更新。

（二）工艺过程

轴箱装置结构如图 5-9 所示。

1. 分解轴箱

1) 拆解接地装置

用棘轮扳手松开接地装置与齿轮前端盖 6 个 M10 的连接螺栓，再用风动扳手将连接螺栓拆下放入螺栓收集盒中并分类放置，取下接地装置。

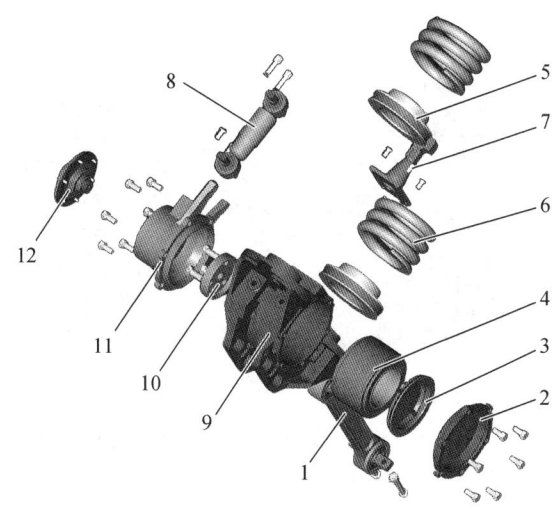

1—轴箱拉杆；2—后端盖；3—防尘圈；4—轴承；5—减振垫；6—轴箱弹簧；7—吊钩；
8—垂向减振器；9—轴箱体；10—压盖；11—端盖；12—接地装置。

图 5-9 轴箱装置结构

2）拆卸前端盖

用棘轮扳手松开轴箱体与前端盖 6 个 M20×1.5×45 连接螺栓，再用风动扳手将连接螺栓和垫圈拆下放入螺栓收集盒中并分类，取下前端盖。

3）拆卸轴箱及轴承

用棘轮扳手松开轴箱体与后盖连接螺栓 M20×1.5×45，将拆下的后盖放于轴肩上，在轴箱体与轴承配合部位圆周向均匀喷洒适量的松锈灵，将轴箱体取出。使用轴承拆装机拆卸轴承。

2. 分解齿轮箱

用驱动装置吊具将驱动装置吊卸到驱动装置存放架上，保证齿轮箱底部水平。使用棘轮扳手拆下泄油堵螺栓 M36×1.5，将齿轮箱内的齿轮油排出。

拆解观察盖，分离上下箱体。用专用扳手拆下齿轮箱观察盖及齿轮箱上、下箱体连接螺栓。修整齿轮箱体结合面。用砂纸和锉刀修整齿轮箱上下箱体结合面、与抱轴箱体安装的结合面、与迷宫盖安装的结合面，观察盖安装结合面，确保所有结合面无锈蚀、毛刺等缺陷。

3. 分解牵引电机及主动齿轮

用液压扭矩扳手松开抱轴箱与电机连接的 8 个 M36×160 螺栓，用电机吊具将牵引电机吊起，用风动扳手拆卸 8 个 M36 螺栓，在抱轴箱顶丝孔内喷入适量松锈灵，再用 M16 顶丝将电机拆下，将牵引电机吊放到地面。

用主动齿轮专用拆卸工装将主动齿轮取出。

4. 分解车轮

车轮轮径或制动盘磨耗不满足技术要求时，需要将车轮分解。轮对结构如图 5-10 所示。

图 5-10 轮对结构

拆卸车轮前将高压油管接头安装到车轮注油孔安装孔，并用扳手拧紧。使用车轮拆装设备，对轮对进行分解。

5．轮轴驱动装置组装

1）轮对压装

按照压装机操作规程对车轮进行压装，先压装非齿端车轮，再压装齿端齿轮，对压力曲线进行判断，合格的压力曲线应是未注油时压力随压入距离增大而逐渐上升，注油后压力随压入距离增大而逐渐下降，终止时压入力为最小，且≤196 kN。在注油压装过程中允许注油压力在规定范围内波动。

2）轴箱装配

用电磁感应加热器将加热好的防尘圈热装到车轴上并推靠到轴肩根部，将轴箱后盖安装在轴箱体上，轴箱轴承放入轴箱体内，开动轴承压装机将轴承压入轴颈，安装压盖及前端盖。组装完成后检测轴箱横动量。

3）电机装配

将主动齿轮压入电机轴上，保证主动齿轮压入量满足技术要求。将牵引电机吊放到齿轮箱装配支架上，用液压扳手紧固抱轴箱的 8 个 M36 螺栓。

4）齿轮箱装配

清理齿轮箱上下箱体结合面、与抱轴箱体安装的结合面、与侧盖安装的结合面，确保所有结合面无锈蚀、毛刺等缺陷。先将齿轮箱下箱体与抱轴箱固定，再吊装上箱体，对准定位销位置，缓慢移动吊车使上箱体对准下箱体，固定齿轮箱上下箱体。

6．轮轴驱动装置跑合试验

将驱动装置吊装到试验台上。由注油孔向齿轮箱注入齿轮润滑油，拧紧齿轮箱磁杆和泄油堵，保证不漏油。连接各个温度传感器和振动传感器。

试验过程中，注意观察各部位有无漏油、渗油现象发生，声音有无异常，有无超限振动，数据参数是否异常。

三、构架检修

构架是转向架的组成部件之一，它具有很高的强度和刚度，能够稳定地支撑起车体数十吨的重量，并将转向架的其他部件连接在一起，使其成为一个紧密协作的整体，共同发挥作用。构架结构如图 5-11 所示。

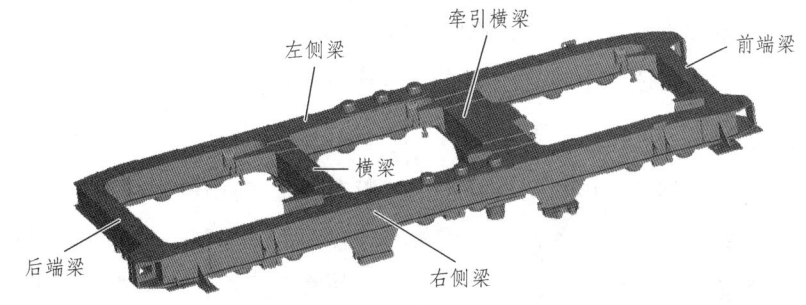

图 5-11　构架结构

以 HX_D3D 型电力机车 C5 修程解体检修为例。

（一）检修要求

检查构架各梁不许有裂纹、开焊、硬伤和局部变形。检查牵引销、弹簧座、轴箱拉杆座、油压减振器座、制动器吊座、电机支承座安装面等不许有变形、裂损。检查构架各螺纹孔螺纹、电机吊座孔（钢丝螺套）状态良好，螺纹不许有断扣、乱扣、毛刺和碰伤。轴箱拉杆座、电机吊座探伤，不许有裂纹，若有裂纹，允许消除裂纹后焊修。

（二）工艺过程

1. 构架清洗

用 M12 螺堵防护牵引销螺纹孔；用 M16 螺堵防护扫石器安装螺纹孔；用 M27 螺堵防护牵引电机吊座螺纹孔。

用专用防护罩对牵引销安装面部分进行防护。

用天车将构架吊运至构架转运小车上，将小车推至清洗库内对构架进行全面冲洗，自然风干后推出，如图 5-12 所示。

图 5-12　构架清洗

2. 构架检查

1）外观检查

检查构架各梁不许有裂纹、开焊、硬伤和局部变形。检查牵引销、弹簧座、轴箱拉杆座、油压减振器座、制动器吊座、电机支承座安装面等不许有变形、裂损。

2）检查螺纹孔

检查构架各螺纹孔螺纹，电机吊座孔（钢丝螺套）状态良好，螺纹不许有断扣、乱扣、毛刺和碰伤。如断扣、乱扣、碰伤严重，汇报车间技术人员处理。检查制动器吊杆穿销螺栓安装孔衬套是否齐全，衬套安装需满足图纸要求，如磨损严重则需更换。用 M27-6H 螺纹通止规检测电机支承座孔（钢丝螺套）。"T"端应与电机吊座内螺纹旋合通过，"Z"端螺纹塞规允许与内螺纹部分旋合，但旋合量应不超过 2 个螺距（退出量规时测定）。对不符合要求的螺纹孔进行修复。

3）构架探伤

用角磨机、直磨机对构架弹簧座、轴箱拉杆座、油压减振器座、制动器吊座、电机支承座进行全面打磨、除漆，除漆完毕后进行探伤作业。

正面探伤作业结束后，用天车将构架吊至构架升降摆渡车上，操作升降摆渡车至构架翻转机处实现构架翻转，再转到探伤工位对构架反面进行探伤作业。牵引销根部及焊缝处进行除漆探伤。

4）构架焊修

轴箱拉杆座、电机吊座探伤，不许有裂纹，若有裂纹，允许消除裂纹后焊修。用焊条对裂纹进行焊修，并对焊修部位焊渣进行清理，对焊修缺陷进行补焊，打磨焊修毛刺。

检查构架上各扎线辊、线卡座、数据处理器安装座数量无误，无变形、裂损，焊接状态良好。对需补焊和重新焊接的部位进行补焊，并将焊渣处理干净。

5）牵引销检修

拆除牵引销防护袋，用 M12-6H 螺纹通止规对牵引销螺纹孔进行检查，如图 5-13 所示。"T"端应与电机吊座内螺纹旋合通过，"Z"端螺纹塞规允许与内螺纹部分旋合，但旋合量应不超过 2 个螺距（退出量规时测定）。对不符合要求的螺纹孔进行修复。使用磁性拾取器对螺纹孔内部杂物进行清理，用棉丝对牵引销外侧进行清理，清理干净后在牵引销外侧涂抹适量的机油。检修完毕后对牵引销做好防护。

6）构架喷漆及吊运

对螺纹孔、铭牌用纸胶带进行防护，将构架移至构架喷漆间。按喷漆工艺进行喷漆。喷漆后对构架进行烘干，构架组装前将纸胶带拆除。将构架吊至组装工位，将检修完毕的构架吊运至组装台位。天车吊运时，注意安全，不可中断。

图 5-13　牵引销检修

任务四　车钩及缓冲器解体检修

车钩及缓冲装置（简称钩缓装置）的功能是使机车和车辆（或车辆和车辆）之间实现连挂，并且传递和缓和列车在运行、制动或调车作业时所产生的牵引力和冲击力，在机车发生非正常碰撞时对机车起到保护作用。钩缓装置主要由车钩、缓冲器、钩尾框、变形吸能元件等零部件组成，如图 5-14 所示。检修工艺要求以 HX$_D$3 型电力机车钩缓装置为例加以说明。

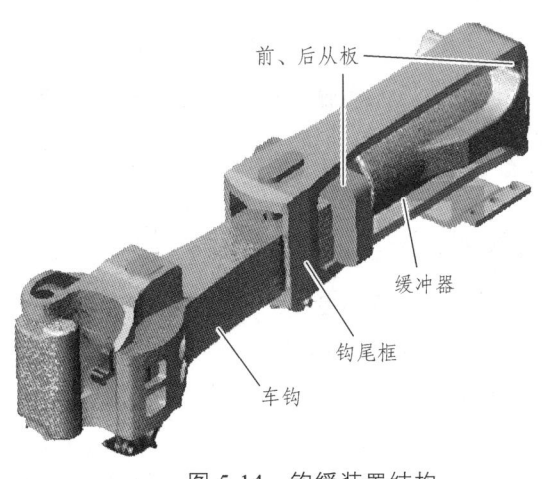

图 5-14　钩缓装置结构

车钩及缓冲器检修作业要求

一、检修要求

钩缓装置解体检修的主要内容：对钩缓装置各部件进行外观检查，对车钩及钩尾框各部件的尺寸进行测量检查，对车钩的钩体、钩舌、钩尾框、缓冲器箱体等部件进行探伤检查，对缓冲器自由高度进行测量，对缓冲器弹性元件进行更换，对变形元件尺寸进行测量，对组装后的钩缓装置进行"三态"测试，对钩锁铁向上活动量进行测量，对从板与从板座间隙进行测量，更新开口销及尾销托螺栓等。

二、工艺过程

（一）分　解

1. 车钩小配件的拆卸

上提车钩提杆，使车钩处于全开状态，用卡丝钳将钩舌销下方开口销拆下，取出钩舌销、钩舌，并放入料筐中存放。分别拆卸提杆座、提杆、提杆吊环、车钩防跳装置（如有）、下锁销吊杆组成、下锁销杆、下锁销，并放入料筐中存放。用车钩升降小车托住钩体，分别拆卸钩尾销螺栓、车钩托板螺栓，取下钩尾销、车钩托板。用车钩升降小车抬高车钩，取出均衡梁、磨耗板及吊杆。

2. 车钩的拆卸

启动车钩升降小车，取出钩体，用天车吊至检修场地。

3. 缓冲器的拆卸

拆卸尾框托架螺栓，卸下托架。将车钩缓冲器拆装小车推入尾框下部，启动上升油缸抵住尾框，在尾框前端部装上压缩油缸。启动压缩油缸，压缩缓冲器，降下上升油缸，落下缓冲装置，拉出车钩缓冲器拆装小车，缓慢卸载后用天车将缓冲装置吊至检修场地。

（二）部件清理

对钩体及各部件进行清洗，清洗后无油腻、浮灰。弹性胶泥缓冲器严禁用水冲洗。表面油泥允许用中性清洗剂擦洗清除。

（三）部件检修

车钩各零部件有下列情况之一时禁止焊修：

（1）钩体上的横向裂纹，扁销孔向尾部发展的裂纹。

（2）钩体上距钩头 50 mm 以内的砂眼及裂纹。

（3）钩体上长度超过 50 mm 的纵向裂纹。

（4）耳销孔处超过该处断面 40% 的裂纹。

（5）上、下钩耳间（距钩耳 25 mm 以外）超过 30 mm 的纵、横向裂纹。

（6）钩腕上超过腕高 20% 的裂纹。

（7）钩舌上的裂纹。

（8）钩尾框上的横裂纹及扁销孔向端部发展的裂纹。

（9）钩舌销上的裂纹。

（10）推铁上的裂纹。

1. 钩舌配件的检修

目测钩舌牵引面外观，应略呈弧形，不得有明显变形，如图5-15所示。钩舌测量应满足：钩舌厚度为68～72 mm，钩舌销孔直径为42～44 mm，不足时更新。锁闭后钩舌尾部与锁铁垂直面的接触高≥40 mm，不足时焊修。检查钩舌销无变形，测量钩舌销直径小于40 mm时须更新，如图5-16所示。

图5-15 钩舌

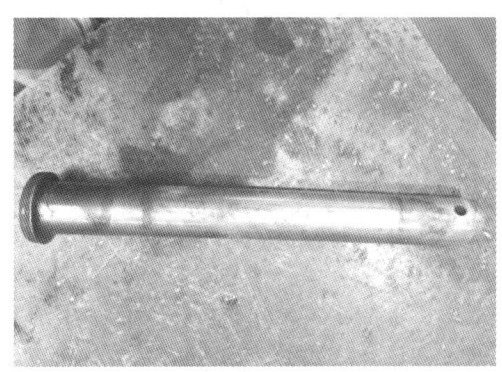

图5-16 钩舌销

2. 钩体的检修

钩体尾部厚度（钩尾端部与扁销孔边缘的距离）为48～51 mm，钩尾扁销孔尺寸为110×44～115×49 mm，钩耳销孔镶套松脱破损时更新衬套。钩耳销孔钩体测量应满足：钩体钩耳销孔直径长轴为44～46 mm，短轴为42.2～44.2 mm，钩耳销孔距为209～212 mm，腔宽不大于66 mm。钩体防跳凸台和钩锁铁的作用面须平直。钩舌与钩体的上、下承力面须接触良好。检查钩身下面的磨耗状态，磨耗不大于5 mm，检查车钩防跳装置有开焊、变形时，焊修处理。防跳穿销不良时更新。

3. 钩尾框检修

钩尾销不得弯曲变形，测量应满足：钩尾销尺寸为96×36～101×41 mm，否则更新。检测钩尾框扁销孔长度，大于105 mm时须更新，如图5-17所示。测量钩尾框厚度，尾框框身厚度≥25 mm，如图5-18所示。检查扁销孔下方的穿销螺栓止挡，两外侧面销孔周围不平整时应修整，有裂纹时应焊修，检测销孔直径大于26 mm时应焊修。

图5-17 尾框扁销孔

图5-18 尾框框身

4. 缓冲装置检修

检查缓冲器箱体外观，不许有裂纹，胶泥不许有泄漏。螺杆及螺母不许有松动。从板及预压板磨耗量不大于 1 mm。检查前磨耗板不许有裂纹、变形。测量应满足：缓冲器自由高度大于 570 mm。

5. 其他配件检修

检查钩提杆、提杆座、吊杆、均衡梁、尾框托板。目测无变形、无明显裂纹，焊接部位焊接牢固。检查从板外观，使用钢板尺测量从板磨耗量，大于 1 mm 时进行堆焊打磨平整。从板有裂纹时，应进行更新。

（三）部件装配

1. 车钩组装

将合格的车钩钩体吊放至车钩工作台上，做好安全措施后，装上检修合格的锁铁、下锁销装配、推铁、钩舌、钩舌销。

2. 尾框缓冲器组装

使用天车将缓冲装置吊至与钩尾框同一水平面，将缓冲装置装入尾框，调整好组装位置，将前从板放入钩尾框内，如图 5-19 所示。

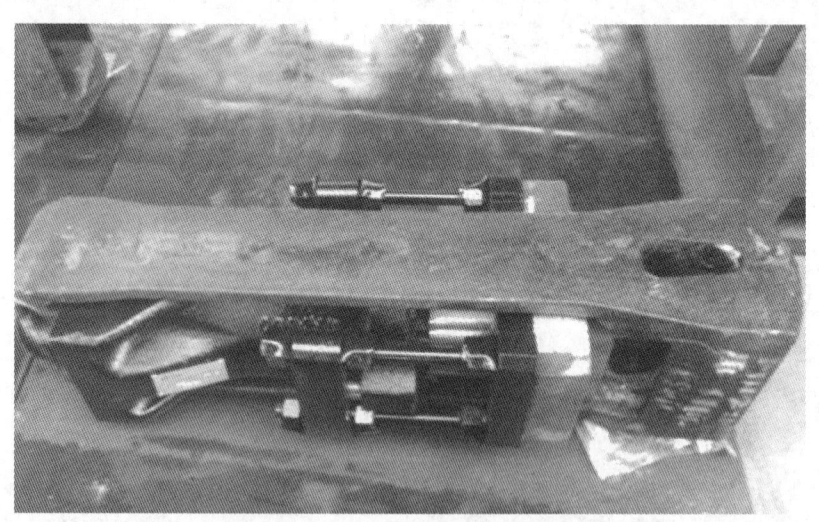

图 5-19 缓冲器、从板、尾框套装

3. 状态检查与测量

（1）车钩测量。

开锁：轻提钩提杆，带起锁铁，钩舌不动，放下钩提杆，锁铁不落下，向外拉动钩舌，钩舌应灵活打开。

闭锁：将钩舌向钩腔内推动，锁铁由于自重落下，此时向外拉动钩舌，钩舌不动，测量钩舌到钩体间的最小距离要满足 110～127 mm。钩体锁腔立壁与钩锁锁面间的横向间隙须≤7 m。右手使用小撬棍撬动锁铁至最高位置，左手用内卡尺测量锁铁凸台与钩舌尾部垂直间隙,即为闭锁后钩锁铁向上活动量,钢板尺读数,要求其值为 3~22 mm,测量钩舌钩耳上下面间隙满足 3~8 mm。

全开:用力推动下锁销,钩舌应灵活张开,测量钩舌与钩体间的最小距离要满足 220~245 mm。

(2)不满足测量要求的配件,对其磨损部位进行相对尺寸恢复后再进行组装测量,直至满足要求。

(3)新品钩体需加装防脱装置。

(4)对三态测量合格的车钩进行分解,各磨耗件之间均匀地涂抹润滑脂,进行组装后更新开口销(10×100 mm)。

(5)检查车钩防脱装置作用是否良好,测量钩舌中心,车钩中心线宽度不大于 3 mm。

4. 交 付

对检修整备合格的配件填写配件标识卡,摆放至合格配件区域等待验收。验收合格后将配件进行装筐,核对配件数量等待交付。

项目二　动车组关键部件解体检修

如今的高速动车组已成为我们出行的首选。其运营速度高达 350 km/h，风驰电掣般穿梭在祖国大地，极大地缩短了城市间的时空距离，为我们的生活带来了前所未有的便利。不仅如此，高速动车组作为"国家名片"已走向世界，向全球展示着中国先进的铁路技术和制造实力，在国际舞台上熠熠生辉。

这份响亮的荣誉背后，不仅有设计研发人员的智慧结晶，更离不开无数动车组检修人员的默默付出。当我们在列车上享受舒适旅程时，是他们在幕后不分昼夜地坚守岗位，用专业和专注守护着每一列动车组的安全运行。他们是保障高速动车组稳定运行的无名英雄。

要知道，动车组能够安全、平稳地运行，关键在于其核心部件始终保持高效、高质量的运行状态。而这一切，都依赖于精细且专业的检修工作。哪怕是一颗螺丝钉的松动、一处电路的微小故障，都可能影响到整趟列车的运行。所以，关键部件的检修工作至关重要，它是动车组安全运行的坚实保障。

在本项目中，大家将深入探究 CRH2 型动车组的牵引电机、高压电器、转向架和牵引缓冲装置等关键部件。通过系统学习，我们将全面掌握这些部件解体检修的具体要求和精细工艺流程。从理论知识的夯实，到实际操作的锤炼，一步步成长为能够独当一面的动车组检修能手，为中国高铁事业的持续辉煌贡献自己的力量。

任务一　牵引电机解体检修

一、三相异步电机常规检修的内容

（1）检查电机各部件有无机械损伤，若有则做相应修复或更换。

（2）对拆开的电机进行清理，清除所有油泥、污垢。清理中，注意观察绕组的绝缘状况。若油漆为暗褐色或深棕色，说明绝缘已老化，对这种绝缘要特别注意不要碰撞使其脱落。若发现有脱落，应进行局部绝缘修复和刷漆。

（3）拆下轴承，浸在柴油或汽油中彻底清洗后，再用干净的汽油清洗一遍。检查清洗后的轴承是否转动灵活，有无振动。根据检查结果，确定是否对润滑油脂或轴承进行更换。

（4）检查定子绕组是否存在故障。使用兆欧表测量绕组的绝缘电阻，绝缘电阻的大小可判断出绕组受潮程度或短路情况。若有故障，要进行相应处理。

(5)检查定子、转子铁心有无磨损和变形,若观察到有磨损痕迹或发亮点,说明可能存在定子、转子铁心相擦。可使用锉刀或刮刀将亮点刮低。

(6)对电机进行装配、安装,测试空载电流的大小及对称性,最后负载运行。

二、电机绕组的浸漆

电机制造和检修过程中,对绕组要进行严格的绝缘处理,以提高绕组的机械、电气及其他防护性能。浸漆处理是解体绕组重新组装的关键工序。

(一)浸漆处理的目的

绕组进行浸漆处理,使绝缘漆浸透到绝缘材料内部及导线之间、线圈与铁心槽壁之间,并在表面形成漆膜,从而达到以下目的:

1. 提高电机绝缘的耐潮性和化学稳定性

潮气和水分使绝缘材料的绝缘强度下降。经过浸漆处理,绝缘漆将纤维材料的毛细管及缝隙填满,并在表面形成一层光滑的漆膜,使潮气和水分不易侵入,灰尘和腐蚀性气体也不能与绕组直接接触。

2. 改善电机绝缘的电气性能

经过浸漆处理后,绕组匝间与绝缘层之间以及绝缘材料内部的空隙均被绝缘漆填满,再经过烘干,形成绝缘性能较好的漆膜。

3. 增加电机绕组的导热能力

未浸漆前绕组中存在着大量的空隙,充满着空气,而空气的热导率只有 $0.025\ W/(m\cdot K)$,导热性很差,影响绕组热量的散出。浸漆处理后,绝缘漆填充绕组的空隙,把空气挤跑,而绝缘漆的导热率为 $0.3\ W/(m\cdot K)$,这就使导热能力大为提高。

4. 提高电机绝缘的耐热性能

浸漆处理后,在绕组表面形成一层漆膜,减少了与空气的接触,使氧化过程缓慢,耐热性能得到提高。

5. 加强绕组的机械强度

绝缘漆把绕组各导线黏结成一个坚实的整体,加强了绕组的机械强度。

(二)浸漆工艺与浸渍剂

1. 浸漆工艺

(1)普通浸漆。利用毛细作用和浸渍剂微小的静压力使浸渍剂充满绕组空间的工艺方法,称为普通浸漆。这种工艺方法直接将工件浸没在浸渍剂中进行浸漆,很难避免绕组存在没有浸到的小空间,所以只适合于低负荷绕组的浸渍,在机车牵引电机制造检修中基本不采用。

（2）真空压力浸漆。利用真空度对绕组进行彻底干燥，排除内部的残留气体，使浸渍过程减小阻力，再通过增大压力强迫浸渍剂充满绕组空间的工艺方法，称为真空压力浸漆。真空和压力是两个过程，每个过程对浸透性都是非常有利的，经过真空压力浸漆后的绕组，各方面性能都有了明显的改善，一次真空压力浸漆的质量已经超过了两次普通浸漆的效果。真空压力浸漆被广泛应用在电机制造业。

2. 对浸渍剂的要求

为了实现浸漆的目的，绝缘浸渍剂必须具备下列性能：

（1）具有良好的浸透性。浸透性是浸渍剂的一个重要参数，它直接影响了工艺的效果，虽然我们已经采取了改进外部环境的办法提高整个系统的浸透性，但对于浸渍剂的浸透性还是有严格的要求。

（2）具有良好的电气绝缘性能。一般要求浸渍剂在 20 ℃ 时的击穿强度不低于 30 kV/mm。

（3）能很好地黏合在组合材料上。浸渍剂必须与各种材料都有良好的结合强度，把必要零件牢固地黏结在一起，实现结构的一体化。

（4）固化时收缩要小。普通有溶剂浸渍剂由于含有大量有机溶剂，固化时溶剂挥发体积收缩较大，固化后留下的空隙较多，使绕组的防潮能力、导热能力、机械强度和电气强度都不是很高，只适用于小容量电机的浸漆。

（5）运用中机械和电气性能稳定。运用中各方面性能稳定是工艺的最终目标。早些时候曾有人尝试用浸渍化合物（主要成分是沥青，通过再处理和添加物提高滴点）作为浸渍剂，但由于其机械强度受温度影响较大，运用中不稳定，最终被淘汰。

（6）化学性能稳定。这里有两方面的含义：一方面是浸渍剂易于存储；另一方面是浸渍剂固化后化学性能稳定。在大容量电机上，常用的浸渍剂均为无溶剂型，主要有环氧树脂、聚二苯醚等。

三、电机机械部分的检修

电机的机械部分，如电机轴和轴承等，也是电机的关键部件，机械部分的损伤，同样会影响电机的正常工作。牵引电动机轴承严重烧损时，运用中会使轴承固死，造成机械故障，影响运输。下面主要介绍轴承的检修。

（一）轴承检查

1. 外观检查

仔细检查轴承滚柱及内、外圈，不许有裂纹、剥离、凹坑及过热变色现象，保持架不许有折损、裂纹、飞边，铆钉损坏应不超过总数的 1/3，否则应更换轴承。轴承转动灵活，无卡滞，作用良好，不允许有异声、阻力。

2. 预测径向间隙

为了提高生产效率，保证组装后的轴承间隙，在轴承检修中要求预测径向间隙。

采用千分表进行测量。如图 5-20 所示,将轴承 3 放在平台 4 上,内圈用紧固螺栓 1 固定在平台与压板 2 之间,千分表 5 放在轴承外圈的中心面上,调整千分表使其压缩到适当的刻度。测量时,先将轴承推向离开千分表的位置上,然后再推向千分表,两次读数之差,即为轴承自由径向间隙。

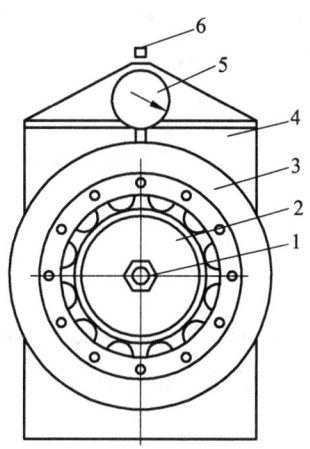

1—紧固螺栓;2—压板;3—轴承;4—平台;5—千分表;6—千分表调整螺钉。

图 5-20 检查轴承自由状态径向间隙

(二)轴承的修复或更换

1. 轴承的修复

轴承自由径向间隙过小,允许将轴承内圈外径在磨床上加工后选配。轴承外圈与端盖轴承孔的配合间隙应符合要求,若与规定值不符,可镀铬或使用磨床加工修复。保持架铆钉断裂或松动不超过总数 1/3 时,可更换铆钉或加固后使用。

2. 更换轴承

轴承发生不能修复的损伤时要成套更换,并分别在内、外圈上标明安装日期,下次中修时外圈要转动 90°~120°。更换轴承内圈必须要检查轴承内圈与轴径的配合尺寸,选配过盈量应符合技术要求。轴承拆装时,严禁直接锤击,应采用加热的办法,注意加热温度不要超过 120 ℃。检查内圈与轴的接触情况可采用测量接触电阻的方法,一般要求接触电阻值不大于统计平均值的 3 倍。测量接触电阻值使用接触电阻检测仪。

四、CRH2 型动车组牵引电机检修

以动车组牵引电机四级检修为例。牵引电机需要分解检修。

(一)牵引电机解体前检查

(1)清洁电机前电机外观检查。在对牵引电机实施检修之前,须对其进行检查并记录其原始状态，将有关情况记录在相应的表格上，同时拍摄照片，特别是故障点。清理前检查项点：进风口、出风口、轴伸端、速度传感器及其连接器、电动机转动是否灵活，记录电机、定子铁心、端盖、转轴编号。

（2）清洁电机后电机检查要点。检查记录电机外部各紧固螺栓；检查电机悬挂及机座表面焊接部位；检查电连接器及其电缆；检查电机速度传感器；检查轴承转动的声音；记录电机对地绝缘电阻；记录电机轴承对地绝缘电阻；记录电机定子线圈冷态绝缘电阻；记录电机定子绕组的介质损耗（按照出厂试验测量各电压的介质损耗）；记录电机空转时的振动值；记录电机转子堵转时的电机定子三相电流；记录速度传感器波形及其相位差、电压幅值；记录电机空载电流。

（二）解体牵引电机

该牵引电机在进行解体前须将牵引电机放置在水平的台面上或地面上。解体时，按顺序（速度传感器→排风罩→转子→传动端轴承→非传动端轴承）进行拆解。解体中须对各部件编号，必须做到原装原配。

（1）速度传感器拆卸。依次取下速度传感器、速度传感器外盖、速度传感器座。对取下的速度传感器及其连接器做防护处理，如图 5-21 所示。

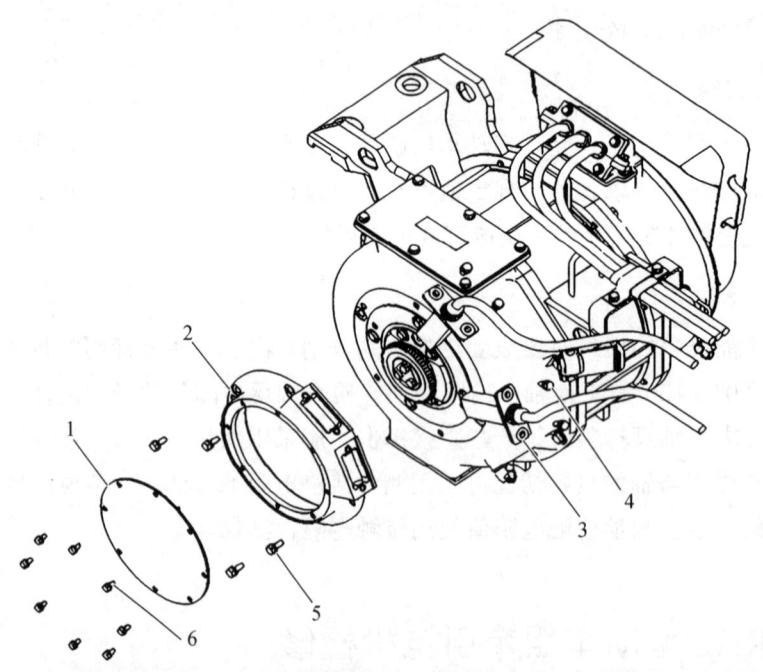

1—速度传感器外盖；2—速度传感器座；3—速度传感器；4—螺栓 M10×20；
5—螺栓 M10×25；6—螺栓 M8×16。

图 5-21 速度传感器拆卸

（2）排风罩拆卸。排风罩整体从电机本体上拆卸后，再从排风罩上拆卸下小密封垫、大密封垫，如图 5-22 所示。

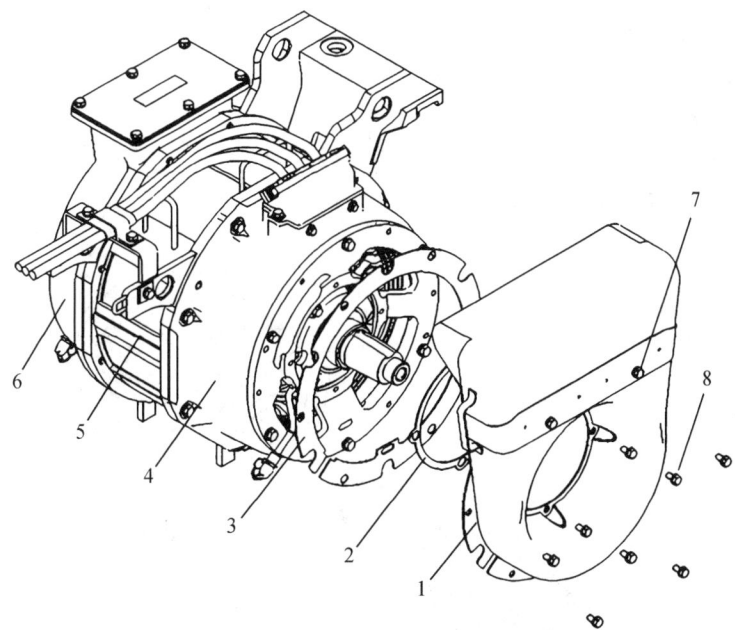

1—排风罩；2—小密封垫；3—大密封垫；4—传动端铝端盖；5—定子；
6—非传动端铝端盖；7—螺栓 M10×105；8—螺栓 M10×25。

图 5-22 排风罩拆卸

（3）转子拆卸。

①拆卸下非传动端轴承座与非传动端端盖间的安装螺栓 M10×45；

②在转子吊起时，拆卸传动端端盖的安装螺栓 M12×35；

③在非传动端的轴承座的 2 处螺孔中安装 2 个导向螺杆；

④将转子从定子中取出。

（4）传动端轴承拆卸，如图 5-23 所示。

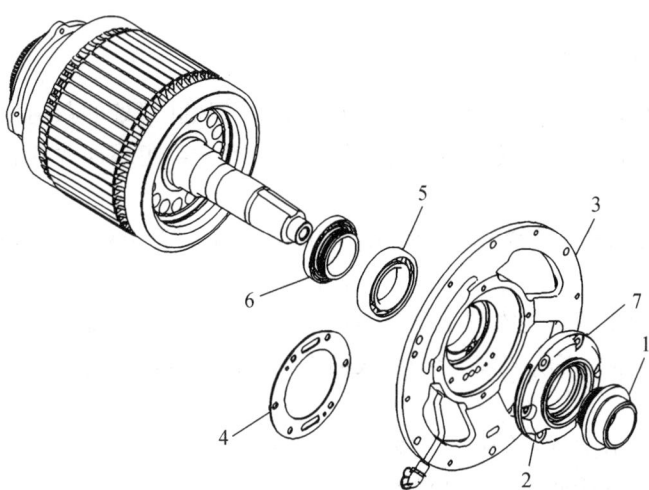

1—外油封；2—轴承外盖；3—端盖；4—密封垫；5—轴承；
6—内油封；7—螺栓 M10×35。

图 5-23 传动端轴承拆卸

①利用工装将外油封从转轴上拔出；
②将端盖连同传动端轴承从转轴上拔出；
③拔出轴承内圈和内油封；
④拆卸下端盖上的轴承外盖，取下密封垫，将传动端轴承从端盖中拔出。

（5）非传动端轴承拆卸，如图5-24所示。

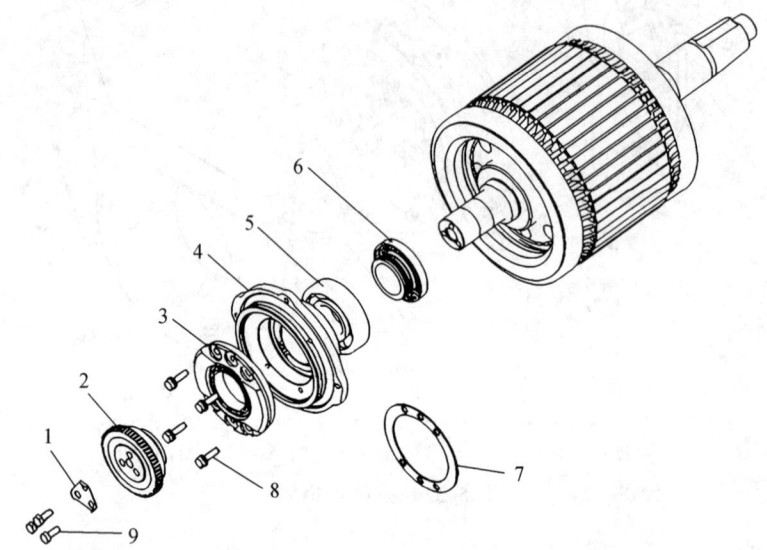

1—止动垫片；2—测速齿盘；3—轴承外盖；4—轴承座；5—轴承；6—内油封；
7—密封垫；8—螺栓 M10×35；9—螺栓 M10×25。

图 5-24 非传动端轴承拆卸

①拆卸下止动垫片，取下测速齿盘；
②将轴承座与轴承一同从转子轴上拔出；
③拆卸下轴承外盖，将轴承从轴承座中取出。

（三）牵引电机检修

（1）用干燥的压缩空气吹扫转子表面以及铁心的通风孔等处的灰尘。

（2）转子清洁干净以后，转子表面包括端环、护环的红色表面漆若有脱落，须进行表面漆修补。

（3）对转子进行动平衡试验，动不平衡量 MB-5120-A 型为 1.3 g，YJ92A 和 HS34531-06RB 型为 1 g。

（4）再用干燥的压缩空气吹扫定子表面以及铁心的通风孔等处的灰尘。

（5）定子内部清洁干净以后，定子内表面包括线圈端部的红色表面漆若有脱落，须进行表面漆修补。

（6）定子如采用清洗方式清理，需要烘潮处理。

（7）两侧铝端盖不能使用碱性清洗剂清洗。

（8）更换轴承润滑脂。

（9）充填润滑脂后，电机须进行磨合运行，确保润滑脂充分进入润滑系统的各部位。

（10）清洁速度传感器及测速齿盘。
（11）进风网板和排风罩拆卸后，用干燥的压缩空气吹扫灰尘。
（12）更换排风罩密封垫。

（四）牵引电机组装

牵引电机在解体后重新组装时，按顺序（非传动端轴承→传动端轴承→转子→速度传感器→排风罩）进行。重新组装时须确认各个部件的受损、损耗程度，确认各个部件上的尘埃已经去除，并按照各部件编号，必须做到原装原配。

装配过程应注意合理控制各紧固件的紧固力矩。

（1）非传动端轴承装配。
①按照规定在轴承座、轴承、轴承外盖填充油脂。将轴承压进轴承座内。
②装上密封垫圈，装好轴承外盖，注意需要更换新的密封垫圈。
③将组装了轴承的轴承座装入转轴。
④将测速齿盘装入轴端，装好止动垫片，注意需要更换新的止动垫片。

（2）传动端轴承装配。
①将内油封和轴承内圈套在转轴上。
②按照规定在端盖、轴承、轴承外盖填充油脂。将轴承压进端盖。
③装上密封垫，装好轴承外盖，注意需要更换新的密封垫。
④将组装了轴承的端盖装入转轴。
⑤将外油封套在转子轴上。

（3）转子装配。
①将转子平稳地装入定子内。
②拧紧螺栓。
③转子装配完毕后，用手转动转子，确认转子转动灵活，无停滞、异常声响。

（4）速度传感器组装。
①在非传动端铝端盖端面装上速度传感器座。
②装上速度传感器和传感器外盖。

（5）排风罩安装。
①装上密封垫，注意需要更换新的密封垫。
②最后在电机传动端装上排风罩。

（五）三相异步电机的试验

在三相异步电机组装过程中，为了保证组装的正确性，在组装过程中安排了许多检查、测量、试验环节，通过对一些参数的控制，确保电机的检修质量。

CRH2型动车组的牵引电机拆卸重新组装后必须进行试验检查，以确认电机是否正常。电机组装到车辆上后，要按照该类型电机的技术要求，做一次严格的试验来评定该电机的检修装配质量及其技术性能。试验项目如表5-1所示。

表 5-1 试验检查项目

序号	入厂试验项目	出厂试验项目
1	冷态直流电阻测量	冷态直流电阻测量
2	绕组对地绝缘测量	堵转试验
3	轴承对地绝缘测量	磨合试验
4	堵转试验	转速传感器输出波形测量
5	磨合试验	空载试验
6	转速传感器输出波形测量	轴承温升试验（MB-5120-A）
7		绕组对地绝缘测量
8		匝间绝缘试验
9	空载试验	绝缘耐压试验
10		介质损耗试验
11		转子固有频率
12	外观结构检查	外观结构检查

（1）冷态直流电阻测量。测量定子绕组的直流电阻，确认每相绕组的直流电阻值折算到 115 ℃时，MB-5120-A 型为 0.132 ~ 0.160 Ω，YJ92A 和 HS34531-06RB 型为 0.131 4 ~ 0.160 6 Ω。

（2）绕组对地绝缘测量。用 1 000 V 兆欧表测量定子绕组与定子框架间的绝缘电阻，热态下大于 1 MΩ，冷态下大于 3 MΩ。

（3）轴承对地绝缘测量。用 500 V 兆欧表测量定子框架与转子轴间的绝缘电阻，冷态下大于 5 MΩ。

（4）堵转试验。在定子绕组加以能产生额定电流 106 A 的工频电压，确认定子绕组电压，MB-5120-A 型为 145.5 ~ 177.9 V，YJ92A 和 HS34531-06RB 型为 141.6 ~ 173.0 V。

（5）磨合试验。电机在通风（风量：20 m³/min）状况下加以工频电压，确认电机转速接近同步转速 1 500 r/min，确认从电机轴伸端方向看电机以逆时针方向旋转，运行 15 min。在达不到同步速度时，调整电压，使其达到近同步速度。

（6）转速传感器输出波形测量。该试验在磨合试验过程中进行。速度传感器输入电压 DC 12 V，确认速度传感器的 A 相、B 相的相位差在 90°±40°的范围内，电压 U_h 大于 8 V。

（7）空载试验。电机在通风（风量：20 m³/min）状况下加以代用定额的工频电压 880 V，测量电机电流，MB-5120-A 型为 40.2 ~ 49.2 A，YJ92A 和 HS34531-06RB 型为 42.0 ~ 51.4 A。

（8）MB-5120-A 型电机须做轴承温升试验。电机在通风（风量：20 m³/min）状况下电机由变频电源供电，以转速 1 500 r/min 运行 15 min，提高转速至 4 140 r/min 运行 15 min，提高转速至最高使用转速 6 120 r/min 运行 30 min。试验过程中，监测、记录两端轴承的温度，确认轴承的温升不超过温升限制 55 ℃，温度不超过 95 ℃。

（9）匝间绝缘试验。定子匝间绝缘试验采用脉冲耐压的方法。定子每相绕组应能承受幅值为 4 300 V 的脉冲电压，历时 3 s 而不发生匝间击穿。

（10）绝缘耐压试验。在定子绕组与定子框架间加以工频交流电压 4 000 V，历时 1 min，确认无异常。

（11）介质损耗试验。按照出厂试验的介质损耗试验要求，测量记录定子绕组在各电压下的介质损耗，确认 1 000 V 下的 tanδ 小于 5%，tanδ 大于 10% 重新浸漆，tanδ 位于 5%～10% 时对定子进行烘焙去潮。

（12）测量转子的固有振动频率，确认固有振动频率大于 1 320 Hz。

（13）外观结构检查。各部件的安装应与图纸要求相符；电线、轴、机加工面等不得有损伤、生锈等；铭牌的记载事项不得有错误；电机表面漆状态良好；结构、尺寸、材料、完工状态无异常。

（14）电机重新组装后，对油漆脱落的地方进行油漆修补。

任务二 高压电器解体检修

动车组高压电器主要由受电弓、主断路器、牵引变压器和牵引变流器等组成。在动车组的牵引传动系统中发挥着重要作用。由受电弓通过接触网接入单相 25 kV 的高压交流电，并传送给牵引变压器，降压成 1 500 V 的单相交流电，然后牵引电动机产生转矩驱动轮对，产生机车牵引力。本任务主要讲授动车组受电弓和主断路器的检修工艺。

一、受电弓检修

受电弓是电力机车、电动车辆从接触网上受取电流的一种受流装置。DSA250 单臂受电弓升弓装置安装在底架上，通过钢丝绳作用于下臂。下臂、上臂和弓头由较轻的铝合金材料构成，如图 5-25 所示。下面主要讲授受电弓维护和高级修中四级修的内容。

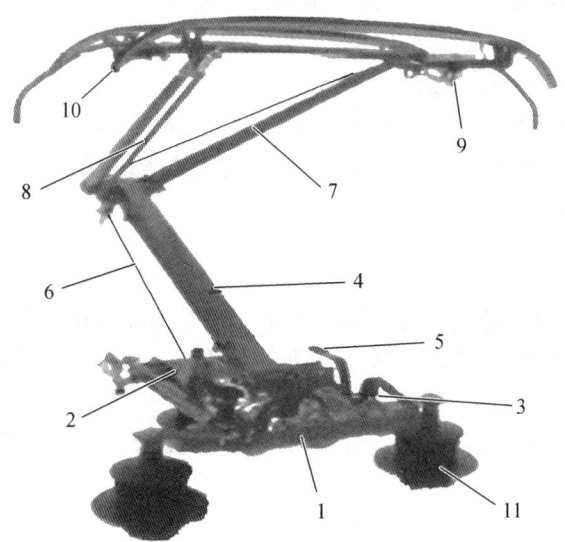

1—底架；2—阻尼器；3—升弓装置；4—下臂；5—弓装配；6—下导杆；
7—上臂；8—上导杆；9—弓头；10—滑板；11—绝缘子。

图 5-25 DSA250 单臂受电弓总成

（一）DSA250 单臂受电弓的维护

1. DSA250 单臂受电弓的检查

使用前，在降弓位置检查钢丝绳的松紧程度，两侧张紧程度应一致。清理阀板上的过滤器，拧开滤清器的外罩，清理尘埃和水。

（1）间隔 4 周的维修内容：

目测整个受电弓，若存在损坏的绝缘子、破损的软连接线、损坏的滑动轴承和变形的部件都应更换。若磨耗部件超过其磨损极限，也应及时更换。清洁车顶与受电弓之间的绝缘管，可用中性清洁剂，不得使用带油棉纱。每天用干棉纱擦拭，防止灰尘吸附，导致一次短路。

（2）间隔 6 个月的维修内容：

整个受电弓性能检测，目测软连接线，用卡尺测量滑板厚度，若磨损到限则应更换。

（3）间隔 1 年的维修内容：

紧固件的检测，尤其是检测整个弓头弹性系统的零部件。如果需要拧紧螺母，应注意保证相应的扭矩。

2. DSA250 单臂受电弓的润滑

润滑滚动轴承是为了提高其使用寿命。在最初安装时，两年一次的维修期或常规维修时油杯应注意密封，以防尘土和水。滑动轴承可自动润滑，保养方便。

3. DSA250 单臂受电弓的清理

阀板上的过滤器每 1~2 周清理一次。

4. DSA250 单臂受电弓滑板的更换

出现下列情况时，必须更换滑板：

（1）滑板碳条磨耗后高度小于 5 mm，滑板总高度≤22 mm；

（2）由于产生电弧，发生变形或缺陷；

（3）滑板碎裂或出现一定深度的凹槽。

如果仅需更换一个滑板，新滑板与另一个旧滑板的高度差应不超过 3 mm。

特别注意：安装滑板压缩空气进气接口时，套紧螺母的拧紧力矩不大于 3 N·m，用手旋入或用小型扭力扳手即可。

5. 调试更换阻尼器

阻尼器在安装受电弓前必须经过调试。如果受电弓实际动作特性与额定值之间有较大差别，有必要检查阻尼器的安装情况。磨损、动作不灵活、漏油时，须更换阻尼器，如图 5-26 所示。

具体操作如下：先把阻尼器拉伸、压缩 5 次，长度为 54 mm，落弓位置的安装长度为（480±1.5）mm。

6. 检查升弓装置

建议每 4~6 周在落弓位置检查一次钢丝绳的松紧。如钢丝绳已松，则需要将钢丝绳拉紧，但两螺母拧紧量要相同，避免升弓装置松弛（在落弓位置）。

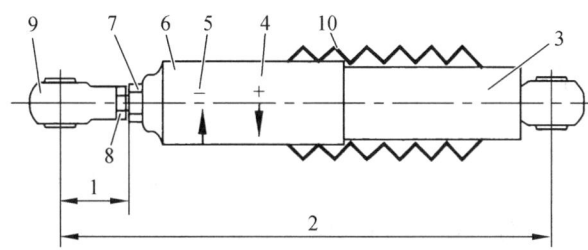

1—长座;2—长度;3—阻尼器;4—右;5—左;6—防尘盖;7—锁紧螺母(气缸);
8—锁紧螺母(接头);9—接头;10—保护套。

图 5-26 阻尼器

7. DSA250 受电弓辅助用油脂

受电弓辅助用油脂如表 5-2 所示。

表 5-2 受电弓辅助用油脂

名 称	用 途
螺纹润滑剂	用于螺栓连接处,改善摩擦
导电接触脂	用于所有受流表面,如滑板安装座表面、软连线接线端子表面
螺纹密封胶	用于所有管螺纹及阀门接头的密封
壳牌润滑脂	用于下臂内轴承、下导杆杆端轴承和升弓装置销轴的润滑

(二)DSA250 单臂受电弓的检修

动车组高级修程中受电弓须解体检修,以四级检修为例叙述如下:

总体要求:分解、清洁受电弓,更换全部安装紧固件。检修过程如下:

1. 滑板检查

当滑板出现下列情况之一时须更换:

(1)滑板碳条剩余高度不足 6 mm,滑板总厚度≤23 mm;

(2)滑板断裂;

(3)裂缝导致滑板漏气,受电弓无法正常升起(ADD 紧急降弓装置作用);

(4)纵向贯穿性裂纹;

(5)接头或接缝处漏气;

(6)边缘掉块和有裂缝者沿宽度方向超过 1/3;

(7)铝托架严重烧损(面积接近 1/2);

(8)滑板受冲撞后扭曲变形导致漏气。

滑板更换时两个滑板高度差不得大于 3 mm。

2. 阀板检查

(1)安装牢固,目测和听觉检查阀板的气密性良好,压力表指示压缩空气接通。受电弓从最高位降到最低位时,减压阀排气正常。

（2）清洁过滤器。

（3）压力表须校验合格。

3. 受电弓检查

（1）紧固螺丝、连接螺栓及弓头组装上的弹簧不得有松动现象。

（2）用温水或温水加中性洗涤用品对绝缘子擦拭干净，勿用尖利物品刮刺或在硅橡胶表面用力摩擦。

（3）阻尼器磨损、动作不灵活、漏油时须更换。

（4）弓头支架等零件无变形、脱落、裂纹等现象。

（5）轴承及升弓装置销轴保持润滑，转动灵活，状态良好。

（6）底架橡胶堆无老化、变形，安装水平。

（7）升弓装置气囊无裂纹、破损现象。

（8）钢丝绳无断股，在降弓位置两侧钢丝绳的张紧程度须一致。

（9）各部软连接线无破损，连接螺母紧固，接触良好。

（10）PU-4气管、橡胶气管安装良好，无破损、漏气。

（11）部件达到表5-3所示的磨损极限尺寸时须更换。

表 5-3 各部件磨耗极限尺寸

序号	名称	图纸尺寸/mm	极限尺寸/mm
1	滑板（碳条高度）	22＋1	5
2	滑动轴承（直径）	$\phi 30.02$	$\phi 30.2$
3	弓头管轴（直径）	$\phi 30^{\ 0}_{-0.15}$	$\phi 29.5$
4	三种软连接线	—	出现破损
5	钢丝绳	—	有一股断裂
6	升弓装置	—	出现裂缝，发生泄漏

4. 受电弓试验

（1）静态压力试验。至少在距离绝缘子下表面 900、1 200、1 600、2 000 mm 高度下，测试其静态压力。向下运动时，力的最大值不超过 95 N，向上运动时，力的最小值不小于 65 N。通过调节车内阀板上的调压阀（DM3）调节接触压力，调节压力前应先松开防松螺母，顺时针旋转调节螺母，气压会减小，接触压力也会减小。逆时针旋转调节螺母时，接触压力会增加。

（2）升降弓时间试验。调定后的时间应满足：升弓时间不大于 5.4 s，且不允许受电弓有任何回跳；降弓时间不大于 4.5 s，且不允许有引起损坏的冲击。实际测量值与规定值有偏差时，应重新调整升弓、降弓节流阀。

（3）气密性。断开控制阀板与气囊驱动装置相连管路，将受电弓进气口与 3 L 的储气缸相连，通以 400 kPa 的压缩空气，关闭进气，10 min 后，气压下降应不大于 20 kPa。

（4）自动降弓装置（ADD）特性。在更换滑板时，检验自动降弓装置（ADD）性能。将受电弓升起 0.4～0.5 m，打开试验阀，受电弓应迅速降下。

二、真空断路器检修

25 kV 电网高压首先由受电弓引入动车组,然后经过故障隔离开关接入高压机器箱,高压机器箱内有避雷器、真空断路器(VCB)、接地端子。真空断路器(VCB)是动车组的总开关,起到接通与断开 25 kV 电网进入车内通路的作用,同时还是动车组的电气总保护。真空断路器检修过程有入检、拆卸、洗净、吹净、零件检修、组装、测试、试验等工序。

1. 入检作业

(1)取下外罩。使用工具:棘爪扳手、十字螺丝刀。取下正面罩,取下断路器罩。

(2)压力空气清洗。使用机器:吹净装置。

(3)检查各部分外观。使用工具:棘爪扳手。

(4)无损伤、变形、松动。

2. 拆卸作业

使用工具:棘爪扳手、双头扳手、锤子、扳手。

(1)拆卸断路器。将闭合手柄闭合,取出支架部的可动支持器和真空阀的可动轴连接器销子,把绝缘管和支架部断开。将闭合手柄闭合,拔出销子,防止意外断开,要先将木楔塞进中间支架部后方可进行。在操作装置侧拔出绝缘操作杆和连接销子,在绝缘管部侧,拆下端子,按顺序旋松阀安装螺丝和端盖,断开绝缘管侧和支架部分,拆卸导轨和弹簧。

(2)拆卸绝缘管部分。拆下端盘,拔出真空阀,按集流环台、安装用金属件、集流环、压缩弹簧、轴承的顺序拆卸。从支持绝缘子处拆下支架。

(3)拆卸中间支架部分。从中间支架上拆下绝缘操作杆,再拆下压缩弹簧。按控制杆、可动支架、连杆、操作杆的顺序拆下各销子。

(4)拆卸操作机构部分。拔出减振器及平衡弹簧的销子,拆下辅助开关,分离连线,从空气室里拔出配管,从箱体上拆下操作机构部分,从空气室里拆出增压阀,拆下电磁阀。

(5)分解操作机构部分。从操作支架上拆下配管,再拆下闭合气缸、闭合活塞、压缩弹簧。从闭合气缸上拆下安装板、导杆组合、缓冲垫、挡板。从操作支架上拆下断开部分,再拆卸断开部配管、O 形环、断开部活塞、压缩弹簧。拔出销子,拆卸快速断开弹簧。拆下支承环、垫圈、复位弹簧、滚柱组合连杆。从操作支架上拆下连杆、复位弹簧。增压阀应按上阀、杆、盖子、O 形环、弹簧导杆、弹簧、下阀的顺序拆卸。减振器按盖子、活塞、气缸的顺序拆卸。

3. 清洗、吹净作业

使用工具:刷子、吸尘器。

(1)清扫主体。

(2)部件的清洗,进行吹净。真空阀、绝缘管部用棉丝清扫。

4. 零件检验工作

（1）真空阀。测量真空阀的真空度。使用机器：真空度试验机。

（2）绝缘管、支持绝缘子。绝缘管内无水分及异物混入，内部及外部无损伤，绝缘子无裂痕、损坏、变色。

（3）支架。确认压缩阀弹簧上无裂痕和折损等，确认可动支持器无卷边。

（4）连杆部分。轻轻转动各销子，确认无松动，各滑动部分涂上薄薄的润滑脂。

（5）辅助开关。触头无磨损和损坏，断路、闭路状态下，固定触头的消除量要稳定。

（6）缓冲器。活塞、气缸无伤痕。活塞、气缸上涂上润滑脂。

（7）闭合气缸。活塞、气缸无裂纹，压缩弹簧无裂纹。活塞、气缸上涂上润滑脂。

（8）增压阀。连杆、气缸无裂纹。气缸和连杆涂上薄薄的润滑脂。

（9）主体箱。进一步上紧箱子内部及外部的安装螺栓。航空插头的针销应无折弯。主体箱内外的配线不应有伤痕。

5. 组装作业

（1）断路部支架各滑动部及各销子上涂润滑脂。操作杆和连杆上安装上销子，在控制杆、可动支持部上安装销子，将组装完毕的断路部放置在支架上插入销子，在支架上安装压缩弹簧；在操作杆、绝缘操作杆上插入销子，将支架部用螺栓紧固到支持绝缘子上，在支架部的可动支撑内部涂上油脂，放入封闭引导弹簧。

（2）断路部分（绝缘管）。紧固集流环后，用压缩弹簧固定到集流环台上，再将集流环台安装到绝缘管上。将真空管装到绝缘管上，放入调节板，用螺栓紧固盖子，再安装真空阀，将组装好的绝缘管用螺栓紧固到支架上。安装时不可弄错 MTR 侧和输入侧，在绝缘管 MTR 侧、输入侧安装端子。

（3）操作装置部分（断开部）。在断开部气缸上安装压缩弹簧、活塞、配管。

（4）操作装置部分（增压阀）。在阀体上安装下阀、压缩弹簧、缓冲垫、导杆、O 形环盖。

（5）操作装置部分（缓冲器）。在缓冲器气缸上装上活塞、盖子。

（6）操作装置部分（闭合气缸）。安装垫板、缓冲垫、导杆、安装板。

（7）操作装置部分（各连杆组装）。在支架连杆上安装垫圈、复位弹簧、销子。

（8）操作装置部分（支架）。在旋转轴组合滑动部分涂润滑脂，加固支架的各个安装螺栓，安装复位弹簧，在支架上装上闭合气缸组合，在支架上装上断开部分，在闭合气缸上装上压缩弹簧、活塞，然后安装闭合配管，将弹簧装到支架上，在控制杆上装入销子。

（9）操作装置部分。在主体空气室安装放大阀，安装电磁阀、减振器。将组装好的操作装置部分装到主体箱子里，在减振器活塞和控制杆上插入销子。将闭合配管用螺栓紧固到增压阀上，将断开部配管用螺栓紧固在空气室，并进行辅助开关的接线连接。

6. 测定、试验

（1）绝缘电阻测试。使用机器：500V、1 000 V 兆欧表。在高压—大地间用 1 000 V 兆欧表测试,在 0.5 MΩ 以上;极间输入用 1 000 V 兆欧表测试,在 0.5 MΩ 以上;极间 MT 用 1 000 V 兆欧表测试,在 0.5 MΩ 以上;在低压—大地间用 500 V 兆欧表测试,在 0.3 MΩ 以上。

(2) 绝缘耐压测试。使用机器:耐压试验机。在高压—大地间输入 AC 50 kV 耐压 1 min;极间输入 AC 50 kV 耐压 1 min;极间 MT 输入 AC 50 kV 耐压 1 min;低压—大地间输入 AC 1 kV 耐压 1 min。

(3) 确认漏气。使用工具:刷子、肥皂水。使用机器:真空断路器试验设备。加压 880 kPa,1 min 内降低 10 kPa 以下。

(4) 开闭动作试验。使用机器:真空断路器试验机。气压 880 kPa,电压 60 V 工作;气压 780 kPa,电压 100 V 工作;气压 630 kPa,电压 100 V 工作。

(5) 开闭性能试验。使用机器:计算器、真空断路器试验机。在气压 780 kPa 下,电压 100 V 闭合,时间在 0.15 s 以下;在气压 780 kPa 下,电压 100 V 断开,时间在 0.08 s 以下。

(6) 加热器的发热确认。

7. 后续作业

安装盖子。使用工具:棘爪扳手、十字螺丝刀。

任务三　转向架及其部件解体检修

转向架是动车组中的重要部件之一,动车组的每个车体下装有两个转向架。CRH2 型动车组采用 4M4T 编组形式,其动车(简称 M 车)和拖车(简称 T 车)分别装用了动力转向架(简称 M 转向架)和拖车转向架(简称 T 车转向架)。转向架主要由构架、轮对轴箱、牵引装置、基础制动装置、二系悬挂装置、驱动装置组成,如图 5-27 和图 5-28 所示。

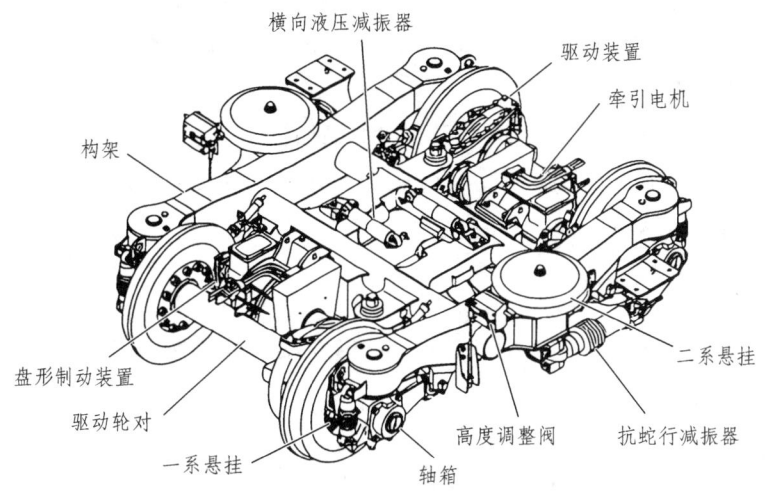

图 5-27　动力转向架结构

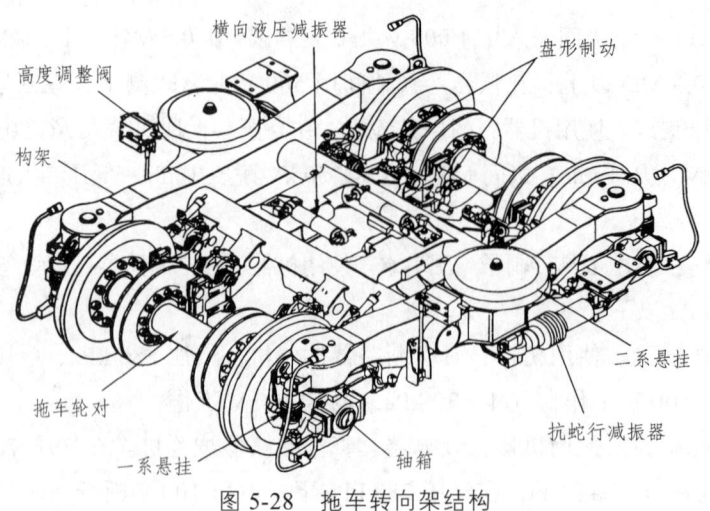

图 5-28 拖车转向架结构

一、转向架检修

在动车组一级和二级检修中，在编组状态下不解体对转向架各部分进行外观、安装状态及机械性能的检查，若发现有缺陷的情况，要进行维修或更换。在动车组三级和四级检修中，需要对转向架进行分解检修。

（一）转向架检修工艺流程

转向架检修主要流程：转向架分解→清洗→零部件检查→保养或修复→部件组装→转向架总组装→转向架试验

（二）转向架分解

此过程的目的是把整体转向架分解为各零部件，然后对这些部件进行检修，使其达到规定的技术状态。分解的基本工作内容如下：

（1）把转向架分解为构架、牵引电机组成、轴箱组成、轴箱弹簧组成、空气弹簧组成、轮对组成、速度传感器、排障装置、各种油压减振器、增压缸、牵引拉杆组成、差压阀等部件。然后，再对各部件分解检修。

（2）清洗转向架及相关部件表面，不得使用腐蚀性和温度超过 60 ℃ 液体清洗，转向架各管路进气口、各线缆插头、螺纹孔等部位防护良好，不得进水。

（三）转向架总组装工艺流程

1. 转向架落成

此过程的目的在于形成转向架的基础骨架。转向架落成须在专用落成台位上进行施工，施工顺序及要求概述如下：

（1）轮对轴箱系统、轴箱弹簧系统应组装完毕。

（2）用专用吊具吊运轮对轴箱放在台位轨道上的规定位置，并调整正确（动车和拖车转向架）。

（3）吊运构架组成，落车并调整（动车和拖车）。
（4）组装紧固件。

2. 转向架尺寸调整及测量

此过程在于保证转向架基础骨架各基础部件的位置及相对位置准确。将落成后的转向架吊运至专用测量台位，将转向架4个轴箱体底部放置在测量台位4个轴箱支撑上。注意，吊运转向架前须在轮对提吊位置加装工艺垫块。该工艺垫块在加载试验、检查工作完成后（加载状态下）取出。

检测项目如下：
（1）轴距，要求（2 500±1）mm，采用轴距专用测量尺；
（2）轴距之差，要求≤1 mm，采用轴距专用测量尺；
（3）对角线之差，要求≤1 mm，采用对角线测量尺；
（4）轮对与构架距离之差，要求≤1 mm，采用203.5 mm尺寸专用测量尺。

3. 转向架落成后组装

转向架基础骨架形成后，即可对转向架进行全部组装。工序简述如下：
（1）驱动装置及齿轮箱安装；
（2）基础制动装置安装；
（3）踏面清扫装置安装；
（4）增压缸及安全罩安装；
（5）差压阀及空气弹簧的安装等。

二、轮对检修

（一）轮对的组成

CRH2型动车组转向架轮对组成主要包括车轮、车轴、制动盘（动车为轮盘形式、拖车为轴盘形式）、齿轮箱（动车）及轴承等。为此，轮对分为动力轮对（M轮对）和拖车轮对（T轮对），如图5-29和图5-30所示。

图5-29 M轮对

车轮　车轴　制动盘（轴盘）　制动盘（轮盘）

图 5-30　T 轮对

（二）轮对的检修

通过对转向架的分解，轮对组成已分解出来。对轮对组成实施检修时一般需要将车轮进行退卸，分别对车轴、车轮、轮盘（轴盘）进行检修。

1. 车　轴

（1）清除轮对组成表面锈垢及车轴轴身表面油漆，轴身擦伤深度不大于 0.1 mm，撞伤深度不大于 0.3 mm，超限时须更换车轴。车轴擦伤、撞伤未超限时，允许使用 120#以上砂纸打磨去除毛刺、凸点，严禁使用电、风动打磨工具打磨车轴表面。车轴表面（包括车轴轮座、盘座部位）禁止焊修，同时禁止任何形式的机械加工。

（2）车轴轮座划伤深度不大于 0.15 mm 时，清除凸点、毛刺，打磨后划伤深度须小于 0.1 mm；轮座划伤深度大于 0.15 mm 时用 120#以上砂纸打磨，打磨后划伤深度须小于 0.15 mm，划伤宽度超过 2 mm 时，打磨后划伤宽度须大于其原划伤宽度的 2 倍；车轴轮座划伤深度大于 0.3 mm 时须更换车轴。

（3）车轮退卸后若车轴轮座表面存在连续黏熔时，须更换车轴。

（4）车轴轴颈或防尘板座存在表面锈蚀、毛刺、毛边、划伤等缺陷时，可用 180#以上细砂纸蘸油打磨，打磨后允许有轻微痕迹。轴颈上在距防尘板座端面 50 mm 以外部位，存在的纵向划痕或擦伤深度不超过 0.2 mm，凹陷总面积在 10 mm^2 以内且其深度不超过 0.1 mm 时，均可清除毛刺后使用。轴颈上在距防尘板座端面 80 mm 以外部位，如存在深度均不超过 0.1 mm 的横向划痕时，可用油石和 180#以上细砂纸打磨光滑，经探伤确认不是裂纹时可使用；轴颈上距防尘板座端面 80 mm 以内部位，不允许存在横向划痕；防尘板座上存在的纵向划痕或擦伤深度不超过 0.2 mm，凹陷总面积在 10 mm^2 以内且其深度不超过 0.1 mm，均可清除毛刺后使用。

（5）轮对组空心车轴须进行超声波探伤检查，防尘板座、轮座、齿轮座、轴盘座、轴身等部位表面不得存在深超过 1 mm、长超过 10 mm 的横向裂纹，裂纹超限时更换车轴。车轴探伤后向空心部位喷 5～10 mL 气化型防锈剂并及时密闭处理。

（6）车轴外露表面须进行磁粉探伤检查，车轴各部分均不允许存在横向裂纹、横向发纹和纵向裂纹。探伤前，须将车轴表面油漆清除干净，轴身表面存在纵向发纹时允许用砂纸打磨消除，打磨深度不大于 0.3 mm，车轴各圆弧部位不得存在裂纹和发纹。

2. 车轮、轮盘

（1）车轮的退卸和压装均采用注油方式，油压推荐值为 110～140 MPa。

①当轮盘因磨耗、裂纹等原因报废时，其匹配的原车轮相应报废。

②车轮内孔表面存在划伤，使用 120# 以上砂纸打磨去除凸点、毛刺后使用。

（2）轮对组装时，轮毂孔与轮座、盘毂孔与盘座须在相同环境下同温 8 h 后进行测量、选配和组装。

（3）车轮、制动盘与车轴配合过盈量 $I = D \times E$（D 为车轴配合处直径，E 为过盈量比），其过盈量比如表 5-4 所示。

（4）轮对组装前，轮座、盘座表面及轮毂孔、盘毂孔内径面须洁净，在车轴轮（盘）座装配面前端和轮毂口 60 mm 处均匀涂抹专用润滑油。

（5）组装车轮、制动盘时，车轴纵向中心线与压力机活塞中心线须保持一致，车轴纵向中心线与轮毂、盘毂内侧平面相垂直。

表 5-4 过盈量比　　　　　　　　　　　　　　　单位：mm

压装部件	过盈量比		
	标准值（10^{-3}）	最小值（10^{-3}）	最大值（10^{-3}）
车　轮	1.4	1.0	1.5
制动盘（T）	1.2	1.0	1.4

（6）轮对组装压力按照轮（盘）毂孔直径计算，其压装力按表 5-5 执行。

表 5-5 直径每 100 mm 的压入力　　　　　　　　　　单位：kN

轴的种类	整体轧制车轮	带轴盘盘体
拖车轮对	395 以下	345 以下
动力轮对	440 以下	—

（7）车轮（制动盘）压装时压入速度为 100～200 mm/min，注油压入过程中压力不能有急剧变化，其压装曲线仅供参考。

（8）车轮（制动盘）压装后放置 2 h 以上后按表 5-6 所示的检压力进行检压试验，检压时车轮（盘）无位移，检压前后轮对内侧距无变化。

表 5-6 直径每 100 mm 的检压力　　　　　　　　　　单位：kN

轴的种类	整体轧制车轮	带轴盘盘体
拖车轮对	295 以下	245 以下
动力轮对	345 以下	—

3. 制动盘

（1）制动盘外观检查状态良好，无贯穿裂纹，轮盘、轴盘裂纹沿半径方向长度不超过 70 mm，超限更换。

（2）轴制动盘各连接螺栓无松动，止转垫片无丢失、折损。

（3）制动盘磨耗限度见表 5-7，超限更换。

表 5-7　制动盘磨耗量（单侧）

类　别	设计尺寸/mm	四级修程限度/mm	最低磨耗限度/mm
动车轮盘	21	≥19	18
拖车轮盘	15	≥11	9
拖车轴盘	16	≥13	11

（4）制动盘表面局部凹陷深度不超过 1 mm，制动盘偏磨最高点和最低点之差不大于 1.5 mm，超限时允许加工修整盘面。

（5）T 车轴制动盘为分体盘结构，更换新盘时按照原有的组装相位用 569 N·m 的扭矩安装，最终组装相位根据动平衡试验结果调整安装，正常检修时原则上不分解。

（6）单个车轮及轮盘需做静平衡，根据两者静平衡数值合理选配后组装。

4. 轮对组装要求

（1）车轮踏面及轮缘须按 LMA 型踏面外形进行踏面镟修，镟修时须将车轮踏面及轮缘的裂纹、缺损、剥离、擦伤、局部凹下等缺陷加工消除，镟修后车轮直径不得低于 815 mm；车轮踏面及轮缘加工后表面粗糙度 Ra 应不大于 12.5 μm。轮对组镟修后还应满足下列要求：同一轮对车轮直径差不大于 0.5 mm；同一个转向架车轮直径差不大于 3 mm；同一辆车车轮直径差不大于 3 mm；同一车辆单元间车轮直径差不大于 40 mm。

（2）轮对组检修后，车轮内侧面端面跳动不超过 0.6 mm；踏面径向跳动不超过 0.3 mm；轮缘厚度不小于 30 mm；轮对内侧距任三点测量均须在 $1\,353^{+2}_{-1}$ mm 范围内。

（3）轮对组均须进行动平衡试验，残余动不平衡允许量不超过 50 g·m，超限时退轮调整相位或换轮（盘）调整。

（4）轮对组检修合格后须按《CRH2A 型动车组轮对组装轴端标记刻打规定》刻打检修标记，并在轴身表面、车轮轮辋两侧面及轮毂表面喷涂油漆。

三、构架检修

（一）基本结构

CRH2 型动车组转向架构架分为动车构架和拖车构架两种。构架为焊接钢结构，主体框架呈 H 形，由两侧梁和横梁构成。侧梁为箱形断面，横梁采用无缝钢管型材。

构架由侧梁、横梁、纵向连接梁、空气弹簧支承梁及其他焊接附件组成。动车转向架构架和拖车转向架构架主结构相似，不同之处主要是动车转向架构架设有电机吊座和齿轮箱吊座，拖车转向架构架设有轴盘制动吊座。动车转向架构架和拖车转向架构架结构分别如图 5-31、图 5-32 所示。

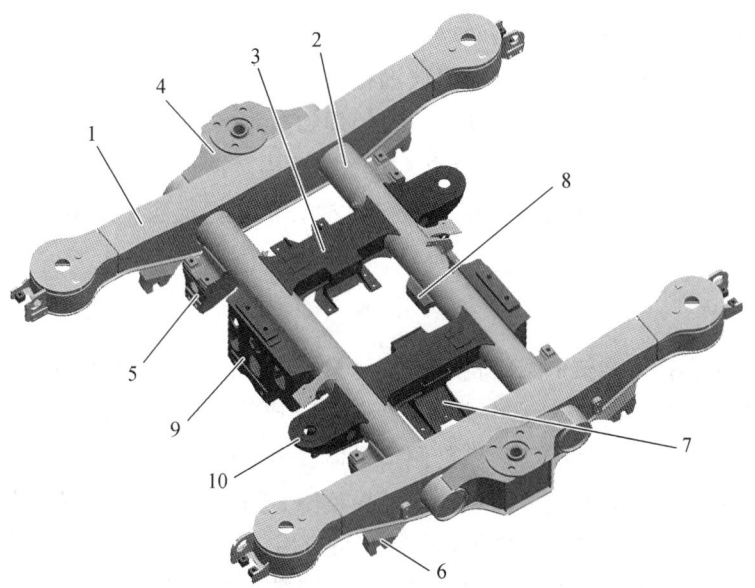

1—侧梁；2—横梁；3—纵向连接梁；4—空气弹簧支承梁；5—制动吊座（轮盘）；6—定位臂座；
7—增压缸安装座；8—垂向止挡；9—电机吊座；10—齿轮箱吊座。

图 5-31　动车转向架构架结构

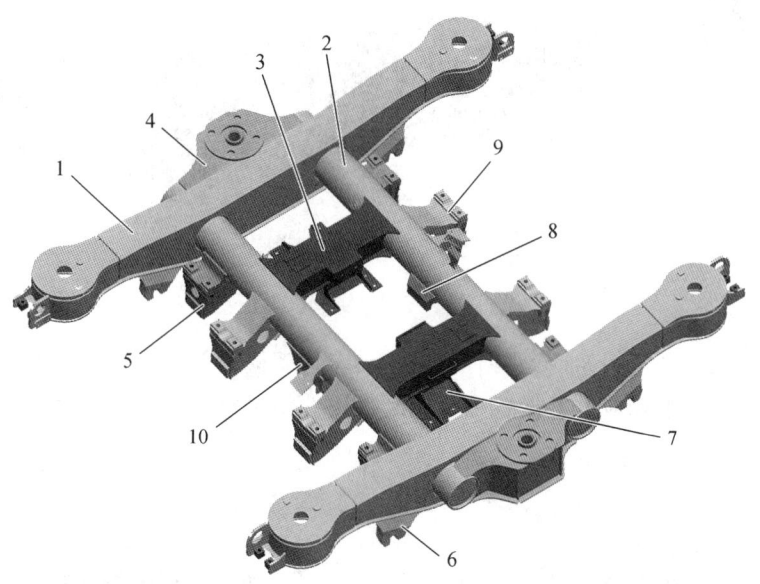

1—侧梁；2—横梁；3—纵向连接梁；4—空气弹簧支承梁；5—制动吊座（轮盘）；6—定位臂座；
7—增压缸安装座；8—垂向止挡；9—制动吊座（轴盘）；10—拉杆座。

图 5-32　拖车转向架焊接构架

CRH2 型动车组转向架构架侧梁内设有筋板，以提高侧梁承载刚度，并在侧梁外侧及两横梁间设置空气弹簧支承梁，两支承梁分别与两横梁连通，共同组成空气弹簧附加气室。靠近横梁与侧梁的连接处设置 4 个轮盘制动吊座。

两横梁之间设纵向连接梁，主要用于吊挂增压缸和设置横向减振器安装座及横向缓冲挡安装座。

为保证动车组 20 年的使用寿命，在满足强度要求的前提下为降低转向架自重，构架的主要承载构件采用符合 JIS G 3114 标准的耐候钢材料，其他部位采用合金结构钢。

转向架构架在焊接完成后，进行整体退火处理和整体机加工。

构架强度和刚度设计按照 JIS E 4207《铁路车辆用转向架构架设计通则》标准进行；并按照 JIS E 4208《铁路车辆用转向架静载荷试验方法》标准实施静载荷试验来进行强度确认。

1. 侧梁

动车构架侧梁和拖车构架侧梁结构相同。侧梁采用薄板焊接，内腔设加强筋板。

侧梁组装如图 5-33 所示。侧梁中央为两个加工形成的圆孔，以便横梁通过。侧梁两端采用筒体结构，支承在轴箱弹簧上。筒壁与侧梁梁体腹板采用对接焊缝；上盖板采用厚钢板，与侧梁上盖板对接。轴箱弹簧筒体外设轴箱减振器座，除了安装减振器外，还有两个目的：一是在内侧立板上开设吊装孔，在转向架进行起吊时用于安装吊钩；二是用于安装轮对提吊，能够在转向架整体起吊时，通过轮对提吊使轮对装置随构架整体吊装。

图 5-33 侧梁组成

2. 横梁组装

动车构架横梁和拖车构架横梁略有不同，动车构架横梁斜对称布置两电机吊座和齿轮箱吊座；拖车构架横梁上相应位置设置轴盘制动吊座。横梁组成如图 5-34 所示。

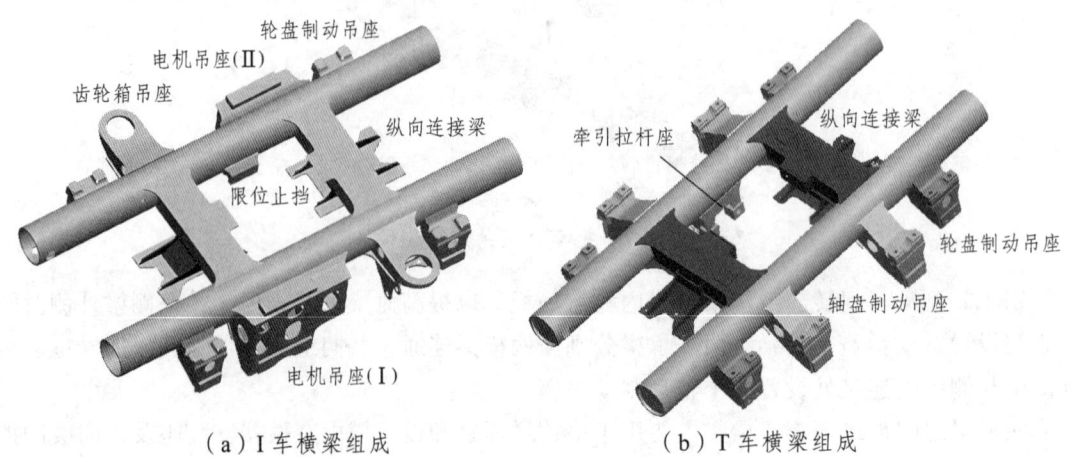

（a）I 车横梁组成　　　　　（b）T 车横梁组成

图 5-34 横梁组装

为了方便电机吊座与横梁的焊接作业和降低自重，在电机吊座的安装板上开设有圆形或长圆形孔，如图 5-35（a）所示。与电机吊座相对的另一侧设齿轮箱吊座。齿轮箱吊座下盖板上设安全止挡座，如图 5-35（b）所示。在安全止挡座间安装挡销，起到在故障工况下齿轮箱的安全防护作用。

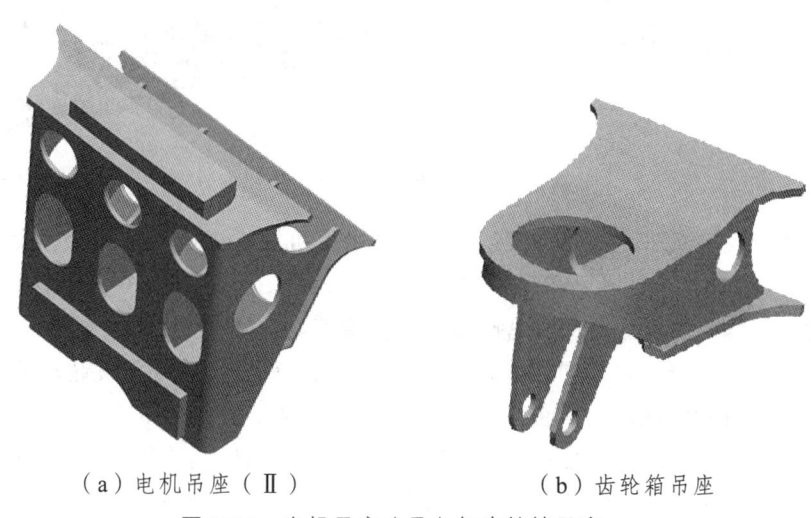

（a）电机吊座（Ⅱ）   （b）齿轮箱吊座

图 5-35 电机吊座（Ⅱ）与齿轮箱吊座

构架横梁采用耐候钢无缝钢管，两横梁作为两空气弹簧的附加空气室，分别与两侧的空气弹簧支承梁连通，因此在横梁的端部开设通孔和排水孔。横梁中央内侧设垂向限位止挡，其作用是一旦空气弹簧过充风，构架侧的牵引拉杆在随车体上升一定高度后被该止挡限制，因此也称之为防过充止挡。

3. 纵向连接梁

在两横梁间设两纵向连接梁，以连接两横梁，提高横梁刚度。纵向连接梁上设横向减振器安装座、增压缸安装座和差压阀安装座。

4. 空气弹簧支承梁

空气弹簧支承梁沿纵向跨于两端横梁之间并与构架侧梁形成封闭腔体，成为空气弹簧的支承构件和附加空气室的一部分。梁体内有一钢管型材制成的空气弹簧座导筒，用于空气弹簧与气室的连通和定位，导筒与相应的横梁相连通，保证两侧空气弹簧附加气室相互独立，对空气弹簧支承梁的焊接有较高的密封性要求。

空气弹簧支承梁上为空气弹簧支承座板，加工后安放空气弹簧。为了安装抗蛇行减振器，在支承梁下盖板上设有减振器安装座。空气弹簧支承梁结构如图 5-36 所示。

（二）构架的检修

（1）构架组成表面存在划伤、磕碰伤等缺陷，深度小于等于钢板厚度的 10%时，须对缺陷部位进行打磨消除、圆滑过渡；缺陷深度大于钢板厚度的 10%时，须焊修。

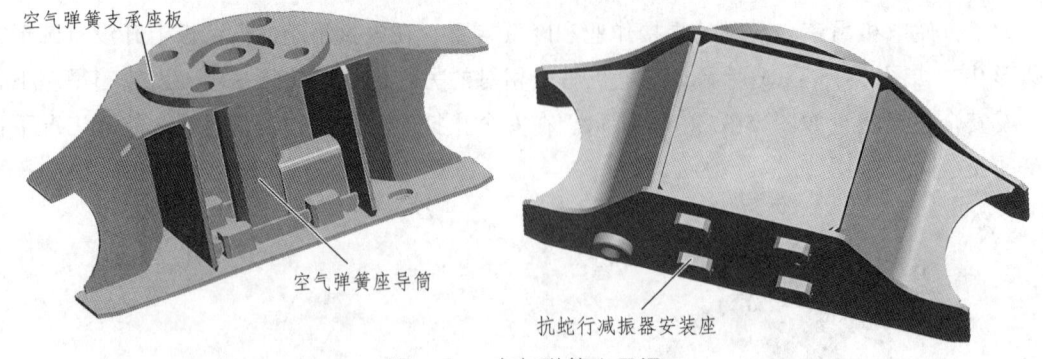

图 5-36　空气弹簧支承梁

（2）构架组成检修时，须对构架组成表面各外露可视焊缝进行外观状态检查，存在裂纹等缺陷时须焊修。构架主体及各安装座之间的焊缝裂纹长度不超过 20 mm、深度不超过 3 mm 时打磨消除后焊修，焊修后表面打磨圆滑并探伤检查。构架各梁腐蚀、磨损深度超过该处原设计厚度的 10%时焊修，焊缝须打磨并进行磁粉探伤；腐蚀、磨损深度超过该处原设计厚度的 20%且面积超过 400 mm² 时需更换。

（3）构架横梁与侧梁、电机吊座、齿轮箱吊座、制动吊座的连接焊缝进行磁粉探伤检查，有裂纹时须焊修，焊修后表面打磨圆滑并探伤检查。具体探伤部位如图 5-37 和图 5-38 所示。

（4）构架空气室各组焊部件焊修后须对空气室进行 600 kPa 气压及 900 kPa 水压试验，保压 10 min 不得泄漏。

（5）构架组成横梁与侧梁间焊缝有缺陷，焊修后要按标准检查构架尺寸。

（6）构架组成及安装各部件上外露的螺纹孔须进行外观检查，电机吊座、定位臂、制动安装座、差压阀安装座等关键部位的螺孔存在缺扣、乱丝等缺陷时焊修。

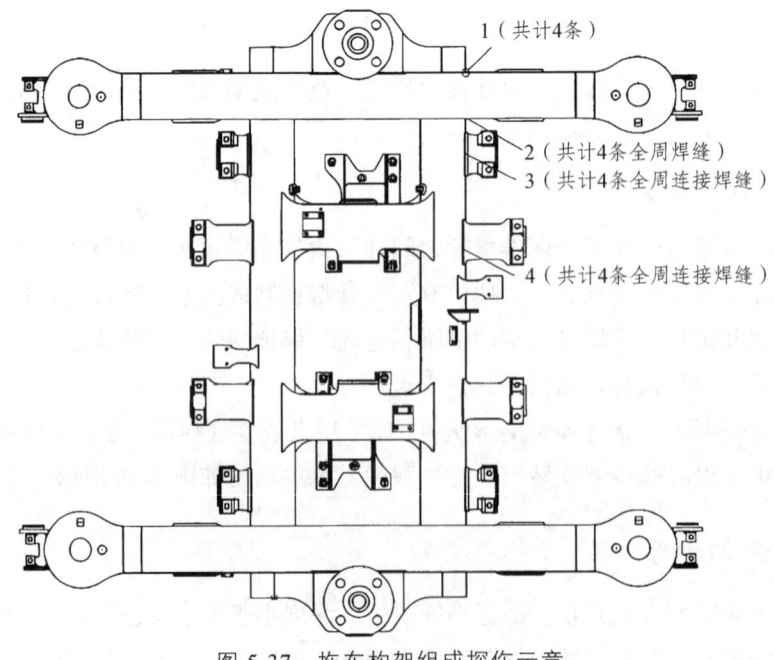

图 5-37　拖车构架组成探伤示意

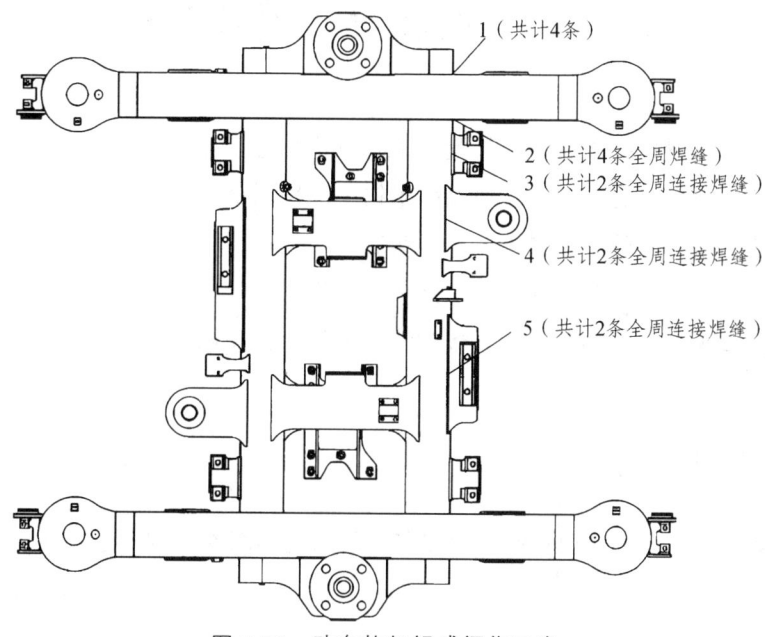

图 5-38 动车构架组成探伤示意

（7）制动夹钳状态修。夹钳本体无漏油，有裂纹时允许打磨修整（最大打磨深度 3 mm），修磨后进行磁粉探伤检查；支持销波纹管安装部位破损长度大于 10 mm、其他部位橡胶波纹管有破损时更换；制动闸片剩余厚度动车小于 7 mm、拖车小于 7 mm 时更换。

（8）踏面清扫装置状态修。研磨子安装卡簧状态良好，橡胶波纹管破损时更换，研磨子剩余厚度小于 13 mm 时更换。过滤器堵塞影响正常使用时更换。

（9）清理附加空气室及螺堵内杂物，螺纹存在缺扣、乱丝等缺陷时焊修。

（10）构架表面及零部件组装部位油漆不良时须找补油漆，对探伤部位须刷涂底漆、面漆。

（11）温度传感器导通状态良好，用 500 V 兆欧表测量其对地绝缘电阻值须在 0.1 MΩ 以上。

（12）各部件安装螺栓防松铁丝断裂或止动垫片破损时更换，并进行扭矩检查；防松铁丝、止动垫片状态良好时，只涂打防松标记。

（13）各管路安装管夹无松动、脱落，组装的各管路无抗磨，油压管路及液压管接头无漏油，不符合要求的管路进行调修或更换。

（14）各配线固定用结扎带绑扎良好，外露密封防水剂脱落、缺损时修复。

（15）温度传感器螺旋软管出现局部破损、断裂等缺陷时，允许用绝缘防水材料处理，三处以上破损断裂时更换。

（16）清理端子箱内部，更换端子箱盖内侧橡胶板。

（17）抗蛇行减振器托架（转向架侧）、横向减振器托架进行状态修。磕碰伤及锐棱部位打磨消除棱角，圆滑过渡；磕碰伤深度超过板厚 10% 时进行焊修处理，焊修后须探伤检查。

任务四 车钩及缓冲器解体检修

动车组的车钩装置包括端部车钩装置和中间车钩装置。它们的运用工况有差别,因此它们在结构与性能上也有一定的区别,即端部车钩全部采用全自动车钩,中间车钩采用半自动车钩。缓冲装置为复式橡胶缓冲器,位于车钩后面,但端部和中间缓冲器吸振性能不同。车钩及缓冲装置可以在不架起车体的情况下拆装和检修。

下面以 CRH2 型中间车钩及中间车缓冲装置为例,按照四级修程介绍其检修工艺过程。

一、中间车钩检修

CRH2 型动车组采用半自动车钩,中间车钩的结构如图 5-39 所示。

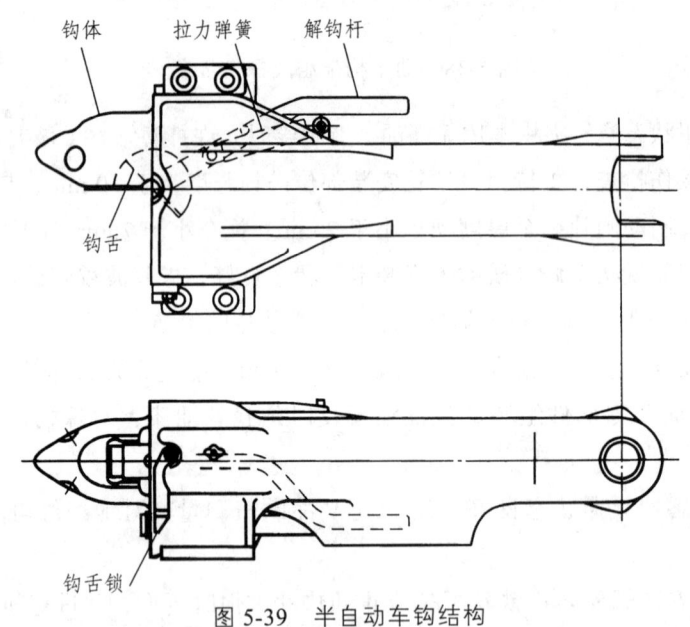

图 5-39 半自动车钩结构

车钩检修的总体过程:

(1)密接式车钩整体分解为钩体、框接头、横销、钩舌、解钩杆;

(2)清除零部件表面锈蚀,外观无变形且须进行磁粉探伤检查;

(3)组装后须进行拉伸试验、气密性试验。

(一)工艺过程

1. 入场检查

进行外观检查,有无变形、开裂等异常现象。

2. 分　解

（1）记录产品的型号、编号以及制造年月。

（2）取出安装于钩体上的拉力弹簧和安装在螺栓上的开口销，拧松螺母并用钩子将安装螺栓和拉力弹簧从钩体上拆下。

（3）拆下固定钩舌和解钩杆的开尾圆锥销，取出解钩杆和钩舌；其中解钩杆上装有一组螺栓组件（包括螺栓、螺母、弹簧垫圈、开口销）、拉力弹簧及拉力弹簧另一端的螺栓，不用再进一步进行拆解。

（4）取下安装于横销上的扁开口销。

（5）取下框接头和横销。

（6）拆下固定管夹和管座的三个螺栓、弹簧垫圈，拆下管夹和管座。

（7）用专用扳手拧松圆螺母。

（8）分离空气管、圆螺母、气阀后盖、活弯管接头、橡胶座管座、弹簧支架、压力弹簧。

注：螺栓、螺母等带螺纹的零件，其螺纹没有损坏不用更换；弹簧垫圈、扁开口销、开尾圆锥销、开口销及橡胶密封件每次拆解后都要求更换新的。

3. 清　洗

（1）用清洗剂清洗钩体的加工部位和其他零部件带润滑脂的部位。

（2）清洁零部件上的其他锈迹和污垢。

4. 磁粉探伤

探伤部位：钩体凸锥、尾部，横销$\phi 59.5$的外圆，框接头圆孔部分，解钩杆加工部位，钩舌整体。

探伤后的处理：

（1）框接头、横销、钩舌和解钩杆出现裂纹，做报废处理。

（2）钩体出现裂纹需要进行焊补，焊补后需要重新进行探伤，确保没有裂纹存在。

（3）合格的零件探伤后用清洗剂清洗干净，并进行干燥处理。

5. 限度表

各零部件的实际尺寸不能超出表 5-8 中的使用限度，否则作报废处理。

表 5-8　零部件限度

轴的种类	名义尺寸/mm	使用限度/mm
钩体凸锥	$\phi 139.5$	$\phi 138$
钩体凹锥	$\phi 140$	$\phi 141.5$
钩舌	$\phi 70$	$\phi 69.5$
横销孔直径（框接头）	$\phi 60$	$\phi 61.5$
纵销孔直径（框接头）	$\phi 65$	$\phi 66.5$
横销	$\phi 59.5$	$\phi 58$

6. 组　装

1）解钩杆钩舌的组装

（1）在钩体钩舌腔及钩舌上涂抹润滑脂。

（2）在钩体凸锥、凹锥、连接面、尾部销孔、横销、解钩杆、框接头等配合部位要求使用通用极压锂基润滑脂。

（3）装入钩舌、解钩杆（解钩杆上应装有一组螺栓组件、拉力弹簧及拉力弹簧另一端的螺栓）。

（4）插入开尾圆锥销固定钩舌和解钩杆。

注：由于钩舌和解钩杆上安装开尾圆锥销的孔是配钻的，因此钩舌和解钩杆配套使用，不能互换；此时开尾圆锥销只是预组装，只有在车钩试验完成并通过后才能将其尾部分开。

（5）把拉力弹簧一端的安装螺栓安置在钩体上，并装上弹簧垫圈、螺母和开口销。

2）空气管路的组装

（1）阀体。

①确认阀体的漏水孔在下侧；

②阀体的端面要求低于钩体连接面，但不能超过 0.3 mm；

③内表面清洁干净并把润滑脂涂抹均匀。

（2）橡胶座的外表面、压力弹簧均匀涂抹润滑脂，装入阀体内。

（3）空气管从钩体尾部方向穿过支撑座内部，并将圆螺母套到空气管上。

（4）将空气管的螺纹部分涂乐泰 575 或 567 螺纹密封胶，并与后盖进行组装。后盖的拧紧力矩为 98~118 N·m。

（5）O 形圈、弹簧支架内沟槽均匀涂抹润滑脂，装入阀体内。

（6）密封环装到弹簧支架上，弹簧支架（装有 O 形圈）和橡胶座装入阀体内，压上后盖，并将圆螺母拧紧；圆螺母的拧紧需要用专用扭力扳手，拧紧力矩为 294 N·m。

注：圆螺母初次拧紧 24 h 以后，需要用规定扭矩再次紧固，否则会漏气。

（7）将阀口橡胶和橡胶座的安装部位均匀喷涂润滑脂，然后压入橡胶座上；阀口橡胶压入后要旋转一周以确认安装到位。

7. 试　验

（1）测量解钩杆端部与钩体之间的距离在 25 mm 以上（连挂状态）。

（2）拉伸试验。一对检修车钩装在车钩专用试验台上进行两次连挂和解钩以后，再次连挂并用 29 kN 以上的拉力将车钩的连接面拉开，用塞尺测量连接面 4 个角的间隙并取平均值，要求在 2.0 mm 以下。

（3）气密性试验。对该对车钩作用 29 kN 以上拉力的同时，用螺堵先堵好其中一个车钩的空气管路；从另外一个车钩的空气管路输入 0.88 MPa 以上的压力空气，切断气源并保压 3 min，压降要求小于 0.019 MPa。

注：①气密性试验要在圆螺母再次紧固后，并且密封胶干透后方可进行；②压缩空气刚

充入气管,温度的变化会造成气压的变化,因此,需要在压缩空气稳定 10 min 再开始计时测压降;③保压的同时,对各个管路连接部位涂上漏气检测液,目测确认有无漏气;④试验完成后,用空气吹净检测液,拆下螺堵,清洁车钩气管口的生料带等密封材料。

(4)车钩全部检测合格以后,将装于钩舌上的开尾圆锥销尾部分开 15°~20°。

注:开尾圆锥销的上表面不能高于钩舌上表面,打入后不能有松动,并注意不要让开口销从上飞出。

8. 油 漆

除钩体凸锥、凹锥、连接面、尾部销孔、钩舌、解钩杆加工部位、横销配合圆柱面、框接头销孔等部位不能有油漆外,其他部位有油漆剥落的需要修补。

注:车钩端面的阀口橡胶严禁接触油漆,否则会加速橡胶件的老化。

9. 完成检查

(1)外观无异常,状态良好。

(2)钩锁、拉力弹簧安装螺母、管夹螺栓、圆螺母、空气管螺纹处等螺纹连接处涂上防松标记。

(3)记录检修年月及更换的零部件清单。

10. 密接式车钩整体装车要求

(1)组装螺栓须正位、紧固,车钩前、后箱托架安装扭矩为 200 N·m;头车车钩托架安装扭矩为 40 N·m;中间车车钩托架安装扭矩为 100 N·m;螺栓须有防松标记。

(2)横销上的销子掰开达到 600 mm。

(3)车钩组装后车钩中心高度:中间车的车钩高度为 $1\,000^{+10}_{-15}$ mm,两头车的车钩高度为 $(1\,000 \pm 5)$ mm,前后两车钩的高度差在 20 mm 以内。车钩上翘量或下垂量均不应大于 5 mm。

(二)必换零件

此修程必须更换的零件如表 5-9 所示。

表 5-9 中间车钩更换件

序号	轴的种类	每套数量	所属部位	图纸编号
1	弹簧垫圈 12	2	拉力弹簧安装螺栓、管夹	GB/T 7244—1987
2	开口销 3.2×20	2	拉力弹簧安装螺栓	GB/T 91—2000
3	开尾圆锥销	1	装在钩舌上	QYS.D28-01-03-03
4	开口销 3.2×28	3	钩锁处	GB/T 91—2000
5	阀口橡胶	1	气阀中	QYS.D28-01-01-04
6	O 形圈	1	气阀中	QYS.D28-01-01-08
7	密封环	1	气阀中	QYS.D28-03-02-05
8	垫密片	2	活弯管接头中	QYS.D28-01-02-03

二、中间车缓冲器检修

CRH2型动车组中间车采用双向W型橡胶缓冲器，缓冲器结构如图5-40所示。

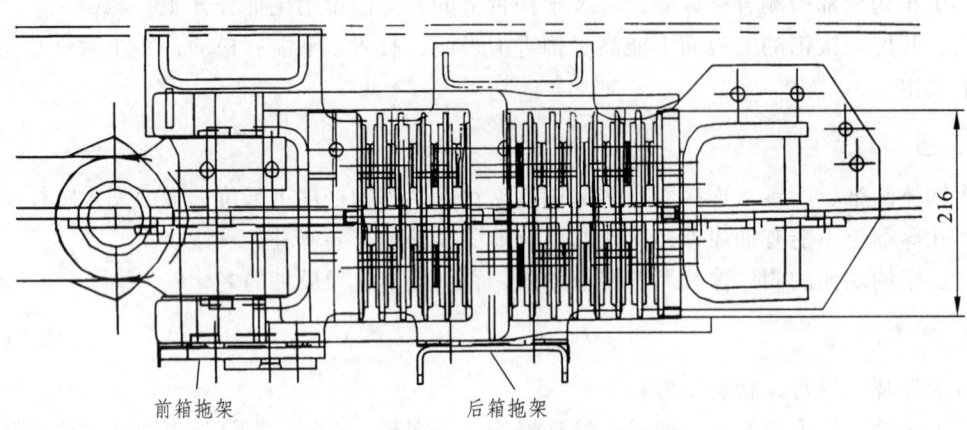

图 5-40 双向W型橡胶缓冲器结构

总体检修过程如下：

（1）车钩缓冲器整体分解为横销、纵销、缓冲器框、框接头、接头托；
（2）清除各部锈垢后，外观无变形且须进行磁粉探伤检查；
（3）车钩缓冲器组装后不得和从板安装座内壁相抗。

（一）工艺过程

1. 入场检查

（1）确认零部件是否有变形、开裂等异常现象；
（2）橡胶块之间有无间隙；
（3）橡胶块与金属部件的连接部位有无剥离。

注：如果橡胶块、托板和橡胶衬板等出现上述问题需要拆解和组装，要在专用压装试验台上进行。

2. 分　解

（1）记录缓冲器的产品编号；
（2）拆下固定纵销的内六角螺钉和弹簧垫圈。

注：拆下内六角螺钉时，防止纵销滑落，造成对人员或者零部件的损伤；螺栓、螺母等带螺纹的零件，其螺纹没有损坏则不用更换；弹簧垫圈需要更换。

3. 清　洗

（1）用清洗剂清洗纵销及缓冲器框上涂润滑脂的部分；
（2）清洁零部件上的其他锈迹和污垢。

4. 磁粉探伤

探伤部位：零件纵销 $\phi 65$ 外圆、缓冲器框圆孔部位。

探伤后的处理：

（1）纵销出现裂纹，做报废处理；

（2）框出现裂纹处需要进行焊补，焊补后需要重新进行探伤，确保没有裂纹存在；

（3）合格的零件探伤后用清洗剂清洗干净，并进行干燥处理。

5. 限度表

零部件的实际尺寸超出表 5-10 中的使用限度，该零件做报废处理。

表 5-10 零部件限度表

项目	名义尺寸/mm	使用限度/mm
纵销直径	$\phi 65$	$\phi 63$
框的销孔	$\phi 65$	$\phi 66.5$

6. 油 漆

除框的销孔、纵销的圆柱面、螺纹部分及橡胶表面不能有油漆外，其他部位有油漆破损的都需要进行修补。

7. 完成检查

（1）外观无异常，状态良好；

（2）记录检修年月及更换零件清单。

注：橡胶缓冲器为天然橡胶，使用过程和维护中要特别注意以下几点：

①橡胶块（包括硫化在一起的金属板）不能接触润滑油、涂料、清洗剂等化学药品；

②橡胶表面不能被划伤；

③不要放置在阳光下直射或高温（70 ℃ 以上）的地方。

注意：车钩缓冲器组装后不得和从板安装座内壁相抗。

（二）必换零件

中间车缓冲器更换零件明细如表 5-11 所示。

表 5-11 中间车缓冲器更换件

序号	轴的种类	每套数量	所属部位	图纸编号
1	弹簧垫圈 10	1	与螺钉配合使用固定纵销	GB/T 93—1987
2	扁开口销	1	装在横销上	QYS.D28-02-00-09

模块小结

列车检修技术的精进,不仅是对机械的修复,更是对责任的诠释。通过模块五的系统学习,我们深入探索了电力机车与动车组核心部件的检修奥秘,从牵引电机的精密拆解到高压电器的严谨调试,从转向架的精准校准到钩缓装置的安全守护,每一项工艺、每一次试验都在诠释"技术为基、安全为本"的职业信条。

一、知识与技能的沉淀

本模块以"关键部件检修"为核心,构建了从理论到实践的完整链路:

(1)理论穿透:深入剖析牵引电机的绕组原理、真空断路器灭弧机理、转向架动力学特性等技术内核,理解检修规范的底层逻辑。

(2)工艺精熟:通过C4~C6修程的分解检修,掌握从部件拆解、探伤检测到性能验证的全流程操作要令,体会"毫米级精度"背后的严谨性。

(3)标准敬畏:对标国标与行业规范,强化"数据为准、流程为纲"的作业意识,如滑板厚度、踏面镟修公差、轴承间隙等关键指标的毫厘必校。

二、能力与素养的升华

(1)系统思维:在构架探伤、轮对动平衡、真空度测试中,领悟部件与系统的关联性,培养"见微知著"的故障预判能力。

(2)工匠精神:从受电弓滑板更换的"3 mm公差"到车钩三态调试的"25 mm游隙",锤炼精益求精的职业态度。

(3)安全自觉:通过缓冲器气密性试验、真空开关管耐压检测等环节,将"隐患即事故"的理念内化为操作本能。

三、情怀与使命的觉醒

"高铁疾驰,检修无歇",中国铁路的每一次突破都凝结着检修人的智慧与汗水:

(1)技术信仰:CRH2型动车组480万千米五级修程的严苛标准,展现了中国高铁从"跟跑"到"领跑"的技术底气。

(2)责任担当:德国ICE事故的警示与德国制造神话的破灭,时刻提醒我们,每一颗螺栓的紧固、每一组数据的校验,都是对生命的郑重承诺。

(3)创新觉醒:从真空压力浸漆工艺到智能检测装备的引入,激发"突破传统、拥抱变革"的进取意志,为铁路智能化转型蓄能。

四、致未来的守护者

列车的轰鸣声中,检修人的坚守从未停歇。让我们以模块五为起点:

用标准筑牢防线,以每一次探伤、每一条数据为列车注入"安全基因";

用匠心雕琢品质,让中国高铁的"金名片"闪耀世界轨道;

用创新驱动未来,在绿色检修、数字运维的浪潮中书写新一代铁路人的荣光。

愿每位学子在钢铁与责任的交响中,以专业筑基,以情怀破浪,为中国铁路的安全与辉煌贡献不息力量!

技术为刃,安全为魂;匠心所至,钢铁有声。

任务实战

任务1：受电弓滑板厚度测量与更换决策

工具：受电弓模型（滑板可拆卸）、游标卡尺、故障案例卡（如"滑板裂纹""厚度不足"）。

一、流 程

（1）测量实操：分组测量滑板厚度（模型预设 6 mm、5 mm、4 mm 三种状态），计算同一受电弓两滑板的厚度差。

（2）故障诊断：根据案例卡描述（如"运行中自动降弓"），结合测量数据判断更换滑板的必要性。

（3）更换模拟：按标准流程拆卸旧滑板，安装新滑板（磁吸式模型），检查间隙（0.5～1.5 mm）。

二、评估标准

测量精度（40%）+ 决策合理性（40%）+ 团队协作（20%）。

任务2：转向架构架焊缝探伤虚拟实训

工具：焊缝探伤虚拟软件（或 AR 设备）、探伤报告模板。

一、流 程

（1）虚拟探伤：使用 AR 扫描转向架构架模型，识别预设焊缝缺陷（裂纹、气孔等），标记缺陷位置。

（2）报告撰写：根据虚拟检测结果填写探伤报告，包括缺陷类型、尺寸、处理建议（修复/报废）。

（3）案例答辩：教师随机提问（如"深度 3 mm 的横向裂纹是否允许焊修？"），学生依据规范回答。

二、评估标准

缺陷识别准确率（50%）+ 报告规范性（30%）+ 答辩正确性（20%）。

模块六　事故后检修处理

当钢铁动脉遭遇意外挑战,铁路人的专业与担当在危机中铸就安全的防线。事故后的检修处理,既是技术与经验的淬炼,更是责任与使命的考验。每一次故障的排除、每一条线路的抢通,不仅是对机械部件的修复,更是对人民生命财产安全的庄严承诺。

在危机四起的现场,铁路工作者需要精准判断事故等级、迅速启动救援流程,以科学态度与团队协作化解风险;在故障处理的细节中,唯有严谨的操作规程、系统的后续管理,方能将隐患消弭于萌芽。模块六将深入事故处理的每一个环节,从分级判定到应急响应,从技术修复到经验沉淀,帮助学员锻造守护铁路安全的"硬实力"与"软智慧",践行"人民铁路为人民"的初心。

学习目标

【知识目标】

(1) 掌握铁路行车事故的四个等级划分标准及判定依据;
(2) 熟悉事故报告程序、信息通报内容及调查处理规范;
(3) 理解事故后临修线作业流程、故障修复技术标准与应急处理方法;
(4) 掌握 HX_D3 型电力机车、CRH380A 动车组典型故障的应急处置策略。

【能力目标】

(1) 能够准确判定事故等级,规范完成事故报告与现场初步处置;
(2) 熟练操作轨道起重机、复轨器等救援设备,快速恢复通车;
(3) 具备轮对更换、制动系统调试、牵引电路检修等关键临修技能;
(4) 能在高压环境下完成突发故障的快速定位、应急隔离与修复验证。

【素质目标】

(1) 强化"安全责任重于泰山"的职业敬畏,坚守安全红线意识;
(2) 培养"沉着冷静、协同高效"的应急素养,提升团队协作能力;

（3）践行"故障不归零不放过"的闭环管理理念，注重经验总结优化；
（4）深化"人民铁路为人民"的服务意识，在危机中彰显铁路担当。

 模块学习寄语

　　每一次事故处理，都是技术与责任的交响；每一次故障排除，都是初心与使命的印证。

　　在这里，你们将直面危机现场的真实挑战，学习如何以科学为盾、以担当为矛，守护铁路动脉的安全畅通；在这里，你们将领悟到，真正的专业不仅是操作的精准，更是对生命的敬畏、对职责的忠诚。

　　愿你们以严谨的工匠精神筑牢安全防线，用无私的职业信仰践行铁路承诺。愿每一次学习都能成为抵御风险的铠甲，每一次实践都能化作守护平安的力量。

　　钢铁长龙，因你的专业而奔腾不息；万家灯火，因你的担当而温暖长明。

项目一 直面行车事故处理

在铁路运输中，行车事故的发生不仅是对技术与管理的严峻考验，更是对铁路工作者职业素养、责任担当和应急能力的深刻检验。

面对突发事故，铁路人肩负着双重使命：一方面，要以科学、严谨的态度迅速判定事故等级，准确评估损失，为后续救援和处理提供依据；另一方面，要以高度的责任感和专业精神，迅速组织救援，最大限度减少事故对人民生命财产的威胁，尽快恢复铁路运输秩序。

在这一过程中，铁路工作者不仅是技术的执行者，更是社会责任的践行者。从事故分级的精准判断到救援行动的高效实施，每一个环节都体现了"人民铁路为人民"的初心与使命。通过学习行车事故分级与救援处理，我们不仅要掌握技术规范，更要深刻理解铁路人的责任与担当。无论是面对复杂的事故现场，还是突发的紧急情况，我们都要以冷静、果断的态度和扎实的专业能力，守护铁路运输的安全与畅通，为社会的稳定和发展贡献力量。

任务一 认识行车事故分级

认识行车事故分级

为了加强铁路交通事故的应急救援工作，规范铁路交通事故调查处理，减少人员伤亡和财产损失，保障铁路运输安全和畅通，原铁道部根据《铁路交通事故应急救援和调查处理条例》（国务院令第501号，以下简称《条例》），制定了《铁路交通事故调查处理规则》，对铁路行车事故及等级、事故报告、事故调查、责任判定和损失认定、事故统计与分析和罚则等做出了明确规定。

一、铁路行车事故及等级

铁路机车车辆在运行过程中发生冲突、脱轨、火灾、爆炸等影响铁路正常行车的事故，包括影响铁路正常行车的相关作业过程中发生的事故；或者铁路机车车辆在运行过程中与行人、机动车、非机动车、牲畜及其他障碍物相撞的事故，均为铁路交通事故（以下简称事故）。《条例》规定，铁路事故分为特别重大事故、重大事故、较大事故和一般事故四个等级。

1. 特别重大事故

有下列情形之一的，为特别重大事故：

（1）造成 30 人以上死亡。

（2）造成 100 人以上重伤（包括急性工业中毒，下同）。

（3）造成 1 亿元以上直接经济损失。

（4）繁忙干线客运列车脱轨 18 辆以上并中断铁路行车 48 h 以上。

（5）繁忙干线货运列车脱轨 60 辆以上并中断铁路行车 48 h 以上。

2. 重大事故

有下列情形之一的，为重大事故：

（1）造成 10 人以上 30 人以下死亡。

（2）造成 50 人以上 100 人以下重伤。

（3）造成 5 000 万元以上 1 亿元以下直接经济损失。

（4）客运列车脱轨 18 辆以上。

（5）货运列车脱轨 60 辆以上。

（6）客运列车脱轨 2 辆以上 18 辆以下，并中断繁忙干线铁路行车 24 h 以上或者中断其他线路铁路行车 48 h 以上。

（7）货运列车脱轨 6 辆以上 60 辆以下，并中断繁忙干线铁路行车 24 h 以上或者中断其他线路铁路行车 48 h 以上。

3. 较大事故

有下列情形之一的，为较大事故：

（1）造成 3 人以上 10 人以下死亡。

（2）造成 10 人以上 50 人以下重伤。

（3）造成 1 000 万元以上 5 000 万元以下直接经济损失。

（4）客运列车脱轨 2 辆以上 18 辆以下。

（5）货运列车脱轨 6 辆以上 60 辆以下。

（6）中断繁忙干线铁路行车 6 h 以上。

（7）中断其他线路铁路行车 10 h 以上。

4. 一般事故

一般事故分为一般 A 类事故、一般 B 类事故、一般 C 类事故、一般 D 类事故。

（1）有下列情形之一，未构成较大以上事故的，为一般 A 类事故：

①造成 2 人死亡。

②造成 5 人以上 10 人以下重伤。

③造成 500 万元以上 1 000 万元以下直接经济损失。

④列车及调车作业中发生冲突、脱轨、火灾、爆炸、相撞，造成下列后果之一的：

a. 繁忙干线双线之一线或单线行车中断 3 h 以上 6 h 以下，双线行车中断 2 h 以上 6 h 以下。

b. 其他线路双线之一线或单线行车中断 6 h 以上 10 h 以下，双线行车中断 3 h 以上 10 h 以下。

c. 客运列车耽误本列 4 h 以上。

d. 客运列车脱轨 1 辆。

e. 客运列车中途摘车 2 辆以上。

f. 客车报废 1 辆或大破 2 辆以上。

g. 机车大破 1 台以上。

h. 动车组中破 1 辆以上。

i. 货运列车脱轨 4 辆以上 6 辆以下。

（2）有下列情形之一，未构成一般 A 类以上事故的，为一般 B 类事故：

①造成 1 人死亡。

②造成 5 人以下重伤。

③造成 100 万元以上 500 万元以下直接经济损失。

④列车及调车作业中发生冲突、脱轨、火灾、爆炸、相撞，造成下列后果之一的：

a. 繁忙干线行车中断 1 h 以上。

b. 其他线路行车中断 2 h 以上。

c. 客运列车耽误本列 1 h 以上。

d. 客运列车中途摘车 1 辆。

e. 客车大破 1 辆。

f. 机车中破 1 台。

g. 货运列车脱轨 2 辆以上 4 辆以下。

（3）有下列情形之一，未构成一般 B 类以上事故的，为一般 C 类事故：

①列车冲突。

②货运列车脱轨。

③列车火灾。

④列车爆炸。

⑤列车相撞。

⑥向占用区间发出列车。

⑦向占用线接入列车。

⑧未准备好进路接、发列车。

⑨未办或错办闭塞发出列车。

⑩列车冒进信号或越过警冲标。

⑪机车车辆溜入区间或站内。

⑫列车中机车车辆断轴，车轮崩裂，制动梁、下拉杆、交叉杆等部件脱落。

⑬列车运行中碰撞轻型车辆、小车、施工机械、机具、防护栅栏等设备设施或路料、坍体、落石。

⑭接触网接触线断线、倒杆或塌网。

⑮关闭折角塞门发出列车或运行中关闭折角塞门。

⑯列车运行中刮坏行车设备设施。

⑰列车运行中设备设施、装载货物（包括行包、邮件）、装载加固材料（或装置）超限（含按超限货物办理超过电报批准尺寸的）或坠落。

⑱装载超限货物的车辆按装载普通货物的车辆编入列车。

⑲电力机车、动车组带电进入停电区。

⑳错误向停电区段的接触网供电。
㉑电化区段攀爬车顶耽误列车。
㉒客运列车分离。
㉓发生冲突、脱轨的机车车辆未按规定检查鉴定编入列车。
㉔无调度命令施工，超范围施工，超范围维修作业。
㉕漏发、错发、漏传、错传调度命令导致列车超速运行。
（4）有下列情形之一，未构成一般C类以上事故的，为一般D类事故：
①调车冲突。
②调车脱轨。
③挤道岔。
④调车相撞。
⑤错办或未及时办理信号致使列车停车。
⑥错办行车凭证发车或耽误列车。
⑦调车作业碰轧脱轨器、防护信号，或未撤防护信号动车。
⑧货运列车分离。
⑨施工、检修、清扫设备耽误列车。
⑩作业人员违反劳动纪律、作业纪律耽误列车。
⑪滥用紧急制动耽误列车。
⑫擅自发车、开车、停车、错办通过或在区间乘降所错误通过。
⑬列车拉铁鞋开车。
⑭漏发、错发、漏传、错传调度命令耽误列车。
⑮错误操纵、使用行车设备耽误列车。
⑯使用轻型车辆、小车及施工机械耽误列车。
⑰应安装列尾装置而未安装发出列车。
⑱行包、邮件装卸作业耽误列车。
⑲电力机车、动车组错误进入无接触网线路。
⑳列车上工作人员往外抛物体造成人员伤害或设备损坏。
㉑行车设备故障耽误本列客运列车1h以上，或耽误本列货运列车2h以上，固定设备故障延时影响正常行车2h以上（仅指正线）。
国铁集团可对影响行车安全的其他情形，列入一般事故。
因事故死亡、重伤人数7日内发生变化，导致事故等级变化的，相应改变事故等级。
事故等级标准中所称的"以上"包括本数，所称的"以下"不包括本数。

二、事故报告

1. 基本程序

铁路事故发生后，事故现场的铁路运输企业工作人员或者其他人员应当立即向邻近铁路车站、列车调度员、公安机关或者相关单位负责人报告事故情况。有关单位和人员接到报告后，应立即将事故情况向企业负责人和事故发生地安全监管办的安全监察值班人员报告，安全监管办的安全监察值班人员按规定向安全监管办负责人报告。

铁路运输企业列车调度员要认真填写"铁路交通事故（设备故障）概况表"（安监报1），分别向事故发生地安全监管办安全监察值班人员、国铁集团列车调度员报告。

事故发生地安全监管办安全监察值班人员接到"安监报1"或现场事故报告后，要立即填写"铁路交通事故基本情况表"（安监报3），并向国铁集团安监局值班人员报告。报告后要进一步了解事实情况，及时补报"安监报3"。

涉及其他安全监管办辖区的事故，发生地安全监管办的安全监察值班人员应及时将"安监报3"传送至相关安全监管办的安全监察部门。

国铁集团列车调度员接到事故报告后，应及时收取或填写"安监报1"，并立即向值班处长和安全监察司值班人员报告；值班处长、安全监察司值班人员按规定分别向本部门负责人、国铁集团办公厅集团办公室报告，由部门负责人向集团领导报告。事故涉及其他部门时，由办公厅集团办公室通知相关部门负责人。

发生特别重大事故、重大事故，由国铁集团办公厅负责向国务院办公厅报告，并通报国家应急管理部等有关部门。

发生特别重大事故、重大事故、较大事故或者有人员伤亡的一般事故，安全监管办应向事故发生地县级以上地方人民政府及其安全生产监督管理部门通报。

国铁集团、安全监管办、铁路运输企业应向社会公布事故报告值班电话，受理事故报告和举报。

事故现场通话按"117"立接制应急通话级别办理。

2. 事故报告（通报）的主要内容

（1）事故发生的时间、地点、区间（线名、千米、米）、线路条件、事故相关单位和人员。

（2）发生事故的列车种类、车次、机车型号、部位、牵引辆数、吨数、计长及运行速度。

（3）旅客人数，伤亡人数、性别、年龄以及救助情况，是否涉及境外人员伤亡。

（4）货物品名，装载情况，易燃、易爆等危险货物情况。

（5）机车车辆脱轨辆数、线路设备损坏程度等情况。

（6）对铁路行车的影响情况，双线区间是否影响另一线。

（7）事故原因的初步判断，事故发生后采取的措施及事故控制情况，是否需要救护车、救援列车或起重机。

（8）应当立即报告的其他情况。

事故报告发出后，人员伤亡、脱轨辆数、设备损坏等情况发生变化时，应及时补报。

如发生列车冲突、脱轨或其他严重事故，当时虽未判明是否构成特别重大、重大、大事故，亦应按上述规定通报。

三、事故调查与责任评定

《铁路交通事故调查处理规则》规定，按事故的不同等级，组成相应的事故调查组，对事故进行调查、编写"铁路交通事故调查报告"并确定责任单位。

（1）特别重大事故按《条例》规定由国务院或国务院授权的部门组织事故调查组进行调查。

（2）重大事故由国铁集团组织事故调查组进行调查。调查组组长由国铁集团负责人或指定人员担任，安全监察司、交通运输局、公安局等部门和国铁集团派出机构、相关安全监管办等部门（单位）派人员参加。

（3）较大事故和一般事故由事故发生地安全监管办组织事故调查组进行调查。调查组组长由安全监管办负责人或指定人员担任，安全监管办安全监察部门、有关业务处室、公安机关等部门派人员参加。

国铁集团认为必要时，可以参与或直接组织对较大事故和一般事故进行调查。

根据事故的具体情况，事故调查组还可由工会、监察机关有关人员以及有关地方人民政府、公安机关、安全生产监督管理部门等单位派人组成，并应当邀请人民检察院派人参加。事故调查组认为必要时，可以聘请有关专家参与事故调查。

事故调查报告形成后，报经组织事故调查组的机关或者铁路管理机构同意，事故调查组工作即告结束。组织事故调查组的机关或者铁路管理机构应当自事故调查组工作结束之日起15日内，根据事故调查报告，制作事故认定书。事故认定书是事故赔偿、事故处理以及事故责任追究的依据。

事故责任单位和有关人员应当认真吸取事故教训，落实防范和整改措施，防止事故再次发生。

国务院铁路主管部门、铁路管理机构以及其他有关行政机关应当对事故责任单位和有关人员落实防范和整改措施的情况进行监督检查。事故的处理情况，除依法应当保密的外，应当由组织事故调查组的机关或者铁路管理机构向社会公布。

任务二　处理事故救援

铁路是国民经济的大动脉，列车的每一次鸣笛都承载着国家发展的脉搏。然而，当突发事故打破这份秩序，铁路人如何以钢铁般的意志和专业素养挺立潮头？事故救援不仅是技术与速度的较量，更是责任与担当的试金石。

在事故现场，时间就是生命，效率就是承诺。从脱轨列车的精准复轨到中断线路的快速抢通，从抢险设备的高效调配到救援队伍的协同作战，每一个环节都考验着铁路工作者的应急智慧与职业操守。面对复杂险情，唯有冷静判断、科学处置，才能将损失降至最低；唯有团结协作、无私奉献，才能让钢铁巨龙重新驰骋。

本任务将带领大家走进事故救援的核心现场，从应急预案的启动到救援设备的操作，从现场指挥的决策到团队协作的执行，深刻体会"人民至上、生命至上"的价值追求。当灾难来临，铁路人以血肉之躯筑起安全屏障，用专业技能诠释"对人民负责、为发展护航"的庄严承诺。让我们以行动为笔，书写铁路救援的英雄答卷；以责任为墨，绘就钢铁动脉的平安蓝图。

一、关于事故处理、救援的有关规定

1. 《铁路交通事故应急救援和调查处理条例》有关规定

（1）事故发生后，列车司机应当立即停车，采取紧急处置措施；对无法处置的，应当立即报告邻近铁路车站、列车调度员进行处置。

（2）为保障铁路旅客安全或者因特殊运输需要不宜停车的，可以不停车；但是，列车司机应当立即将事故情况报告邻近铁路车站、列车调度员，接到报告的邻近铁路车站、列车调度员应当立即进行处置。

2. 启动相应的应急预案

事故发生后，国务院铁路主管部门、铁路管理机构、事故发生地县级以上地方人民政府或者铁路运输企业应当根据事故等级启动相应的应急预案；必要时，成立现场应急救援机构。

现场应急救援机构根据事故应急救援工作的实际需要，可以借用有关单位或个人的设施、设备和其他物资。借用单位使用完毕应当及时归还，并支付适当费用，造成损失的，应当赔偿。

有关单位和个人应当积极支持、配合救援工作。

事故造成重大人员伤亡或者需要紧急转移、安置铁路旅客和沿线居民的，事故发生地县级以上地方人民政府应当及时组织开展救治和转移、安置工作。

国务院铁路主管部门、铁路管理机构或者事故发生地县级以上地方人民政府根据事故救援的实际需要，可以请求当地驻军、武装警察部队参与事故救援。

事故造成中断铁路行车的，铁路运输企业应当立即组织抢修，尽快恢复铁路正常行车；必要时，铁路运输调度指挥部门应当调整运输径路，减少事故影响。

3. 现场保护

有关单位和个人应当妥善保护事故现场以及相关证据，并在事故调查组成立后将相关证据移交事故调查组。因事故救援、尽快恢复铁路正常行车需要改变事故现场的，应当做出标记、绘制现场示意图、制作现场视听资料，并做出书面记录。

任何单位和个人不得破坏事故现场，不得伪造、隐匿或者毁灭相关证据。

二、事故救援

铁路发生行车事故后，应该根据应急预案进行应急处理，确定需要救援时，应及时派出救援列车赶赴事故现场进行救援工作，迅速起复机车、车辆，清除线路上的障碍，尽快开通线路，保证迅速恢复通车，把事故的损失和影响减少到最低限度。救援工作如组织指挥得当，可以迅速恢复行车，降低事故等级。因此，事故救援在铁路运输中有着重要的作用。

1. 树立抢通意识，加强救援起复组织

各铁路局、站段要建立健全事故救援领导负责制，制定和完善事故救援工作程序和抢险预案。一旦发生事故需要救援，各级有关领导必须立即赶赴现场，由一名主要领导负责，实行单一指挥。根据事故具体情况，迅速制定切实可行的抢通方案，抓好组织实施，以最短的时间，迅速复旧开通线路。各单位要听从指挥、通力合作，从人员、物资、车辆、生活等方面予以保证。

事故救援起复结束后，铁路局要及时召开救援总结会，讲评救援情况，做到奖优罚劣。

2. 依靠科技进步，加速救援手段现代化

各铁路局要积极采用新技术、新设备，提高应急、快速救援能力，适应事故救援工作的要求。要加快救援列车专用车辆更换客车改造；救援列车大型吊具全部更换改造为新型带状吊具；轨道车配备轻型合金钢复轨器。同时，要加快救援设备和机具的研制、开发，依靠科技进步向小型化、便捷化发展等。在设备研制开发中，有关部门要密切配合、大力支持，用较快的速度开发出实用、高效的新产品，提高救援能力；要尽快研制配备快速救援机具；要加强救援设备日常的修、管、用，保证设备处于良好状态。

3. 强化救援队伍培训，全面提高队伍素质

各单位要认真抓好救援专业队伍的日常培训，建立培训基地，定期组织培训、教育，提高救援队伍的整体水平，做到"练兵千日，用兵一时"和"召之即来，来之能战，战之能胜"。按照有关规定，事故救援工作要做到制度落实、组织落实、工具备品落实。对"三落实"的情况要定期进行检查，发现问题，立即整改。

4. 事故救援组织及设备

《技规》第20条规定："在国铁集团指定地点设事故救援列车、电线路修复车、接触网抢修车，并经常处于整备待发状态，其工具备品应保护齐全整洁，作用良好。"根据运输生产需要，铁路局应在无救援列车的编组站、区段站和二等站以上车站成立事故救援队，配备简易起复设备和工具。机车、动车、重型轨道车上均应备有复轨器和铁鞋。大型养路机械需配备专门起复装备及铁鞋。

国铁集团、铁路局应急救援指挥中心应配备相应的应急通信设备，确保事故现场的图像、话音及数据在规定的时限内传送至应急救援指挥中心。

5. 事故救援方法

救援的目的在于迅速开通线路、恢复通车，尤其是铁路干线和正线运输繁忙区段，必须以最快的速度、最短的时间，把事故机车、车辆，破损了的线路，快速抢修好，并清理好线路，为恢复通车创造条件。事故现场的救援指挥人员应利用事故现场的地形、地物、设备等有利条件，组织多种方法平行作业，争分夺秒，恢复通车。我国铁路职工在长期实践中，创造了许多救援方法，目前仍在普遍采用的有以下几种：

（1）原线复轨开通法。这是在列车运行或调车作业中发生事故，脱轨的机车车辆堵塞正线时，利用复轨器、千斤顶、轨道起重机，采用拉、吊、顶等方法，使脱轨的机车车辆重新复轨，开通线路，迅速恢复通车的一种普通而常用的方法。

（2）便线开通法。此方法是利用事故现场两侧的其他铁路线路和较好的地形，进行拨道或铺设临时线路，使正线尽快开通。

（3）拉翻法。此方法是将事故中阻碍行车的破损机车、车辆利用机车、起重机、拖拉机、大型拖车等机械拉倒或翻滚，使其离开堵塞正线，开通运行线路，迅速恢复通车。

（4）移车法。移车法有吊移和拉移两种。吊移是用起重机吊起，将车辆吊起离开线路临时放置。拉移是用人力或拖拉机，利用滑杆作用使车辆移动离开线路，迅速恢复通车。

项目二 学习事故后处理

铁路是国家经济发展的钢铁动脉,列车的每一次驰骋都承载着人民的希望与社会的重任。然而,当故障突发,当险情降临,铁路人如何以冷静、专业和担当守护这条动脉的畅通与安全?从现场处理的精准判断,到故障修复的规范操作,再到途中应急的果断决策,铁路检修工作不仅是技术的考验,更是责任的试金石。

每一次操作,都是对生命安全的承诺;每一次修复,都是对运输秩序的捍卫;每一次应急,都是对职业使命的践行。铁路工作者不仅是技术问题的解决者,更是铁路安全的守护者。面对复杂的故障现场,唯有以科学的态度、严谨的流程和高度的责任感,才能化险为夷;面对突发的紧急状况,唯有以冷静的判断、果断的行动和无私的奉献,才能保障列车平安。

本项目将带领大家走进铁路检修的核心现场,从现场处理的标准化流程到故障修复的闭环管理,从途中应急的快速决策到经验总结的深度优化,全面掌握铁路检修的全链条技能。我们不仅学习如何解决问题,更懂得如何从每一次故障中汲取经验,用技术守护安全,用责任捍卫使命。

铁路人的每一次行动,都是对"人民铁路为人民"初心的诠释;每一次修复,都是对钢铁动脉畅通的承诺。让我们以智慧为笔,以责任为墨,书写铁路检修的壮丽篇章,守护这条承载梦想与希望的钢铁巨龙。

任务一 现场处理流程学习

铁路运输的生命线在于安全,而安全的核心在于对突发故障的精准判断与高效处置。当列车因设备故障或突发状况停轮,检修人员不仅是技术问题的解决者,更是铁路动脉畅通的守护者。从车体外观的快速排查到关键系统的深度修复,每一个操作环节都关乎列车能否安全返场、重新投入运营。

现场处理流程不仅是技术规范的执行,更是对职业操守的深度诠释。检修人员需要在高压环境下保持冷静,以专业素养迅速定位故障根源,以严谨的态度完成每一个操作步骤。无论是断电隔离的规范操作,还是制动系统的精密调试,背后都承载着对人民生命财产安全的庄严承诺。

通过本任务的学习,学员将深入理解"快速、精准、安全"的现场处理原则,掌握从故障分级到修复验证的标准化流程。

一、初步检查与安全保障

目标：快速判断事故或故障范围，确保人员与设备安全，为后续修复提供基础。
操作步骤（以车辆故障为例）：

1. 安全防护
（1）防护装备穿戴：检修人员必须穿戴反光背心、绝缘手套、安全帽等防护装备。
（2）断电与隔离：立即切断故障车辆电源，设置接触网接地保护（参考《铁路机车车辆检修安全规程》第 3.2.1 条）。
（3）警示标志设置：在事故点前后 200 m 处放置红色信号灯或警示牌，防止二次事故。

2. 快速检查与故障定位
（1）车体外观检查：观察车体是否倾斜、部件脱落、明显变形（如车钩断裂、车窗破损）。
（2）转向架状态确认：检查轮对踏面擦伤、轴箱温度异常、减振器泄漏。
（3）制动系统检查：手动测试制动缸行程，确认管路是否泄漏。

3. 故障分级处理
（1）小件修（自检自修）：
处理简单故障，如更换熔断器、紧固松动的螺栓、清理制动管路异物。
需在 15 min 内完成并上报"车统-15A"记录。
（2）大件修（工长组织）：
需替换关键部件（如轮对、牵引电机、空气压缩机）时，申请临修线作业。
按标准执行拆解与装配流程。

二、关键系统故障处理

目标：针对列车核心系统故障，提供标准化解决方案。

1. 机车制动系统故障处理
常见故障：制动不缓解、制动距离异常、管路漏风。
处理流程如下：
（1）检查制动管路：使用肥皂水涂抹接头处，确认漏风点（重点排查主风缸与制动阀连接处）。
（2）更换制动闸瓦：若闸瓦厚度小于 10 mm（标准为 18 mm），需成对更换并调整间隙至 3~5 mm。
（3）测试制动性能：空压机充风至 600 kPa 后，保压试验 5 min 压力下降不超过 20 kPa。

2. 牵引与传动系统故障处理
常见故障：牵引无流、电机过热、齿轮箱异响。
处理流程如下：

（1）检查高压电路：使用万用表检测受电弓接触电压，确认无断路或短路。

（2）排查牵引电机：测量绕组绝缘电阻（应≥5 MΩ），检查碳刷磨损情况。

（3）齿轮箱维护：打开观察孔检查润滑油油质，若发现金属碎屑，需更换齿轮箱。

3. 轮轴故障处理

常见故障：轴温过高、轮辋裂纹、踏面剥离。

处理流程如下：

（1）轴温异常处理：使用红外线测温仪检测轴温，若超过环境温度+40 ℃，需立即停轮检修。

（2）踏面擦伤修复：轻微擦伤（深度≤0.5 mm）可现场镟修，严重擦伤（深度>1 mm）需更换轮对。

（3）轮辋裂纹应急处理：发现裂纹时，用红色油漆标记位置，禁止继续运行并申请扣车。

三、安全注意事项与操作禁忌

（1）协作配合作业：故障处理需至少2人配合，一人操作、一人监护（动车组途中应急处置为单人作业）。

（2）严禁带电维修：高压设备检修前必须验电并挂接地线（部分故障检修无须接触网断电，但需降弓）。

（3）避免盲目复位：控制系统故障需先读取故障代码，禁止反复重启导致故障扩大。

任务二　故障修复与后续管理学习

铁路检修不仅是对故障的修复，更是对隐患的预防；不仅是技术的执行，更是智慧的沉淀。当列车因故障停轮，检修人员不仅要以专业技能迅速解决问题，更需以系统思维总结经验，为未来的安全运行筑牢防线。从临修线上的精密操作到故障记录的深度分析，每一个环节都是铁路安全的基石，每一次改进都是对责任的延续。

在铁路运输的高速运转中，故障修复是"治标"，后续管理则是"治本"。从关键部件的更换到故障趋势的预测，从经验总结到流程优化，检修工作正在从被动修复走向主动预防。这种转变不仅依赖于技术的进步，更需要检修人员以"双归零"原则为指引——技术上追求零缺陷，管理上追求零漏洞。

本任务将带领大家深入临修现场，从故障修复的规范操作到后续管理的系统优化，全面掌握铁路检修的闭环管理理念。我们不仅要学会如何修复故障，更要懂得如何从每一次故障中提炼经验，用数据驱动决策，用创新优化流程。当每一次修复都成为改进的契机，每一次总结都成为未来的保障，铁路检修便不再是简单的技术劳动，而是对"人民铁路为人民"使命的深刻诠释。让我们以智慧为笔，以责任为墨，书写铁路检修的未来篇章。

一、临修线作业规范

目标：在专用场地内高效完成故障修复，确保车辆安全返场运营。
操作流程与规范（以车辆故障为例）：

1. 车辆解编与停放

（1）解编操作：
使用专用工具断开车钩、风管及电气连接，避免暴力拖拽导致二次损伤。
脱轨车辆需调用复轨器（如液压顶镐）复位，并检查轮对与轨道的匹配度。
（2）临修线停放要求：
故障车辆需停放在指定区域，与其他车辆保持 5 m 以上安全距离。
设置"禁止移动"警示牌，并登记车辆位置信息（车号、故障类型）。

2. 关键部件更换与修复

（1）轮对更换：
拆卸轮对前需释放轴箱弹簧压力，使用天车吊装至镟修工位。
新轮对安装后需测量轮缘厚度和内侧距。
（2）制动系统修复：
更换制动阀或主风缸时，需对管路进行吹扫（压力 0.6 MPa，持续 30 s）。
安装后执行"三充三排"操作，排除管路空气。
（3）修复后测试与验证：
静态测试：检查车体水平度，测量轮轴轴温。
动态测试：在试车线以低速（5~10 km/h）测试制动性能，确认无异响、无异常振动。
使用车载诊断系统读取故障码，确保无历史故障残留。

二、故障记录与经验总结

目标：通过系统化记录与分析，优化检修策略，降低故障复发率。
故障信息记录规范如下：

1. 填写要求

详细记录故障现象（如"制动缸行程超限，行程 45 mm/标准 35 mm"）。
附照片或视频证据（如轮对裂纹位置、烧损线缆断面）。

2. 电子化归档

使用铁路检修管理系统（RMS）上传数据，添加分类标签（如"制动故障""电气故障"）。

3. 故障分析与改进措施

（1）根因分析法（5Why）：通过连续追问"为什么"来深入挖掘问题的根本原因，而不是仅仅停留在表面现象上。这种方法的核心思想是通过系统性地提问，逐步剥离问题的表层原因，找到问题的根源，从而制定有效的解决方案。

例：某次牵引电机过热故障。

为什么过热？→轴承润滑不足。

为什么润滑不足？→注油周期未执行。

为什么未执行？→未设置自动提醒系统。

改进方案：引入智能润滑管理系统，每 500 km 自动提示注油。

（2）故障统计与趋势预测：按月统计高频故障类型，利用 SPC（统计过程控制）识别异常波动。

4. 故障总结与经验优化

（1）故障总结会：

每月组织全员会议，分析典型案例（如"轮对镟修后二次损伤"）。

制定《典型故障处理手册》，纳入新员工培训教材。

（2）安全与效率平衡策略：

①"双归零"原则：

技术归零：定位故障原因，修复至符合技术标准。

管理归零：检查制度漏洞，完善流程（如增加备件库存预警机制）。

②备件库存管理：

根据故障率动态调整库存，关键部件（如制动阀、轮对）设置安全库存量。

任务三　途中应急故障处理

铁路运输的高速运行中，突发故障现场是技术与责任的考场，是冷静与智慧的较量。当列车在千里铁道线上遭遇意外，司机和随车机械师的每一个判断、每一个操作都关乎列车的安全、乘客的生命和铁路的声誉。从受电弓降弓到牵引系统故障，从辅助电源失效到制动系统异常，每一次突发状况都是一场没有硝烟的战斗。

途中应急故障处理不仅是技术能力的体现，更是职业素养的试金石。面对突发状况，铁路工作者需要在有限的时间内迅速定位问题、果断采取措施，既要保障列车安全，又要尽量减少对运输秩序的影响。这种能力不仅依赖于扎实的技术功底，更需要在高压环境下保持冷静、精准决策的职业素养。

本任务将带领大家走进列车运行中的"战场"，从电力机车到动车组，从关键系统的应急处理到典型案例的深度剖析，全面掌握突发故障的应对之道。我们不仅学习如何在危急时刻化险为夷，更要从中汲取经验，培养"零失误、零容忍"的职业操守。当列车再次鸣笛启程，那是铁路人用智慧和责任守护的钢铁巨龙，是技术与担当共同书写的平安篇章。

一、HX$_{D}$3 型电力机车应急故障处理

（一）应急处理基本原则

（1）安全优先：操作前必须断开主断路器（VCB）、回零司控器手柄，穿戴绝缘防护装备，设置接触网接地保护。

（2）快速定位：通过微机显示屏（TCMS）读取故障代码，优先判断是否为可复位故障。

（3）分级处置：区分"自检自修"（如熔断器更换）与"临修扣车"（如轮对更换），需结合"车统-15A"记录规范操作。

（二）关键系统故障处理流程

1. 受电弓故障

（1）受电弓无法升起。

处理步骤：

① 检查升弓气路压力表（≥500 kPa），确认蓝钥匙开关处于"运行"位；

② 检查控制电器柜自动开关 QA41、QA42 是否跳脱；

③ 切换备用受电弓（HX$_{D}$3 型机车配置双弓）；

④ 若气路异常，启动辅助压缩机临时补风。

案例：某次升弓失败因高压接地开关误置"接地"位，复位后恢复正常。

（2）运行中受电弓自动降弓。

处理步骤：

① 立即停车，检查车顶有无异物或绝缘子破损；

② 检查自动降弓装置（ADD）管路是否泄漏；

③ 切换受电弓并隔离故障弓，维持运行至前方站。

2. 主断路器（VCB）故障

（1）主断路器合不上。

处理步骤：

① 检查网侧电压自动开关 QA1 状态；

② 确认紧急按钮未按下，司控器手柄回零；

③ 尝试微机复位（断合蓄电池闸刀 QA61）；

④ 若仍无效，检查主断控制器触点氧化情况。

注意事项：禁止反复闭合主断路器，防止过电压损坏设备。

（2）主断路器频繁跳闸。

处理步骤：

① TCMS 屏查看跳闸原因（过流、接地等）；

② 主变压器油温过高时，切除 1~2 台牵引风机降低负载；

③ 主回路接地需逐一切除主变流器（CI），定位故障点。

3. 牵引/制动系统故障

（1）提手柄无牵引力。

处理步骤：

① 检查停车制动是否缓解，监控装置有无卸载信号；

② 切除故障主变流器（CI）：进入 TCMS 屏"牵引变流器"菜单，隔离对应 CI；

③ 若多台 CI 故障，保留至少 3 台维持低速运行。

（2）制动系统惩罚制动。

处理步骤：

① 将自阀手柄置"抑制"位 1 min 复位；

② 检查制动显示屏（LCDM）风压数据，确认列车管泄漏率（≤20 kPa/min）；

③ 若列车管不保压，关闭故障车辆折角塞门并请求救援。

4. 辅助电源系统故障

（1）DC 110 V 电源（PSU）故障。

处理步骤：

① 检查 PSU1/PSU2 自动开关 QA51/QA52；

② 切换备用 PSU 并重启微机系统；

③ 若双 PSU 失效，启用蓄电池维持基本控制功能（限 30 min）。

（2）辅助变流器（APU）故障。

处理步骤：

① 检查 APU1/APU2 自动开关 QA45/QA46；

② 隔离故障 APU，通过 TCMS 屏切换至单 APU 供电模式；

③ 若全部 APU 故障，启用紧急通风维持关键设备散热。

二、CRH380A 型动车组应急故障处理

（一）动车组故障处理基本原则

在动车组列车乘务组人员构成中，动车组司机的主要职责是负责列车运行的安全正点，因此在行车设备发生故障时，故障处理应遵循以下原则：

（1）为保证动车组列车运行安全，司机和随车机械师应随时注意动车组运行状态，发现故障时应立即通知对方。遇动车组供电、空调故障等原因影响列车服务质量时，由随车机械师通知列车长；动车组故障造成列车停车、运缓或需要停车处理时，司机应向列车调度员报告，并通知列车长。

（2）动车组途中发生故障时，司机应按车载设备信息监控装置的提示，按步骤及时处理，并通知随车机械师。

（3）经处理确认无法正常工作时，司机应按车载信息监控装置的提示和随车机械师的要求，选择维持运行或停车等方式，并使用无线调度通信设备报告列车调度员或车站值班员。

（4）在运行中，司机不得离开座位；在停车状态下，除特殊情况外，司机不得离开司机室。

（5）故障处理时司机主要负责：

①行车安全装备司机室内开关、终端的操作；司机室内操控设备的操作；停车状态下司机室内可独立进行的其他开关的操作。

②为配合机械师处理故障司机室内相关开关的操作，司机应根据随车机械师的要求进行。

（二）CRH380A系动车组基本设备故障处理

CRH380A系动车组各类故障处理应遵循国铁集团文件要求执行，下面仅对该系动车组在进行故障处理时的基本操作进行讲解。

1. 高压设备故障

动车组高压系统设备是其动力系统的主要组成部分，同时还为客服系统提供电源，当高压系统设备发生故障，在进行故障处理或后续行车组织时，必须考虑客服系统的因素。当高压系统设备故障不能为客服系统提供电源时，应遵循相关规定组织旅客运输。

动车组司机操纵不当或因设备输出紧急制动等，都会造成动车组列车停在接触网分相无电区。正常情况下，动车组列车都具备采用换弓、退行闯分相等方式自救的可能性，只要列控车载设备设置得当，司机掌握了自动过分相装置的控制原理，依照动车组有两个或多个受电弓的条件，当停在分相无电区时，可以根据具体的停车位置、本身的设备条件、牵引供电设备状况等，确定是否可以采用换弓、退行闯分相等方式自救。

当具备自救条件时，司机应准确报告动车组停车位置，由列车调度员、供电调度员、动车司机调度员共同根据动车组类型、停车位置、牵引供电设备状况等确定自救方案，组织自救。

列车调度员还可根据运输组织情况采用向中性区远动送电的方式恢复列车运行。

2. 复位操作

1）RS复位操作

RS复位操作只对保护电器的轻故障起作用，当按压RS复位按钮时，恢复该设备控制电路上保护电器的联锁开关，使该设备重新投入工作。

在进行RS复位操作前，操作人员按压主控端司机室操纵台上的【复位】开关2~3 s，同一故障复位操作2~3次仍无效时，通知随车机械师处理。

具备复位操作的故障如表6-1所示。

表6-1　RS复位故障一览表

故障种类	保护动作			显示			复位方法及步骤
	VCB跳闸	K断开	变流器不输出	故障指示灯	显示器画面		
					故障代码	其他显示画面	
变压器三次侧接地	√	√	√	VCB	164	配电盘信息	RS复位，再次闭合VCB
直流过电压	—	√	√	—	004	变流器（各车）	RS复位
直流100 V异常	—	√	√	—	004	变流器（各车）	RS复位

续表

故障种类	保护动作			显示			复位方法及步骤
	VCB 跳闸	K 断开	变流器不输出	故障指示灯	显示器画面		
					故障代码	其他显示画面	
控制电源异常	—	√	√	—	004	变流器（各车）	RS 复位
闸控电源异常	—	√	√	—	004	变流器（各车）	RS 复位
微机异常	—	√	√	电气设备	139	配电盘信息	RS 复位
牵引电机过电流	—	√	√	—	004	变流器（各车）	RS 复位
牵引电机电流不平衡	—	√	√	—	004	变流器（各车）	RS 复位
脉冲发生器异常	—	√	√	—	004	变流器（各车）	RS 复位
主变压器二次侧接地1	—	√	√	—	004	变流器（各车）	RS 复位
主变压器二次侧接地2	√	—	—	电气设备 VCB	142 004	变流器（各车）配电盘信息	RS 复位，再次接通 VCB

2）大复位操作

所谓大复位操作，是指对动车组所有设备进行断电重置操作，对网络系统进行重新配置。列车断电后，制动系统会输出紧急制动，因此大复位操作应在停车状态下进行。

停车后，司机应断开 VCB，降下受电弓，关闭全列车侧拉门，将制动手柄置于"拔取"位，30 s 后重新投入制动手柄。

大复位操作后须对行车安全装备重新进行设置。

3. 典型案例

案例 1：受电弓无法升起。

案例概况：CRH380A-60×× 动车组 00 车主控，在运行途中 04 车受电弓自动降下，远程切除 04 车受电弓，升 06 车受电弓，06 车受电弓也无法升起。司机将 04 车受电弓远程切除复位后，换 01 车主控分别重新升 04、06 车受电弓，能够升起；保持受电弓升起、VCB 闭合状态之后再换回 00 车主控，继续行车。

原因分析：00 车总配电盘 F 板上 15（110 线）、16（111 线）针铜箔烧损，造成升弓时检测 EGS、VCB 状态回路的 110 线及 111 线断开，相当于 EGS、VCB 处于闭合状态，主控端 VCBRR、EGSR 继电器不能励磁，造成受电弓无法升起。

换 01 车主控时，由于烧损的是 00 车总配电盘 F 板上 15、16 针铜箔，01 车 VCBRR、EGSR 继电器仍可励磁，受电弓能够升起。

案例评述：

（1）运行途中，遇受电弓自动降下时，司机未经机械师允许，不得自行进行升弓操作，必要时随车机械师应下车目视检查受电弓状态。

（2）随车机械师在检查故障原因时，应从升降弓控制电路及受电弓工作原理入手，将两端司机室配电盘纳入检查范围，尽快排除故障或维持列车运行。

案例2：过分相后司机进行升弓操作时无法升起受电弓。

案例概况：2012年××月××日G××次，司机×××使用CRH380AL-6×××，在经过分相时按要求降弓通过，当越过分相后司机进行升弓操作时发现无法升起受电弓。随即司机立即按压"VCB断""受电弓折叠"按钮，再次进行升弓操作后，受电弓正常升起。

原因分析：动车组在越过分相后，地面的磁钢点发出闭合"VCB"的指令，当"VCB"在闭合状态时将无法升起受电弓。动车组列车在高铁上使用RBC过分相时，分相前降弓，越过分相后由于RBC发出"主断合"的指令，所以动车组也将无法升起受电弓。

案例评述：由于380A系动车组升弓控制电路串有VCB联锁，当VCB处于闭合状态时，升弓控制回路被切断，在进行升弓操作时受电弓将无法升起，遇有此种情况时，司机应进行断电、降弓操作后，再次进行升弓作业。

案例3：牵引变流器故障。

案例概况：CRH380A-60××动车组运行途中，07车报牵引变流器故障（005、141）。司机得到机械师RS复位通知后进行复位操作，随车机械师发现7车牵引变流器显示CI故障和主电路元件异常。随车机械师立即通知司机远程切除7车，并闭合VCB维持运行。随车机械师前往7车，断开CICN1牵引变流器空开，数秒后合上。接着通知司机远程恢复7车，故障消除。

原因分析：网压异常波动，引起牵引变流器故障。

案例评述：牵引变流器故障（005、141），在RS复位无效后，可对设备进行断电复位操作，切除故障牵引变流器所在动车后，可尝试断开【牵引变流器1】复位。

案例4：辅助电源装置135故障。

案例概况：CRH380A-60××动车组运行途中，在过分相区后，MON报04、05车牵引变流器004、MTR油流，5车辅助电源装置135故障。随车机械师根据车辆故障及监视器画面信息，判定为05号车APU3故障造成其他两个故障的连带发生，通知司机配合进行BKK2扩展供电，由00号车APU对二单元04、05号车风机负载进行供电，维持运行。列车折返运行5 min后，监视器报00车APU故障135。随后随车机械师将二单元04、05车动车及风机负载切除，并且01车对00车进行了BKK扩展供电，维持运行。

原因分析：05号车APU3故障是由于APU3内输入电源接触器K1卡滞，造成APU3报135故障，后续00车APU故障是由于扩展供电后"BKK延时控制"断路器未合，复位后即可恢复。

案例评述：辅助电源装置故障时，因影响车厢客服系统工作，所以正常情况下机械师应进行BKK/BKK2扩展供电。在操作时，司机可根据随车机械师的通知配合作业，机械师作业完毕后应通知司机，司机须通过MON屏进行必要的检查和确认。

案例5：重联继电器烧损故障。

案例概况：CRH380A-6××1+6××2列重联运行，6××2动车组00车主控，经过分相区时，6××1全列无电，列车起紧急制动。随车机械师接通6××1列1车总配盘102E与105应急开关后，6××1全列恢复供电，紧急复位后故障解除。

原因分析：6××1列01车总配电盘F板JBVR1并联的二极管击穿，造成6××1（后列）105线失电，随即6××1全列失电，产生紧急制动。

案例评述：动车组重联运行时，若通过分相无电区后动车组发生紧急制动，大多情况是重联发生故障，在紧急制动停车后，司机根据机械师要求进行配合作业，必要时进行解编重联作业。当紧急制动安全回路失电时，动车组会发生紧急制动，随车机械师可优先尝试将后列动车组重联端总配电盘短接开关盘中的102E与105线短接。

案例6：侧拉门无法打开。

案例概况：CRH380A-60××动车组运行到站，司机集控开门时，发现1车1位侧车门无法打开，为确保途中运行安全，随车机械师将该车门隔离后通知司机正常运行。

原因分析：车门外侧手动锁卡滞，使车门开关动作机构处于压紧状态，车门无法开启。

案例评述：站停时，随车机械师可尝试到门外对手动锁进行复位操作。

案例7：抱死1。

案例概况：CRH380A-60××运行途中00车报"抱死1故障（151）""制动控制装置速度发电机断线1故障（060）"。司机立即采取快速制动停车，停车后随车机械师立即对故障车做了关门车处理，司机将手柄放在快速位并进行紧急复位，恢复运行。

原因分析：速度传感器上粘着的铁丝将一对磁极连接，导致速度传感器检测失效，BCU检测不到1轴的速度信号，进而报抱死1故障。

案例评述：发生抱死1故障（151）、制动控制装置速度发电机断线1故障（060）时，司机应按规定采用快速制动停车，停车后随车机械师应按规定下车检查走行部状态，进行速度不超过5 km/h的滚动试验，以检查轮对状态。

案例8：轴温报警。

案例概况：CRH380A-60××动车组运行途中，03车报轴温1、轴温2故障（154、155）。司机停车，随车机械师立即下车对故障部位用点温仪测量温度。03车实际检测温度为8 ℃，又检测相邻两车温度做比较，02车实际检测温度为6 ℃，04车实际检测温度为5 ℃，温度正常，动车组继续运行。

原因分析：03车轴温传感器故障。

案例评述：动车组运行途中发生轴温故障报警或接到轴温报警的通知时，司机应根据实际情况采用不同等级的制动措施立即停车，随车机械师需下车检查轴箱及齿轮箱的温度，并反馈司机。

案例9：蜂鸣器长鸣。

案例概况：CRH380A-6××1+6××2重联动车组运行途中，过完分相后，4个司机室设备紧急蜂鸣器长鸣不止，随车机械师分别将4个司机室蜂鸣器切除旋钮开关断开后再复位，故障未消除。

原因分析：6××1动车组04车终端装置CN2航插22针接触不良，电源输入线M280失电。

案例评述：蜂鸣器是动车组设备故障的声音报警信号，在列车运行中不得随意切除，故障未排除前，随车机械师应尝试将各车厢组合配电盘中【故障蜂鸣器断开切除开关】断开再投入来判断故障点，不可随意将司机室蜂鸣器开关做切除处理。

案例10：空压机油温高。

案例概况：CRH380A-60××动车组运行途中，03车报"空气压缩机油温高"，故障代码为080，随车机械师查看MON屏中03车配电盘信息，发现"压缩机"项显示红色，其他信息显示正常。检查 03 车组合配电盘，发现"空气压缩机控制"空开断开，其他空开均处于正常位，通知司机远程切除 03 车空压机继续运行。5 min 后随车机械师将"空气压缩机控制"空开恢复到"开"位，并通知司机恢复空压机，故障消除。

原因分析：主空压机散热不良。

案例评述：

（1）CRH380A 系动车组几台空气压缩机通过同步继电器控制同时进行工作，当发生一台空气压缩机油温高故障时，可及时切除故障空压机，待冷却后复位。

（2）当有压缩机停止工作或被切除后，司机要注意观察总风压力状况，确认压缩机泵风时总风压力回升情况，并密切关注总风压力。

模块小结

事故后检修处理是铁路安全运行的最后一道防线，也是铁路人践行使命的核心能力。本模块聚焦"事故分级—应急处置—修复管理—经验优化"全链条，系统化构建了事故后处理的知识框架与实战技能体系。

一、核心要点回顾

1. 事故分级与响应

依据人员伤亡、经济损失、线路中断时间等标准，精准判定特别重大、重大、较大及一般事故等级。

遵循"117"应急通话与"安监报"制度，规范执行事故报告程序，确保信息传递及时全面。

2. 现场救援与抢通

掌握原线复轨、便线开通、拉翻法等六大救援技术，灵活运用轨道起重机、复轨器等设备，践行"快速抢通、安全第一"原则。

以 HX_D3 型电力机车、CRH380A 动车组典型故障为蓝本，强化途中受电弓降弓、牵引系统故障等应急场景的处置能力。

3. 闭环管理与技术提升

推进"双归零"理念：技术归零锁定故障根源，管理归零完善制度漏洞；通过根因分析（5Why）、趋势预测（SPC）实现经验沉淀。

规范临修线作业标准，从轮对更换到制动调试，每一环节均需验证修复质量，形成"检修—测试—归档"的完整闭环。

二、学习成效凝练

（1）知识深化：从法规条文到技术标准，构建事故处理的完整知识体系。

（2）能力进阶：从事故判级到故障修复，掌握铁路检修的"快、准、稳"核心技能。

（3）素养升华：强化"生命至上"的底线思维，淬炼"临危不乱"的职业定力，厚植"精益求精"的工匠精神。

三、未来践行方向

事故处理绝非终点，而是优化体系的新起点。希望学员以本模块为基础，在实践中深化三点认知：

（1）安全无小事：以"零容忍"态度对待隐患，将标准化流程融入每一次操作。

（2）技术需深耕：持续学习新型救援设备与智能诊断技术，适应铁路现代化发展需求。

（3）责任即担当：在危机中锤炼团队协作与大局意识，以专业守护钢铁动脉的畅通无阻。

钢铁长龙奔腾不息，安全责任永驻心间。愿每一位铁路人携责任前行，持匠心护航，以今日所学筑明日之安！

🔧 任务实战

任务名称:"生命线 48 小时"——多场景铁路事故应急处理全景演练。

一、任务目标

(1)能力融合:综合应用事故分级、救援协作、设备修复全流程技能,强化"决断力—执行力—反思力"的闭环素养。

(2)实战检验:在模拟高压环境中,完成角色协同、技术操作与应急管理的一体化考核。

(3)创新优化:基于演练暴露的"短板",提出技术或管理改进方案,践行"双归零"原则。

二、任务场景与流程

1. 背景设定

模拟某干线暴雨天气下,HX_D3 型机车牵引的货运列车因线路塌方导致 3 节车厢脱轨(含 1 辆危险品罐车),并撞击相邻线路上载客动车组(CRH380A 型),引发双线中断、旅客轻伤、设备损毁的复杂事故。

2. 阶段任务与考核点(见表 6-2)

表 6-2 考核点

阶段	任务内容	考核要点	工具/设备
第一阶段:事故初判与上报(20 min)	(1)根据现场视频、虚拟伤亡数据、经济损失模拟,判定事故等级。(2)填写"安监报1"并完成多部门信息通报(调度中心、地方政府、消防/医疗)	● 事故分级准确性;● 报告内容完整性(时间、地点、伤亡、影响范围等)	事故模拟系统、电子报告模板(含逻辑校验功能)
第二阶段:紧急响应与指挥(40 min)	(1)成立现场指挥部(角色包括指挥长、救援队长、安全监督员、舆情联络员)。(2)制定抢通优先级:危险品处置、伤员疏散、复轨顺序。(3)调配救援列车、起重机、应急照明设备至虚拟定位点	● 多角色协调效率;● 决策合理性(如先隔离危化品再救援);● 资源调度精准性	虚拟 GIS 地图调度系统、多角色通信设备(模拟对讲机)
第三阶段:现场救援与修复(90 min)	操作环节:(1)脱轨车辆复位:使用液压复轨器完成货厢抬升复位(需计算支点压力值)。(2)变线抢通:在沙盘模型上铺设临时轨道,确保动车组迂回通行。(3)设备检修:诊断 CRH380A 受电弓受损情况,演练受电弓更换与高压测试	● 设备操作规范性(如复轨器角度误差<3°);● 技术标准执行度(如新轮对内侧距 1 353 mm ± 1 mm);● 安全防护操作(接地线设置、绝缘测试)	物理模拟沙盘、液压复轨装置、动车组受电弓拆装平台(实物或 3D 虚拟仿真)
第四阶段:复盘与提案(30 min)	(1)分析演练中的关键失误点(如危化品处置延时),完成"故障归因分析表"。(2)提出改进方案(如开发便携式危化品检测设备,优化跨部门通信协议)	● 根因分析深度(5Why 法应用);● 方案创新性及可行性	智能白板(支持思维导图生成)、提案评分系统

三、任务特色

（1）全要素融合：融入"人-设备-环境"三重故障诱因（自然灾害、设备老化、操作失误），最大限度还原真实复杂场景。

（2）虚实结合训练：物理沙盘操作与虚拟仿真（VR 危险品处置）互补，兼顾操作手感与高风险场景的安全性。

（3）动态难度升级：系统随机触发二次灾害（如断电、通信中断），强制学员调整预案并锻炼抗压能力。

四、考核与反馈

1. 多维评分体系

技能分（60%）：操作规范性、技术标准符合度。

协作分（30%）：角色响应速度、指令传达清晰度。

创新分（10%）：归因分析深度与提案价值。

2. 智能反馈系统（需有硬件配套）

通过穿戴设备捕捉学员操作轨迹，生成热力图提示动作冗余或错误。

自动推送"典型案例对比报告"，关联历史事故数据优化决策参考。

"安全没有彩排，每一次演练都是实战。"在"演"中淬炼技术，在"练"中升华责任，真正成为铁路安全的守护者！

模块七　检修管理与质量控制

铁路机车的安全运行，既依赖于钢铁之躯的精密构造，更仰仗于检修管理的科学统筹。检修管理如同精密齿轮的啮合，将分散的工序串联为高效运转的体系；质量控制则如无声的标尺，丈量着每一次检修对生命的承诺。从计划编排的严谨推演到数据驱动的持续优化，从车间组织的协同作战到工艺创新的破局蝶变，检修管理与质量控制共同构筑起铁路运输的"隐形护盾"，让速度与安全在动态平衡中绽放光芒。

本模块聚焦检修管理的系统思维与质量控制的科学闭环，既解析全链条管理的顶层设计逻辑，又深挖工艺细节的优化潜能；既强调标准规范的刚性约束，又激发技术迭代的柔性突破。通过理论与实践融合，我们将掌握检修资源的最优配置法则，领悟质量管控的核心方法论，在数据与经验的交响中锻造"管理为纲、质量为先、创新为翼"的现代检修理念。

学习目标

【知识目标】

1. 检修管理核心架构

（1）掌握检修计划编制要素（周期设定、资源调配、风险评估）及动态调整原则；

（2）熟悉检修车间功能区划（解体区、检测区、组装区）与作业流程标准化管理要求。

2. 质量控制方法论

（1）理解质量控制体系构成（标准制定、过程监控、结果评估）与 PDCA 循环的应用逻辑；

（2）掌握检修工艺优化路径（工装改进、参数修正、自动化替代）与数据分析模型（故障率统计、寿命预测）。

3. 行业规范与创新趋势

（1）基于质量管理核心标准（ISO 9001、铁路检修规程）及不合格品处置流程；

（2）熟悉数字化质检技术（三维扫描、AI 缺陷识别）与绿色再制造技术的发展方向。

【能力目标】

1. 管理实践能力

（1）能编制兼顾效率与安全的月度检修计划，合理平衡人力、设备、时间资源；

（2）能设计车间 6S 管理方案（整理、整顿、清扫、清洁、素养、安全），优化作业动线。

2. 质量管控能力

（1）熟练运用质量控制工具诊断工艺缺陷，制定纠正措施；

（2）能通过数据挖掘识别高频故障模式，提出预防性维修策略。

3. 应急与协同能力

（1）能模拟突发质量事故的应急响应流程，协调多部门快速处置；

（2）具备跨专业协作能力，能将技术数据转化为管理层决策依据。

【素质目标】

1. 精益求精的工匠精神

（1）树立"零缺陷"质量意识，坚守"不合格不下线"的职业底线；

（2）培养"数据即资产"的认知习惯，主动利用信息化工具提升工作精度。

2. 创新驱动的改革魄力

（1）敢于挑战传统工艺瓶颈，在合规框架内探索降本增效的创新方案；

（2）关注全球先进检修模式，推动本土化应用实践。

3. 协同共进的全局观念

（1）理解"大质量观"内涵，主动衔接设计、生产、运营全生命周期管理；

（2）能在多元利益诉求中坚守质量红线，以专业担当捍卫行业公信力。

模块学习寄语

检修管理是科学与艺术的交融，质量控制是理性与温度的共生。每一份工单的签批、每一组数据的分析、每一次工艺的革新，都在为中国铁路的壮阔征程注入坚实力量。愿你们以管理为笔、以质量作墨，在标准化与创新性的交响中书写新时代的检修答卷，让中国铁路的脉搏在你们手中跳动得更加稳健、更加激昂！

项目一　检修管理

中国铁路的钢铁巨龙承载着亿万吨货物与千万旅客的信任，其安全运行离不开检修管理的系统性支撑。在智能化时代，检修管理已从传统的"经验主导"转向"数据赋能"——通过物联网技术实时监测机车轴温、振动频谱等关键参数，利用大数据算法预测齿轮箱寿命，借助数字孪生技术模拟检修流程的瓶颈环节。这些技术革新不仅提升了检修效率，更将隐患扼杀于萌芽。例如，某型电力机车牵引电机曾因绝缘老化引发故障，通过加装智能传感器与边缘计算模块，实现了过热预警响应时间从 24 h 缩短至 15 min，避免了重大行车事故的发生。

检修管理的核心价值，在于将零散工序整合为全生命周期管理体系。从 C1 修的日常巡检到 C6 修的全面解体大修，每一级修程都需精确匹配机车运行状态与运输需求。这背后是严密的资源调度艺术：人力配置需兼顾技师技能矩阵与弹性排班需求，设备使用需平衡专用工装的独占性与共享设备的流动性，时间管理需运用关键路径法压缩非增值等待时间。在春运等运输高峰前夕，检修部门需与调度指挥中心深度协同，通过"天窗期"优化检修计划，既确保机车健康状态，又最大限度减少对运输秩序的干扰。

中国铁路从"追赶者"到"领跑者"的跨越，正是检修管理与质量控制协同进化的缩影。当"复兴号"以速度 350 km/h 穿行于雪域高原，当重载列车牵引 3 万吨货物驰骋于大秦铁路，这些壮举的背后，是无数检修工程师在车间里的精益求精、在数据屏前的抽丝剥茧、在应急预案中的果敢决断。他们用毫米级的精度守护着千里铁道的安全，用创新性的思维突破技术壁垒，用全局性的视野平衡安全与效率——这正是新时代铁路人"技术为基、质量为魂、安全为本"的价值坚守。

任务一　认识铁路运输系统

一、检修计划的战略意义

检修计划是铁路机车全生命周期管理的"中枢神经"，贯穿设备服役的始终。它以"预防为主、精准施策"为核心导向，统筹人力、设备、时间三大资源，平衡安全需求与经济成本，确保列车检修工作科学有序、风险可控。在智能铁路时代，检修计划更需融合大数据预测、人工智能算法，实现从"经验驱动"向"数据驱动"的跨越升级。

二、检修计划的核心要素

(一)周期设定

1. 差异检修

依据机车类型、运行里程、部件寿命等参数,参照《铁路机车检修规程》分级标准(C1~C6修),制定差异化检修周期。

2. 动态调整

结合历史故障数据与实时监测信息,动态调整计划周期,如重载机车因载荷强度高可缩短检修间隔。

3. 精准检修

集成车载监测系统(见图7-1)实时数据,构建寿命预测模型,实现"一车一策"精准化周期设定。

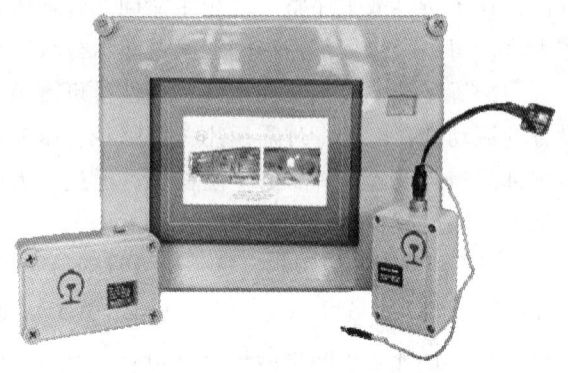

图 7-1　集成车载监测系统

(二)资源调配

1. 人力资源

建立技师能力评价体系,动态匹配检修任务复杂度。按工种技能矩阵配置检修班组,匹配高峰时段弹性增员机制。

2. 设备资源

开发"工装共享平台",对轮对镟修机、制动试验台等关键设备实施物联网化管理。通过RFID标签实时监控设备状态与占用情况,系统自动推送空闲设备至待处理工单,统筹专用工装与共享设备的使用优先级。

3. 时间资源

在整车联调阶段,采用关键路径法优化工序衔接,同步开展制动试验与网络通信测试,利用数字孪生技术虚拟验证兼容性,减少物理调试次数,减少非增值等待时间。

（三）风险评估

1. 故障分析

组建跨部门专家团队，开展故障模式与影响分析，对转向架、牵引系统等核心部件开展故障模式与影响分析，识别高发故障点，量化风险优先级指数（RPN=严重度 S×发生度 O×探测度 D），对 RPN>100 的高风险项强制纳入检修计划，重点项优先纳入计划重点。

2. 应急预案

建立应急预案库，针对极端天气、配件短缺等突发情况，协调本地库存调配、跨局联合抢修，预留缓冲资源。

3. 供应保障

与配件供应商建立"安全库存+紧急调拨"机制，防范配件断供风险。

三、计划执行的动态管控

（一）智能调度系统应用

1. 智能识别

通过制造执行系统实时追踪作业进度，扫描工单二维码自动获取检修任务详情，实时采集作业进度，自动触发预警机制，在关键工序部署工业相机，基于深度学习算法识别微米级装配偏差，自动生成整改建议。

2. 资源配置

构建三维虚拟检修车间，模拟不同资源分配方案的效果；利用数字孪生技术模拟检修场景，预判瓶颈环节并优化资源配置；引入强化学习算法，根据实时任务队列动态计算工单优先级。

3. 节点控制

设立"里程碑"节点，采用 PDCA 循环进行阶段性质量验证与计划修正，每周召开计划执行复盘会，分析偏差原因，制定纠正措施并更新至下一周期计划。

（二）闭环反馈与持续改进

1. 效能评估

通过 BI 工具生成动态仪表盘，直观展示各车间效能对比，检修准时率≥95%、返工率≤3%、成本偏差率±5%，按月生成雷达图分析报告。

2. 质量溯源

通过二维码/BIM 技术记录部件检修历史，实现全生命周期数据链追溯。建立"一车一档"电子化管理系统，集成设计图纸、检修记录、故障履历，为技术改进提供数据支撑。

3. 建立资源库

建立"故障案例库"与"最佳实践库",将经验转化为标准化作业指导书、标准化作业视频与三维动画指导书,通过 AR 眼镜实时推送至作业现场,减少人为失误。

(三)智能化工具提升执行效能

1. 智能化赋能

在关键设备部署智能传感器,实时采集振动、温度、电流等参数,通过边缘计算实现异常状态的即时报警。应用 RFID 电子标签对配件进行全流程追踪,从入库、领用到装车实现"一物一码"管理,杜绝错装、漏装风险。

2. 模型预测

构建检修历史数据库,结合机器学习算法分析故障关联性,动态调整检修策略。例如,发现某型号机车制动闸片磨损速度与线路坡度强相关时,自动缩短高坡度区段机车的检修周期。开发"资源冲突预警模型",预测人力、设备、场地资源的供需矛盾,提前启动应急调配预案。

(四)跨部门协同与应急响应

1. 多级联动

建立"检修-调度-物资"三方协同平台(见图 7-2),实时共享检修进度、列车调度需求与配件库存数据。例如,在突发故障抢修中,调度部门可优先安排空车回送,物资部门快速调拨应急备件。推行"检修窗口期"协商制度,与运输部门联合评估非高峰时段检修可行性,最大限度减少对运输秩序的干扰。

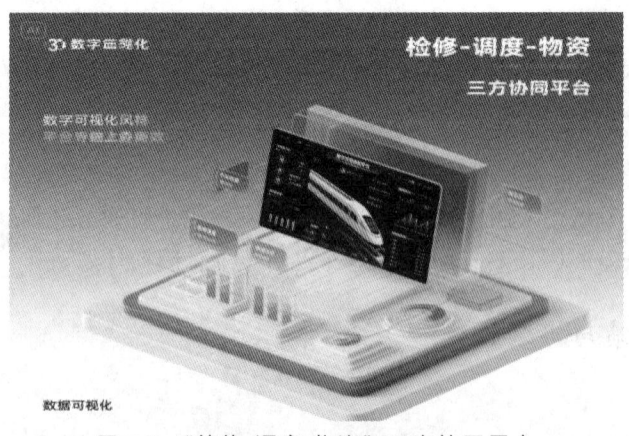

图 7-2 "检修-调度-物资"三方协同平台

2. 应急处置

制定"分级响应"预案:一级事件启动全段应急指挥中心,二级事件由车间主任直接协调。开展"双盲演练"(不提前通知时间、不预设场景),模拟接触网断电、检修设备宕机等极端情况,检验团队快速恢复能力并完善应急预案。

任务二　检修车间的组织与管理

检修车间的组织与管理

铁路机车检修车间是保障列车安全运行的核心战场，也是技术、管理与人文精神的交汇点。从锈迹斑斑的转向架拆解到焕然一新的整车落成，从精密仪器的毫厘校准到跨工种的协同攻坚，检修车间的每一道工序都凝结着精益求精的匠心与系统化管理的智慧。在智能化与绿色化并行的新时代，检修车间已从传统的"劳动密集型"作业场域转型为"数据驱动、人机协同"的现代化生产单元，承载着中国铁路从规模扩张向质量效益升级的战略使命。

一、检修车间的功能规划

遵循"解体→检测→修复→组装"工艺顺序，避免逆向物流导致的交叉污染与效率损耗。人机工程学考量：工作台高度适配人体工学标准，重型工具配备助力机械臂，减少作业疲劳，危险区域设置红外感应自动门禁，实现人机隔离。

（一）功能分区科学化

1. 解体区

配置重型起重设备与自动化拆解机械臂，实现机车快速分解。采用磁性分拣系统对螺栓、垫片等小件分类回收，降低损耗率。

2. 检测区

划分无损探伤、电气试验、机械测量（轮对尺寸激光扫描）三大子区域，配备 AI 视觉质检系统，自动识别齿轮啮合偏差、轴承游隙超限等缺陷，提升检测效率。

3. 修复区

按部件类型设立专业化工作站。例如，转向架修复站配备轮对镟修机、轴承压装机；牵引电机修复站集成真空浸漆设备与动平衡测试仪，确保修复精度。

4. 组装区

应用数字孪生技术模拟装配流程（见图 7-3），通过 AR 眼镜引导技师完成复杂部件的精准对接，降低装配失误率。

图 7-3　数字孪生技术模拟装配图

（二）基础设施智能化

1. 数字孪生车间

基于 BIM 技术构建三维可视化模型，实时映射设备状态、工单进度、能耗数据，通过模型预测某工位用电峰值，动态调整作业排程以规避电网超负荷风险。

2. 物联网全覆盖

在关键设备安装传感器，数据实时上传至云端分析平台，系统自动触发停机检修指令，避免设备故障扩大化。

二、标准化作业流程管理

（一）作业流程规范化

1. 标准制定

工序分解明确每个步骤的操作标准、工具使用与质量要求，建立"红黄绿"三级异常响应机制：绿色异常由班组长现场处理；黄色异常需技术主管复核；红色异常立即启动全车间会审。

2. 可视化指导

制作 3D 动画与实景拍摄结合的操作视频，嵌入工位电子看板，技师扫描部件二维码即可调取相关标准作业程序（SOP），确保作业规范性。

（二）人员能力矩阵管理

1. 技能认证

实施"五级八挡"技能评定体系：初级（能独立完成单项作业）、中级（掌握系统级检修）、高级（具备故障诊断与工艺优化能力）、专家级（主导技术创新）、大师级（行业技术权威）。每季度开展技能比武，动态更新人才库。

2. 协同培训

开设"机械-电气复合型技师"培养项目，要求学员掌握转向架机械检修与牵引变流器调试双重技能，通过培训激发多技能发展积极性。

三、安全管控体系构建

（一）安全设计

1. 硬件防护

在高压试验区设置双重绝缘屏障，配备漏电保护装置；起重设备加装超载限位器与防摇摆控制系统，吊装偏移量控制在 ±5 cm 内。

2. 工程优化

采用声光报警联动系统,当人员误入带电区域时,地面警示灯带闪烁红光并触发语音提醒,同步切断设备电源。

(二)行为安全管理

1. 双确认制度

高风险作业,如密闭空间焊接,需执行"操作人-监护人"双签名确认,并通过智能手环监测人员生命体征,异常时自动启动救援流程。

2. VR 安全实训

开发虚拟现实培训系统,模拟机械伤害、电气触电、化学品泄漏等 20 类事故场景。学员需在虚拟环境中完成隐患识别、应急逃生与救援操作,考核通过率作为上岗前置条件。

四、技术创新

(一)数字化赋能

1. AI 辅助

开发故障诊断专家系统,输入症状描述后,系统自动匹配相似案例库,推荐检测顺序与处理方案,提高诊断准确率。

2. 质量追溯

为每个配件赋予唯一数字身份,记录生产批次、安装时间、检测数据。当某批次轴承出现批量故障时,快速锁定全路范围内装车位置,提升召回效率。

(二)绿色检修技术

1. 再制造工艺

对报废轮对采用激光熔覆技术修复磨损表面,提高材料利用率,旧绝缘材料经低温裂解处理后转化为路基填料,实现资源循环利用。

2. 清洁生产

推广以水性清洗剂替代汽油,减少挥发性有机物排放;焊接烟尘经静电除尘+活性炭吸附双重处理,提高净化效率。

五、动车组的检修组织实例

与既有铁路列车相比,动车组运行速度高、连续运行的里程长,且集成设备规模大,这就对其运行安全性、可靠性和时间性等方面提出了更高的要求。

我国动车组采用计划性（预防修）的检修体制，划分成五个等级，等级越高，检修越深入（见图7-4）。一、二级为运用检修，在"小诊所"——动车所实施；三、四、五级为定期检修，在"综合性医院"——动车基地实施。

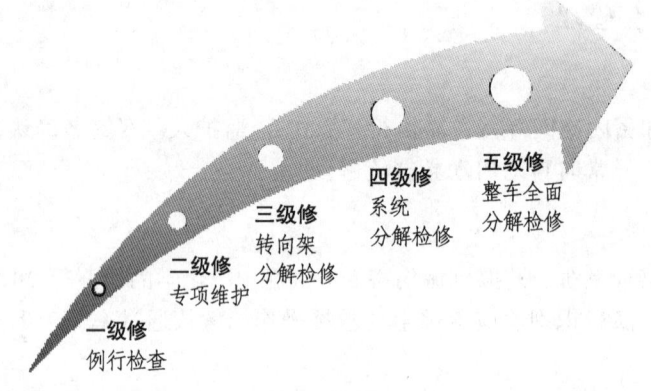

图 7-4 动车组检修级别

动车运用所和动车段（基地）是我国动车组运用和检修的主体（见图7-5），是确保动车组安全正点运营的重要支撑。其中，动车运用所负责完成动车组的一、二级运用检修，并承担动车组运用工作。动车运用所一般设置于客流量较大区域且在动车组集中始发、到达的站区附近，以满足开行的需要，同时还要考虑取送车方便，避免频繁切割正线。

（a）动车所　　　　　　　　　　　　（b）动车段

图 7-5 动车组运用与检修基地

动车段负责实施动车组的三、四、五级检修，为定期检修。动车段一般位于动车组或高速线路集中的枢纽站区，具备区域辐射（覆盖）作用。目前，全国已经建成北京、上海、武汉等7个检修基地。

动车组在实际运用中，一般白天担当交路，夜间进行维护。一、二级检修为运用检修，在动车所内进行，以维护保养为主。

一级修以动车组技术状态例行检查为主。为提高动车组检修效率，实现检修立体作业，动车组检查库整备线设置了顶层、中层、底层三个作业面，集成为立体作业平台（见图7-6）。

利用库内三层工作平台，对动车组车顶、两侧与车内、车下进行快速例行检查，重点为走行部、车顶高压、制动设备等，此外还包括吸污上水、车内外保洁等整备作业。

图 7-6　三层作业平台

一级检修作业内容：完成动车组易损易耗部件的更换、调整和补充；通过人工目视和车载信息系统对动车组技术状态和部分技术性能进行检查检测；处理临时发生的故障。

一级修作业特点：实行以快速检查为主的例行检修，采用一体化作业方式。

一体化作业实施：以动车所为主体，在动车所的统一组织安排下，通过严密的计划管理和作业节拍控制，各相关检修单位严格按规定的作业流程与节拍时间、作业范围与工作界面，各负其责、平行作业、分部签认交接，联合进行动车组检修作业。

典型的一级修作业流程如图 7-7 所示。检修作业完毕后，需要进行出库联检，如果合格，则可以办理出库手续。

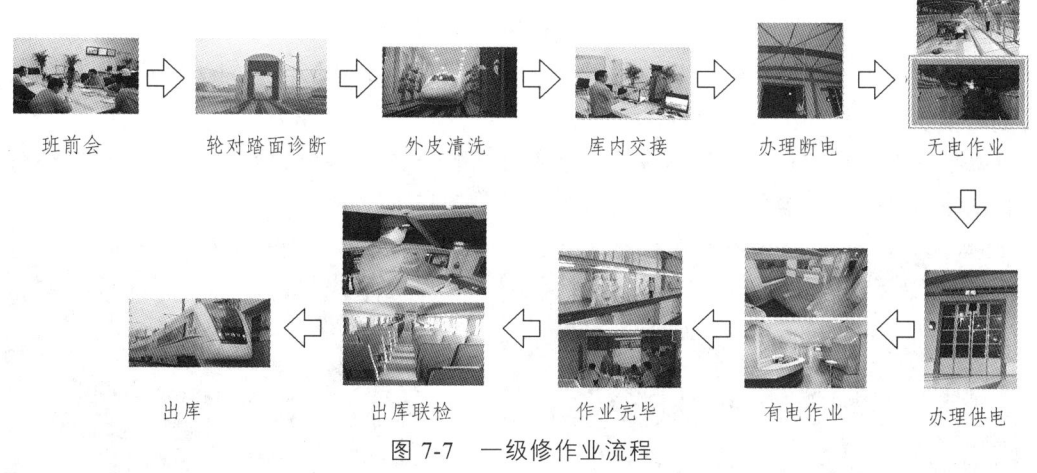

图 7-7　一级修作业流程

二级检修也称专项检修，是在一级检修的基础上，增加检修项目，提高检修精细度，按相应检修周期，进行车轴超声波探伤（见图 7-8）、踏面修形（见图 7-9）、电气回路绝缘检测、牵引电机绝缘检测和车下电器过滤器类部件清扫除尘等专项检修。

图 7-8　超声波探伤　　　　　　　图 7-9　车轮踏面镟修

　　三、四、五级检修为高级检修，在具备相应车型检修资质的检修单位如动车段或主机企业进行。高级修特征为扣车时间较长，各部件分解较深入，并可实施较大规模的改造。

　　动车组三级维修重点是转向架分解检修，此外也对制动系统、电气系统以及环境卫生系统等进行状态检查和功能测试。三级修时，动车组整列扣修，在动车段整体架车，实现转向架与车体的分离，转向架集中分解检修，完成整列调试后实施正线试运验证（见图 7-10）。

（a）架车机　　　　　　　　　　　（b）待分解转向架

图 7-10　转向架与车体分离

　　四级检修实现对关键系统的分解检修，除转向架外，进一步扩大分解检修系统的范围，包含制动系统、电机的分解检修等。

　　五级检修对全车进行全面分解检修，包括动车组分解、清洗、检查、修复，最后还对车体进行油漆，基本恢复至新车状态（见图 7-11、图 7-12）。

图 7-11　车辆解体　　　　　　　　图 7-12　车体涂装

任务三　检修质量的监督与评估

一、质量标准的体系化构建

（一）多层级标准框架

1. 基础标准

执行 ISO 9001 质量管理体系要求，确保检修流程的合规性与可追溯性；参照国际铁路联盟标准，满足跨境机车的技术兼容性。

2. 技术规范

依据《铁路机车检修规程》（TB/T 3118）等明确各级修程的质量门槛。

3. 差异化要求

针对特殊运行环境（如高寒、高湿、高粉尘）制定增强型标准，增加低温冲击试验和限定硬度偏差。

4. 工艺标准

基于历史数据优化公差带。

（二）关键质量控制点识别

1. FMEA 驱动的风险排序

通过故障模式与影响分析（FMEA），量化关键部件的失效风险。

2. 动态清单管理

建立质量数据库，定期更新关键控制特性（KCC）清单。

二、过程监控的技术实现

（一）质量至上

1. 自动化系统

激光扫描与 3D 建模，与标准模型自动比对，识别擦伤、剥离等缺陷，提升检测效率。组装工位部署工业相机，基于深度学习算法识别齿面磨损、点蚀等异常，减少误报率。

2. 无损检测

采用相控阵超声波检测、涡流检测与红外热成像（见图 7-13），对检修后的列车和部件进行严格的检验测试，确保其性能和质量符合标准。加强对检修过程的质量控制，及时发现和纠正质量问题，确保检修工作的高质量完成。

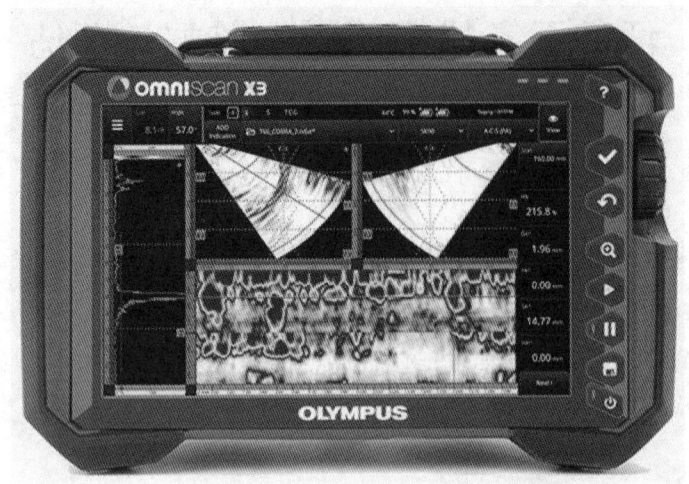

图 7-13　涡流检测与红外热成像图

（二）实时监控

集成预测与健康管理系统，在机车关键部位部署传感器，实时采集振动、温度、电流等参数。通过边缘计算实时分析数据流，自动触发预警并生成检修工单。构建高保真机车数字孪生体，模拟极端工况下的部件性能。通过虚拟测试推动材料配方改进。

三、数据驱动质量评估

（一）量化指标体系构建

1. 核心质量

平均故障间隔时间大于 5 000 h，平均修复时间小于 4 h；关键尺寸合格率大于 99.8%，电气参数合格率大于 99.5%；单台返工成本小于预算的 5%，备件报废率小于 1.2%。

2. 多维度分析

采用雷达图综合评估车间质量水平，包括工艺稳定性、检测覆盖率、纠正措施闭环率等维度，每月生成质量绩效报告。

（二）大数据分析与根因追溯

1. 关联挖掘

应用 Apriori 算法分析检修记录，识别特殊原因变异，推动工艺标准中增加"装配后游隙复测"环节，建立预防性维护制度。

2. 质量溯源

应用区块链技术，为每个部件赋予唯一数字 ID，记录从生产到报废的全生命周期数据，通过区块链溯源发现绝缘材料批次含水率超标，触发供应链质量索赔。

3. 模型集成

在三维模型中标注历史检修数据，扫描部件二维码即可调取历次检测报告、维修记录，辅助质量回溯分析。

四、闭环反馈与持续改进机制

（一）质量问题闭环管理

1. 预防系统

采用 5Why 分析法追溯质量偏差，分析路径，制定"密封件入库 100%硬度检测""供应商年度工艺审计"等纠正措施，并纳入 SOP 强制执行。

2. 循环迭代

基于质量目标制订年度改进计划，明确责任部门与时间节点；试点新型检测设备，收集数据验证有效性；对比试点前后数据，评估技术经济性；将成功经验标准化，修订检修规程并推广至全路。

（二）知识库与最佳实践共享

1. 案例建设

结构化存储典型案例，按"故障现象、根本原因、处理方案、预防策略"分类。收录事件，总结出复合诱因，推动软件版本升级。

2. 实践推广

提炼优秀技师的操作经验，制作标准化视频教程，通过 AR 眼镜实时指导现场作业，提升调整合格率。

五、先进技术的融合应用

（一）AI 驱动的质量预测

1. 缺陷识别

训练卷积神经网络模型，识别制动盘裂纹、齿轮点蚀等缺陷，提升人工检修效率。

2. 寿命预测

基于长短期记忆网络算法，融合运行数据、环境参数与检修记录，预测剩余寿命，指导精准更换决策。

（二）自动化质量评估

通过辅助检测，自动解析检测数据并生成符合行业规范的质检报告，减少人工审核时间。

六、质量文化的制度化建设

（一）质量责任制落实

搭建问责机制，实施"一岗一单"责任绑定，每个工序的检测数据关联操作人工号，出现质量问题时可通过 MES 系统追溯至具体责任人。

（二）全员参与机制

跨部门质量联控，建立"设计-制造-检修"联合质量小组，定期召开技术对接会，将检修中发现的设计缺陷反馈至研发部门，推动源头改进。

项目二 质量控制与持续改进

列车检修的质量控制是铁路安全运行的基石,其本质是通过系统性、科学化的管理手段,将技术规范转化为可量化、可追溯的实践成果。从毫米级的尺寸公差到微秒级的电气响应,从静态的装配精度到动态的运行稳定性,质量控制贯穿检修全生命周期,是连接标准与实效的"质量桥梁"。在智能化与数据驱动的背景下,质量控制已从传统的"结果验收"转向"过程预防",通过多维度的数据融合与分析,实现质量风险的前置识别与闭环管理。持续改进则是质量体系的生命力所在,它推动检修技术从经验积累向科学迭代跨越,为中国铁路的高质量发展注入不竭动力。

新时代铁路人当以"时时放心不下"的责任感,筑牢质量长城,让中国铁路的脉搏在高质量发展中跳动得更加稳健有力。

任务一 检修质量控制体系的建立

从国际标准的精准对标到企业内控的严苛要求,从风险预警的前置管控到智能检测的技术赋能,质量控制体系构建起覆盖全生命周期的质量防护网。在智能化与数据驱动的浪潮下,质量控制已突破传统"事后检验"的局限,转向"预防-监控-改进"的动态闭环管理。通过融合量子传感、区块链溯源、六西格玛管理等前沿技术与管理方法,体系不仅实现毫米级缺陷的精准捕捉,更推动质量文化从"合规达标"向"零缺陷追求"的跨越,为铁路运输的可靠性与经济性注入双重保障。

一、质量控制体系的战略框架

1. 标准体系的层级化设计

引入铁路应用——可靠性、可用性、可维护性和安全性规范,确保检修流程符合国际安全认证要求;采用轨道车辆焊接标准,规范车体焊接质量。

2. 行业规范细化

明确关键参数阈值;制定《检修作业环境控制规范》,严格工作环境,防止精密部件氧化或变形;对接机车车辆防火标准,强化高温部件。

3. 风险预防

对检修工序进行风险等级划分，实施双重验证机制，整合机车故障数据，构建风险知识图谱。

二、过程控制的智能化转型

1. 智能检测设备应用

采用量子磁力计检测车轴内部微观裂纹，提高灵敏度和检测效率；开发双臂协作机器人，完成制动管路气密性测试，减小漏检率。

2. 区块链质量追溯

为每个部件赋予唯一数字身份，记录生产批次、安装时间、检修记录等数据，上链存储确保不可篡改。

三、质量评估与改进机制

1. 大数据分析

建立全路质量绩效标杆库，通过数据包络分析模型识别低效环节。某车间通过优化探伤流程，提升效率。

2. 建章立制

进一步建章立制，违规行为直接启动问责程序。

任务二　检修工艺的优化与创新

检修工艺的优化与创新是铁路技术迭代的破局之刃，承载着效率提升与可持续发展的双重使命。在智能制造与绿色转型的驱动下，传统工艺正经历颠覆性变革：超精密镟修技术将轮对加工精度推至微米级，AI 驱动的焊接参数优化使气孔率下降 80%，氢能源热处理实现零碳制造。与此同时，数字孪生与增强现实技术重构人机协作模式，创新不仅体现在技术突破，更延伸至循环经济——退役部件的梯次利用、生物基清洗剂的规模化应用，推动检修从"资源消耗"转向"绿色再生"。这些变革共同勾勒出中国铁路从"制造"迈向"智造"的技术图谱。

一、精密制造工艺升级

1. 微米级加工技术

通过超精密镟修工艺，采用静压导轨数控轮对镟床，加工精度达 ±0.005 mm，轮缘厚度偏差控制在 0.1 mm 以内。纳米级表面处理对轮齿面进行微喷丸强化处理，延长接触疲劳寿命。

2. 复合材料修复技术

通过碳纤维增强修复，采用碳纤维增强复合材料修补车体裂纹，抗拉强度达 1 200 MPa，较传统焊接修复减重 60%。某机车侧墙修复后，结构强度恢复至新车的 95%。开发低温固化环氧树脂体系，施工温度从 120 ℃ 降至 60 ℃，能耗降低 40%。

二、人工智能驱动的工艺革新

1. 智能工艺决策系统

训练卷积神经网络模型，开发强化学习算法，动态调整涂装机器人轨迹，分析焊接参数与质量数据。

2. 数字孪生工艺验证

构建制动系统多物理场耦合模型，模拟不同摩擦副材料的磨损特性，指导闸片配方改进，降低磨耗率。

3. 人机协同作业模式

增强现实通过 AR 眼镜投射三维装配指引，开发语音交互系统，提升复杂部件的安装效率。

三、绿色可持续工艺突破

1. 低碳制造技术

采用氢气替代天然气进行轴承热处理，配套建设光伏制氢系统，实现能源自给，碳排放减少 100%，炉温均匀性在 ± 3 ℃ 以内。

2. 循环经济模式

退役部件梯次利用，建立部件健康状态评估体系，将退役转向架经再制造后用于调车机车，节约了经济成本。

任务三　检修数据的统计与分析

检修数据的统计与分析是铁路智慧化转型的神经中枢，其价值在于将海量数据转化为决策洞见与生产力。从车载传感器每秒生成的运行参数，到区块链追溯的全生命周期档案，数据洪流通过边缘计算与知识图谱实现高效治理，在可视化看板与智能报告的支撑下，数据不再沉睡于数据库，而是成为实时预警的"哨兵"、工艺优化的"参谋"、战略决策的"罗盘"。通过数据价值的深度挖掘，检修管理正从"模糊经验"走向"精准科学"，为中国铁路的高质量发展提供确定性支撑。

一、数据统计基础

（一）统计指标体系

1. 检修里程统计

记录机车每次检修时的累计运行里程，是衡量机车使用程度和确定检修周期的重要依据。

2. 检修时间统计

统计机车在检修基地的停留时间、各个检修工序的耗时等。通过分析检修时间，可以发现检修流程中的瓶颈环节，提高检修效率。

3. 故障次数统计

统计机车在运行和检修过程中出现的故障次数，按照故障类型（如机械故障、电气故障等）、故障部位（如转向架、受电弓等）进行分类统计。这有助于了解机车的故障规律，为预防性维修提供数据支持。

（二）数据来源与收集方法

1. 检修记录系统

现代铁路机车检修通常采用电子化的检修记录系统，记录机车的基本信息、检修项目、零部件更换情况等。这些系统可以自动采集和存储数据，为后续的数据统计提供基础。

2. 现场观测与记录

检修人员在实际检修过程中，通过填写检修工单、记录故障现象等方式收集数据。

3. 传感器数据

在机车上安装传感器，用于监测机车的运行状态，如速度传感器、温度传感器、压力传感器等。这些传感器可以实时采集数据，为机车的健康状态评估和故障预测提供数据支持。

二、数据分析方法

（一）故障分析

1. 故障频率分析

计算不同故障类型的频率，即某种故障在一定时间或里程范围内出现的次数占总故障次数的比例。

2. 故障相关性分析

分析不同故障之间的相关性，通过构建故障关联模型，深入了解机车故障的内在机制，提前采取措施预防故障的发生。

3. 故障趋势分析

观察故障随时间、里程等因素变化的趋势。

（二）维修成本分析

1. 成本构成分析

分析机车检修成本的构成，包括零部件更换成本、人工成本、设备折旧成本等。

2. 成本效益分析

评估不同维修策略的成本效益，如预防性维修和事后维修的成本对比。预防性维修虽然会增加一定的维护成本，但可以有效减少故障停机时间，从长期来看可能更具经济性。

3. 成本预测与控制

根据历史数据和维修计划，预测未来的维修成本，并制定成本控制措施。通过分析过去几年的维修成本数据，结合机车的使用情况和检修计划，预测下一年度的维修成本，并通过优化维修流程、合理储备零部件等方式进行成本控制。

（三）维修质量分析

1. 维修质量指标

建立维修质量指标体系，如维修后的机车故障率、零部件的使用寿命延长率等。

2. 质量控制方法

采用统计过程控制等方法对维修质量进行控制。

3. 质量改进措施

根据质量分析结果，提出质量改进措施，如改进维修工艺、加强维修人员培训等。

三、数据管理与应用

（一）数据库建设与管理

1. 数据库设计

设计合理的数据库结构，包括数据表的设计、字段的定义等。例如，设计一个机车检修数据库，包含机车基本信息表、检修记录表、故障记录表等，每个表之间通过主键和外键进行关联。

2. 数据存储与备份

确保数据的安全存储和定期备份，防止数据丢失。可以采用冗余存储、异地备份等方式提高数据的安全性。例如，将机车检修数据存储在本地服务器的同时，定期备份到云端存储。

3. 数据访问与权限管理

设置合理的数据访问权限，确保只有授权人员能够访问和修改数据。例如，检修人员可以查看和录入自己负责的机车检修数据，而管理人员可以访问和分析所有机车的检修数据。

（二）数据可视化与报告

1. 数据可视化技术

利用图表（如柱状图、折线图、饼图等）将复杂的检修数据直观地展示出来。

2. 报告生成与呈现

定期生成检修数据分析报告，向管理层和相关部门汇报检修数据统计与分析结果。报告内容可以包括数据统计结果、分析结论、建议等。

（三）数据挖掘与决策支持

1. 数据挖掘算法

应用数据挖掘算法从大量检修数据中发现隐藏的模式和规律。通过聚类分析将机车故障分为不同类型，为制定针对性的维修策略提供依据。

2. 决策支持系统

构建决策支持系统，将数据分析结果转化为实际的决策建议。根据数据分析结果，系统可以自动推荐最佳的维修时间、维修方案等，帮助管理人员做出科学的决策。

模块小结

检修管理与质量控制是保障铁路机车安全运行的"双核引擎",融合系统化思维与精准化技术,共同构筑起现代铁路运输的生命线。本模块围绕"管理为纲、质量为先、创新为翼"的核心逻辑,深度解析了从计划统筹到工艺优化、从过程监控到持续改进的全链条管理体系,为铁路机车的可靠性与经济性提供双重保障。

一、系统化检修管理,驱动效能升级

(1)科学计划与动态管控:以差异化检修周期、资源智能调度(RFID 工装管理、数字孪生车间仿真)为核心,结合风险评估模型(RPN 指数、应急预案库),实现检修计划从编制到执行的闭环优化,推动"经验驱动"向"数据驱动"的跨越。

(2)车间精益化运营:通过功能区划(解体、检测、修复、组装四大区域)、6S 现场管理、多技能人才矩阵(五级八挡技能认证),以及 AR/VR 技术赋能作业指导与安全培训,打造"人机协同、效率优先"的现代化检修场景。

(3)智能技术赋能:依托物联网设备监控、AI 缺陷识别、区块链质量溯源等技术,实现流程透明化与决策科学化,攻克资源冲突与突发故障等管理难点。

二、闭环质量控制,筑牢安全根基

(1)标准化体系构建:基于 ISO 9001、铁路检修规程等行业标准,建立涵盖设计、生产、检修全生命周期的"大质量观",并通过 FMEA 风险排序与 KCC 关键控制点管理,实现质量隐患的前置防控。

(2)过程精准监控:融合无损探伤(涡流检测、三维扫描)、AI 驱动的工艺决策(焊接参数优化、故障模式识别)与 PHM 健康管理系统,确保缺陷"零逃逸"。

(3)数据驱动改进:运用 Apriori 算法挖掘故障关联性,运用区块链技术追溯质量根因,结合 PDCA 循环与 5Why 分析法,形成"统计—分析—优化—验证"的持续改进闭环,推动质量文化从合规达标向零缺陷目标进化。

三、创新与协同,引领未来发展

(1)技术革新突破瓶颈:数字孪生工艺验证、超精密镟修(±0.005 mm 精度)、绿色再制造(激光熔覆、氢能热处理)等技术,推动检修向智能化、低碳化转型升级。

(2)协同生态构建:通过"检修-调度-物资"三方平台协同、跨部门质量联控机制,打通资源调配与信息共享壁垒,实现安全与效率的动态平衡。

本模块倡导以"精益求精的工匠精神"践行检修使命,以"创新驱动的改革魄力"突破技术边界,以"协同共进的全局观念"赋能铁路高质量发展。在数据与技术的交响中,新一代铁路人正以管理之智与质量之魂,为中国铁路的壮阔征程铸就坚不可摧的"隐形护盾",让钢铁巨龙在速度与安全的共生中驰骋未来!

任务实战

任务名称：模拟铁路检修中心的"一日任务挑战"。

任务目标：通过角色扮演和模拟实操,体验检修计划制订、资源协调与质量控制的核心流程,理解团队协作的重要性。

任务1:制定一份"检修计划表"

1. 情　景

你是一家检修中心的实习生,负责为3列即将投入春运的电力机车(A、B、C)安排2天内的检修任务。

2. 数据参考(简化版)

检修需求(小卡片形式提供):

机车A:例行检查(耗时4 h)、制动系统测试(2 h)。

机车B:车轮镟修(6 h)、电路检测(3 h)。

机车C:空调维护(2 h)、故障部件更换(4 h)。

资源限制:2个维修班组(每组每天工作8 h)、1台车轮镟修机(每天只能使用6 h)。

3. 要　求

用表格或简图画出一个可行的时间安排,确保按时完成所有任务。

4. 思　考

如果机车A的制动测试需要延长1 h,如何调整计划?用红笔标出修改部分。

任务2:车间布局与流程优化小游戏

1. 道具准备

用乐高积木(或纸片)代表维修工具(扳手、检测仪、起重机),将桌子划分4个区域(拆解区、检测区、修理区、组装区)。

2. 游戏规则

(1)任务卡:每位学生抽取一张任务卡(如"拆解机车转向架""检测电路板")。

限时挑战:3 min内将积木从"拆解区"搬运到"组装区",中途需停靠"检测区"做标记(代表质量检查)。

(2)问题设置:故意在某环节放置障碍(如"检测仪故障,需绕路"),观察团队如何调整动线。

(3)总结讨论:记录各组用时,讨论如何优化流程(如调整工具位置、增加质检人员)。

模块八　新技术认识与发展趋势展望

当钢铁巨龙在数字与绿色的双翼驱动下飞驰，列车检修技术正经历着颠覆性变革。从毫米级精度的智能检测到零排放的绿色工艺，从数据驱动的预测性维护到全球经验的融合创新，新技术不仅重塑着检修的作业模式，更勾勒出铁路高质量发展的未来图景。本模块将带领大家穿越技术前沿的迷雾，在智能化、可持续化、全球化的坐标系中，定位中国铁路检修的进阶之路，感受科技创新与责任担当的共振之力。

学习目标

【知识目标】

1. 智能化检修技术

（1）掌握物联网、数字孪生、AI 视觉检测的核心原理及其在检修中的应用逻辑；

（2）理解预测性维护与基于状态检修的技术差异与协同关系。

2. 绿色检修技术

（1）熟悉环保材料（水性涂料、生物基润滑剂）的性能优势与工艺适配性；

（2）掌握再制造技术（激光熔覆、冷喷涂）的工艺流程与成本效益模型。

3. 国际技术动态

（1）了解欧洲铁路局（ERA）的 RAMS Rail 标准、日本新干线的精细化检修体系；

（2）掌握技术引进与本土化适配的关键路径。

【能力目标】

1. 技术解析能力

（1）能对比分析智能检修与传统检修的效能差异；

（2）能设计绿色检修工艺优化方案。

2. 趋势研判能力

（1）能基于行业白皮书预判技术迭代方向；

（2）能制定国际技术对标清单。

3. 创新实践能力

（1）能应用开源工具搭建简易故障预测模型；

（2）能策划"碳足迹追踪"试点项目。

【素质目标】

1. 科技报国情怀

（1）树立"关键技术自主可控"的使命感，理解"卡脖子"技术的突破意义；

（2）培养"用中国标准服务世界"的格局观，认知中国高铁技术输出的战略价值。

2. 生态责任意识

（1）践行"绿水青山就是金山银山"理念，将绿色检修与"双碳"目标深度融合；

（2）养成资源循环利用的职业习惯。

3. 全球技术视野

（1）培养"借鉴—消化—超越"的思维模式，辩证看待国际技术合作与竞争；

（2）强化"标准即话语权"的认知，关注国际铁路联盟标准制定的中国参与度。

 模块学习寄语

在技术革命与产业变革的交汇点上，列车检修已超越传统技艺的范畴，成为科技自立自强与国家战略落地的微观战场。当我们以数字之眼透视齿轮箱的每一次振动，用绿色之手重塑资源循环的链条，借全球智慧叩响未来之门时，检修不再只是零件的更迭，更是中国铁路走向世界的技术宣言。

项目一　列车检修的新技术认识

铁路运输作为国民经济大动脉，其智能化、绿色化与前沿技术创新不仅体现了科技发展的时代脉搏，更彰显了新时代铁路人的使命担当。在智能化检修技术领域，智能传感器构建的感知神经网络与 AI 诊断算法，使列车犹如被赋予"数字生命"，每一次齿轮咬合、轴承转动的数据都化作守护安全的密码。这要求从业者以严谨的科学态度对待技术细节，正如高铁螺栓的毫米级精度不容偏差，专业技术的学习更需要精益求精的工匠精神。当 VR 技术将检修课堂延伸至虚拟空间时，我们更应铭记：屏幕中的三维模型背后，是千万旅客的生命安全，科技的温度源于人性的责任。

任务一　认识智能化检修技术

走向世界的复兴号

一、铁路列车发展的永恒主题

（一）高　速

速度是现代交通运输的命脉，提高列车运行速度始终是铁路工程技术发展的核心目标。从 1825 年英国首条铁路的 24 km/h 蒸汽机车，到 20 世纪 60 年代日本新干线开启高铁商业化运营，再到 21 世纪中国高铁实现技术超越，全球铁路速度的演进映射着科技与时代的双重突破。

1. 国外高铁发展历程

20 世纪初期，德、法等国在试验速度上屡创新高：1903 年德国电动车组突破 210 km/h，1955 年法国电力机车试验速度达 331 km/h。1964 年日本建成世界首条高速铁路——东海道新干线，实现 210 km/h 商业运营，其动力分散型动车组技术为高铁发展奠定了基础。此后欧洲掀起建设热潮，法国 TGV（1981 年）、德国 ICE（1988 年）分别创造 380 km/h、406.9 km/h 试验速度，2007 年法国 AGV 列车更将轮轨试验速度推至 574.8 km/h（见图 8-1）。

2. 中国高铁跨越式发展

中国高铁发展虽起步较晚，但实现了从追赶到领跑的历史跨越。2008 年京津城际铁路开通标志着中国进入高铁时代，至 2023 年年底全国高铁运营里程达 4.3 万千米，占全球高铁总里程的 70% 以上。技术上形成自主化体系，CR400AF/BF "复兴号"动车组实现 350 km/h 常态化运营，2022 年 CR450 工程启动，试验速度突破 480 km/h（见图 8-2）。京沪高铁单日最高开行列车 668 列，年发送旅客超 2 亿人次，成为全球最繁忙高铁线路。

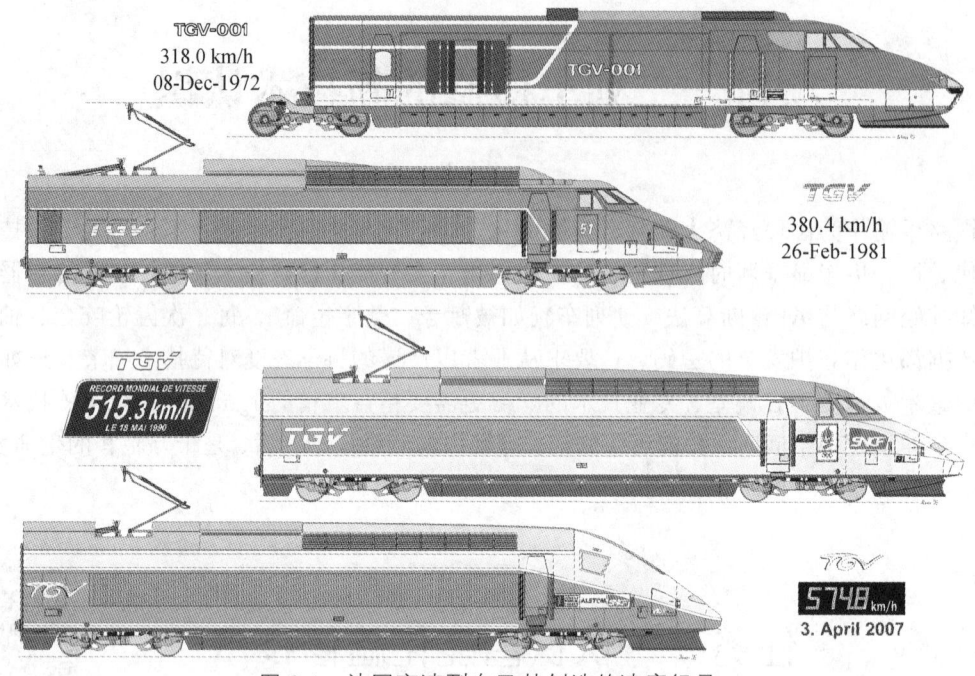

图 8-1　法国高速列车及其创造的速度纪录

图 8-2　CR450 动车组

在智能高铁领域，我国率先采用北斗导航、5G 通信、自动驾驶等技术，京张高铁实现 350 km/h 全自动驾驶。2023 年开通的成渝中线高铁首次预设 400 km/h 提速条件，彰显技术储备。磁悬浮技术同步突破，上海磁浮示范线商业运行速度 430 km/h，2022 年试验列车更达到 600 km/h。

3. 全球高铁新格局

中国高铁的崛起重塑了世界铁路版图。通过"一带一路"倡议，我国高铁技术输出至印尼雅万高铁、中老铁路等项目。截至2024年，全球83%的350 km/h以上高铁线路在中国，形成覆盖全国94.6%百万人口城市的"八纵八横"网络。

在"中国高铁"蓬勃发展的激励下，美国、俄罗斯、澳大利亚、沙特、巴西等国纷纷制订了规模空前的高速铁路发展计划，包括法国、西班牙等"高铁元老"在内的欧洲国家，也再一次显示出加快发展高速铁路的雄心壮志。高速铁路在全球范围内的快速发展也对国际社会彼此之间的深度交流与合作提出更高要求。

与其他运输方式相比，高速铁路具有运能大、速度快、能耗省、污染小、占地少、安全性高、经济效益好等众多优势。下面，通过一些具体的对比数据来阐述高速铁路的这些优势。

1）运能大

输送能力大是高速铁路的主要技术优势之一。目前，各国高速铁路几乎都能满足最小行车间隔4 min及其以下的要求。我国京沪高速铁路高峰期最小发车间隔可达3 min，日均开行列车高达568列，2025年预计单日最高开行668列，年发送旅客超2.2亿人次，日均突破60万人次。

2）速度快

高速铁路的运营速度为高速公路的2～3倍，从节省旅途时间角度看，高速铁路的经济距离为200～1 000 km。国外研究表明，若高速铁路的最高速度达250～300 km/h，考虑各种运输方式的旅途时间（包括市内交通所用时间在内），则高速铁路与长途汽车相比，优势距离大于85 km；与小汽车相比，优势距离大于200 km；与民用航空相比，优势距离小于1 058 km。

3）能耗低

在每人千米能耗量方面，根据日本相关机构统计，高速铁路、长途汽车、小汽车、民用航空的比值为1：1.02：5.77：5.23，高速铁路仅为小汽车和民用航空的1/5。在单位运输质量的CO_2排放方面，高速铁路、长途汽车、小汽车、民用航空的比值为17：30：115：153。

4）振动与噪声影响小

振动与噪声是影响交通运输可持续发展的关键因素之一。高速铁路振动与噪声污染因仅为一条线，波及范围不大，且可采用隔音墙、声屏障等措施进一步降低列车运行对沿线居民的影响。汽车与飞机的噪声波及范围更大，已成为社会的一大公害。欧盟委员会环境与健康分会研究报告表明，使10%周边居民产生噪声困扰的门槛值，航空运输为54 dB，公路运输为58 dB，而高速铁路为70 dB。

5）占地少

四车道的高速公路路面宽26 m，一个立交桥占地13.3 km²左右，而高速铁路路基面宽度仅约13 m，为高速公路的一半。高铁占地也比航空运输低，如从巴黎到里昂高速铁路的占地420公顷，远小于巴黎戴高乐机场的占地面积2 994公顷。

6）安全性高

无论是从社会角度，还是从经济角度，对于任何运输方式而言，安全性都是至关重要的。

截至 2023 年年底，中国高铁累计安全运行里程达 119.4 亿千米，亿千米死亡率 0.001 3（公路为 0.27，民航为 0.04），重大责任事故连续 8 年零发生。

与日本新干线对比：中国高铁脱轨系数≤0.7（日本标准≤0.8），轮轨横向力≤48 kN（日本标准≤60 kN）。

7）经济效益好

高速铁路投入运行以来，备受旅客青睐，在促进区域经济发展的同时，其经济效益也十分可观。日本东海道新干线开通后仅用 7 年就收回了全部建设资金，自 1985 年以后，每年纯利润达 2 000 亿日元。京沪高铁作为我国高铁标杆项目，2023 年日均客流量突破 60 万人次，年发送旅客超 2.2 亿人次，累计净利润达 673 亿元。

4. 技术措施

与普通铁路相比，高速铁路列车运行速度提高后，产生了一系列的技术问题，如运行阻力增加、振动与噪声加剧等。为了保证高速铁路高速与安全运营，需要从技术层面上予以保证。

1）基础设施

高速铁路的基础设施是确保高速行车的基础。与常规铁路相比，高速铁路最大的区别在于线路高平顺度特性方面。线路高平顺性要求最终体现在轨道上，无论是在路基上还是在桥梁上，也无论是何种类型的轨道，都要求它不仅在空间要具有平缓的线型、高精度的允差、高光洁度的轨面，而且在时间上还必须具有高稳固的保持性。高平顺性要求决定了高速铁路基础设施各主要组成部分路基、桥梁、隧道等的主要技术参数与技术规定，必须互相协调，使之整体上满足高速行车在运动学、结构（系统）动力学、空气动力学及运输质量等方面各项技术指标的要求。所有基础设施在运营管理方面还必须具备高可靠度与可维修、少维修的条件，以利于降低运营成本、提高效能。

另外，为了满足列车高速与安全运行的要求，高速铁路线路在最大坡度、最小曲线半径以及复线间距方面也有严格的技术要求。

2）高速列车

高速列车是高速铁路运输的载体，是实现高速铁路功能的关键。为确保高速行车主要功能指标的落实，高速列车在牵引、制动、减振、列控等一系列专业技术上都要取得重大突破。建立在轮轨关系基础上的高速列车吸取了当代相关高新技术，虽然已取得为世人瞩目的成就，但为满足更高的目标需求，仍在不断更新换代，其技术发展也永无止境。

3）运行控制及行车指挥

高速铁路运行控制、行车指挥及运营管理系统是确保高速铁路列车运行安全有序、发挥效率与效益的核心体系。虽然高速铁路与常规铁路相似，其主要软硬技术都由区间轨道电路、自动闭塞、车站计算机联锁等所构成的调度系统支持，但由于运行速度大幅度提高，行车密度增加，行车组织节奏明显增快，高速铁路的运行控制及调度系统应更加完备，运输组织与经营管理体系应更加严密。高速铁路调度指挥系统是以行车调度为核心，集动车调度、电力调度、综合维修调度、客运服务调度、防灾安全监控于一体的综合自动化系统，该系统应能确保高速高密行车的安全与效能。高速铁路的经营管理从模式、体制到运作方法都要适应新的形势，必须结合国情与路情做出切合实际的选择，以促进高速铁路效能发挥。我国CTCS-3列控系统如图8-3所示。

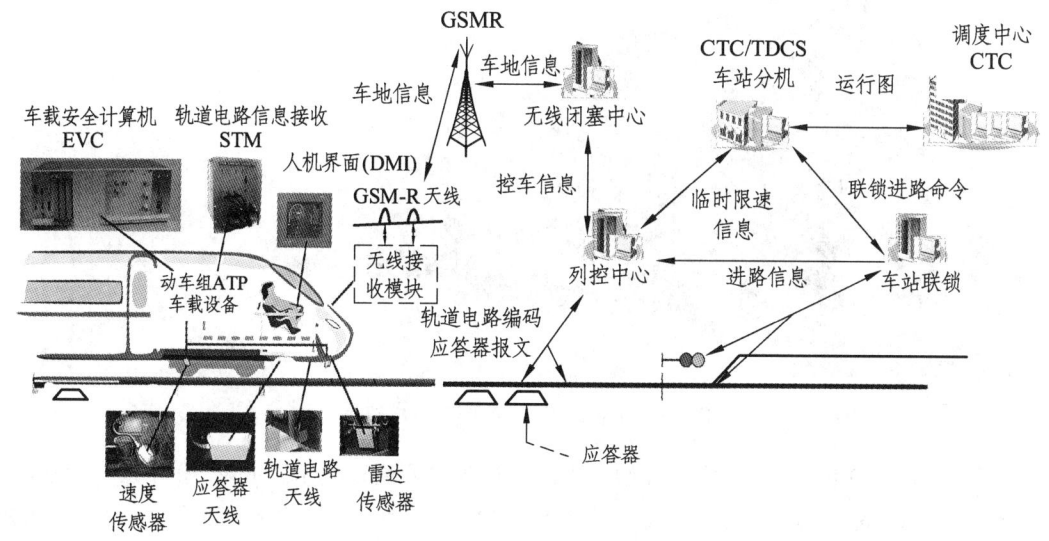

图8-3 CTCS-3级列车运行控制系统

（二）重　载

与铁路客运追求高速相对应，铁路货运追逐的则是重载。第二次世界大战后，各国经济复苏以及工业化进程加快，对原材料和矿产资源等大宗商品的需求量也大幅增加，导致这些货物的运输量增长，这给铁路运输提出了新的要求，而大宗、直达的货源和货流又为货物运输重载化提供了必要的条件。铁路运输部门从扩大运能、提高运输效率和降低运输成本的角度出发，也希望提高列车的载运质量。同时，铁路技术装备水平的不断提高，为发展重载运输提供了技术保障。

20世纪50年代起，一些国家铁路就有计划、有步骤地进行牵引动力的现代化改造，先后停止使用蒸汽机车，新型大功率内燃机车和电力机车逐步成为主要牵引动力。内燃、电力机车比蒸汽机车性能优越，操纵便捷，采用多机牵引能获得更大的牵引总功率，这为大幅度提高列车的载重提供了必需的牵引动力。以开行长大列车为主要特征的重载运输开始出现，但这一时期的重载技术尚不配套，长大列车货车间的纵向冲击、车钩强度、机车合理配置、同步操纵及制动等技术问题都没有得到很好解决。

20世纪60年代中后期，重载运输开始取得实质性进展，并逐步形成强大的生产力。在新干线高速铁路开通3年后的1967年，美国和加拿大开行万吨列车，揭开了世界铁路重载运输的序幕。美国、加拿大及澳大利亚等国家铁路相继在运输大宗散装货物的主要方向上开创了固定车底单元列车循环运输方式，而且发展很快。美国1960年只有1条固定的重载单元列车运煤线路（见图8-4），年运量不过120万吨；而到1969年，重载煤炭运输专线增加到293条，运量占铁路煤炭运量的近30%。苏联在20世纪60年代末为解决线路大修对运输的干扰，在通过能力紧张的限制区段组织开行了将两列普通货车连挂合并的组合列车，这种行车组织方式后来成为提高繁忙运输干线区段能力的重要措施。

图 8-4 美国 SP 公司重载单元列车

南非铁路在 20 世纪 60 年代末开始引进北美重载单元列车技术，并从 70 年代开始在其窄轨运煤和矿石线路上，逐步把列车载重提高到 5 400 t 和 7 400 t，并不定期开行总重 11 000 t 的重载列车。巴西铁路是从 20 世纪 70 年代中期开始，通过借鉴、引进北美和南非的技术，开行重载单元列车。另外，德国、波兰、瑞典、印度等国，也根据各自国家的具体情况和实际需要，开行了载重和长度都超过普通列车标准的重载列车。

20 世纪 80 年代以后，由于新材料、新工艺、电力电子、计算机控制和信息技术等现代高新技术在铁路上的广泛应用，铁路重载运输技术及装备水平又有了很大提高。特别是在大功率交流传动机车，大型化、轻量化车辆，同步操纵和制动技术等方面有了新的突破，极大地促进了重载运输的发展。

半个多世纪以来，重载运输技术的不断进步，推动了重载列车试验牵引质量的世界纪录不断被刷新：

1967 年 10 月，美国诺福克西方铁路公司（N&W，现已归入诺福克南方铁路公司）在韦尔什—朴次茅斯间 250 km 区段内，开行了 500 辆煤车编组的重载列车，由分布在列车头部和中部的 6 台内燃机车进行牵引，列车全长 6 500 m，总重达 44 066 t。

1989 年 8 月，南非铁路在锡申—萨尔达尼亚矿石运输专线上，试验开行了 660 辆货车编组的重载列车，由 16 台机车牵引（5 台电力机车 + 470 辆货车 + 4 台电力机车 + 190 辆货车 + 7 台内燃机车 + 1 辆罐车 + 1 辆制动车）。列车总长 7 200 m，总重达 71 600 t。

1996 年 5 月 28 日，澳大利亚在纽曼山—海德兰铁路线上，开行了 540 辆货车编组的重载列车，由 10 台 Dash8 型内燃机车牵引（3 台机车 + 135 辆货车 + 2 台机车 + 135 辆货车 + 2 台机车 + 135 辆货车 + 2 台机车 + 135 辆货车 + 1 台机车）。列车总长 5 892 m，总重达 72 191 t，净载重 57 309 t。这次试验列车平均车速为 57.8 km/h，最高达 75 km/h。

2001 年 6 月 21 日，澳大利亚在纽曼山—海德兰铁路线上（见图 8-5），开行了 682 辆货车编组的重载列车，由 8 台 AC 6000 型机车牵引，列车总长 7 353 m，总重达 99 734 t，净载重 82 000 t，创造了当时世界上最长、最重列车的纪录。8 台机车分散布置，每两台一组，分成 3 组，另外两台机车单独布置。1 名司机通过 Locotrol 机车无线同步操纵系统操纵全部机车。

图 8-5 澳大利亚重载运输

目前，国外重载列车实际运营中的牵引质量一般为 1 万～3 万吨，美国重载列车编组通常为 108 辆货车，牵引质量为 13 600 t；加拿大典型单元重载列车编组为 124 辆货车，牵引质量为 16 000 t；南非重载列车的牵引质量一般为 20 000 t；澳大利亚纽曼山重载铁路列车的编制通常为 320 辆货车，牵引质量为 37 500 t；巴西维多利亚—米纳斯铁路标准编组列车为 320 辆编组，列车牵引质量为 31 000 t。

国外年运量超过 1 亿吨的重载铁路主要有：
①巴西维多利亚米纳斯铁路（898 km），年运量为 1.3 亿吨；
②卡拉雅斯铁路（892 km），年运量为 1.08 亿吨；
③澳大利亚纽曼山—海德兰铁路（426 km），年运量为 1.09 亿吨。

我国拥有占全球 87% 的年运量超 1 亿吨重载铁路（全球 24 条中占 21 条），并以 6% 的营业里程完成全球 25% 的铁路货运量。重载铁路现有运营里程约 7 155 km，其中国铁集团管辖线路（如大秦、瓦日等）5 000 km，国家能源集团线路（如朔黄、神朔等）2 155 km。

大秦铁路作为"中国重载第一路"，全年完成煤炭运量 4.5 亿吨，创造了世界铁路运输史上的奇迹。

截至 2024 年 8 月，朔黄铁路两万吨重载列车累计开行 2 286 列，货物周转量突破 54.42 亿吨千米，创下历史新高。

1. 重载铁路标准

国际重载协会（IHHA）先后于 1986 年、1994 年和 2005 年三次修订了重载铁路标准，其中 2005 年标准要求重载铁路至少要满足以下三条标准中的两条：
①列车牵引质量至少达到 8 000 t；
②车辆轴重达到或超过 27 t；
③在长度至少为 150 km 的线路上年运量不低于 4 000 万吨。

要达到上述标准，实现重载运输有以下三种基本途径：

①扩大列车编组，增加列车长度，开行长大列车；

②提高轴重，加大车辆的每延米质量，发展大型货车；

③增加列车开行数量。

上述三种方法各有优缺点，从世界重载运输技术的发展趋势来看，尽可能地提高线路的每延米有效载重，充分利用现有站线长度，已逐渐成为今后重载铁路运输发展的主流方向。实际运输过程中，在重载线路上运行的列车，主要有重载单元列车、重载组合列车以及重载混编列车三种模式。

1）重载单元列车

重载单元列车：列车编组固定，机车分布在首尾（见图8-6），货物品种单一，运量大而集中，列车在装卸地之间循环往返运行。重载单元列车以北美铁路为代表，我国在大秦线也曾用 C_{63}、C_{70}、C_{76}、C_{80} 等开行这种重载列车。

图 8-6　重载单元列车示意

2）重载组合列车

重载组合列车：两列或两列以上列车连挂合并（见图8-7），使列车的运行时间间隔压缩为零。重载组合列车，国际上以俄罗斯为代表，我国大秦线开行的 $4\times5\,000$ t 和 $2\times10\,000$ t 列车为这种重载列车。

图 8-7　重载组合列车示意

3）重载混编列车

重载混编列车：单机或多机重联牵引，由不同形式、不同载重的货车混合编组而成。我国京沪、京广、京哈等大干线开行的 $5\,000$ t 货物列车为这种重载列车。

2. 重载技术

重载运输因其运能大、效率高、运输成本低而受到世界各国的广泛重视，特别是在一些幅员辽阔、煤炭和矿石等大宗货物运量占有较大比例的国家，如中国、美国、加拿大、巴西、澳大利亚、南非等，发展尤为迅速。目前，重载运输在世界范围内迅速发展，已被国际公认为铁路货运发展的重要方向与趋势。

为了适应重载需求，参与运输的列车应具备一些特殊的结构性能。作为主要牵引动力的机车，上述要求主要体现在大功率交流传动技术、低动力作用转向架技术、网络控制技术、故障检测技术以及机车无线遥控操纵系统5个方面。

1）大功率交流传动技术

火车跑得快，全靠车头带。对于货运而言，拉得多也全靠机车牵引。20世纪70年代末，欧洲开始发展交流传动技术，至20世纪90年代，大功率交流传动内燃、电力机车已成为世界重载牵引动力的发展趋势。GE 公司生产了 ES44AC、AC6000CW、AC4400CW 等型交流传动内燃机车，GM-EMD 公司生产了 SD90MAC、SD70ACe 等型交流传动内燃机车，已在美国、加拿大、澳大利亚、巴西等国重载铁路批量投入运营，其中 AC6000CW 型机车主发电机输出功率达 6 000 马力（约 4 413 kW），起动牵引力 800 kN，黏着系数利用值可达 0.37 以上。德国西门子公司为欧洲制造的 BR185 型及 BR189 型重载交流传动电力机车轴功率已达 1 400 kW，在欧洲已批量投入运营。

我国大功率交流传动机车技术也处于世界领先水平（见图 8-8）。

（a）"国能号"大功率交流电力牵引机车　　　　（b）神 24 电力机车

图 8-8　我国的"陆地最强"重载列车

（1）2024 年 4 月 20 日，我国国家能源集团朔黄铁路 3 万吨级重载列车运行试验圆满成功，该列车由 4 台"国能号"大功率交流电力机车牵引，总功率相当于 38 220 kW，满载 324 节车厢煤炭，总长 4 088 m，总质量约 32 400 t，是我国铁路目前编组最长、载重最大的重载组合列车。

（2）2020 年 7 月 29 日，我国神华号神 24 电力机车以单机功率 28 800 kW、牵引力 2 280 kN 的超强动力，刷新轨道交通装备动力的世界纪录。其采用 6 节编组，长达 106 m，最高运行速度 120 km/h，具备在 12‰ 的坡道上单机牵引万吨货物列车的能力，可拉动超过 100 节满载铁路货车，整列车绵延接近 1.5 km。

（3）我国于 2009 年 9 月 26 日在大秦铁路正式开行了首对 2 万吨组合式重载列车，该列车由 2 台 $HX_{D}1$ 型大功率交流传动机车牵引，总长超过 3 km，载重 2 万吨。

目前，国内外典型重载机车采用的交流传动新技术包括：三相交流异步电机轻量化，电机单位质量功率已达 0.81 kW/kg，甚至可达 1 kW/kg，机车单位质量功率可接近 75 kW/t；IGBT（IPM）大功率牵引变流器，具有驱动简单、保护容易、不用缓冲电路、开关速度高等优点，且在同等容量情况下，IGBT 变流器的体积和质量比 GTO 变流器减少 1/3~1/2；基于网络（现场总线）的控制系统，采用基于网络通信的控制，通信协议大多采用 TCN 国际标准，用模块化、通用化、分布式将主变控制、辅变控制和微机网络控制统一在一个平台上，并具有智能化故障诊断功能。

2）低动力作用转向架技术

轴重增加后，线路负荷增加，同时轮轨间的动作用力加剧，为此需要研制低动力作用的转向架。实现低动力作用途径有两种：一是针对传统的三大件转向架，对悬挂系统进行优化或重新设计；二是采用径向转向架技术，如图 8-9 所示。

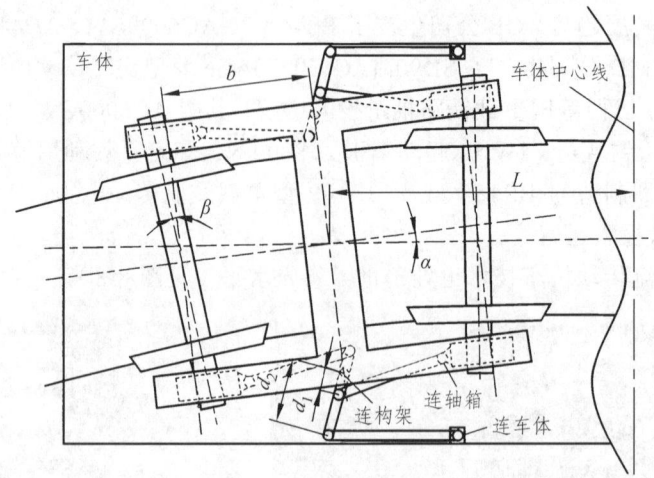

图 8-9 径向转向架机构

美国 GM-EMD 公司运营数据表明，与传统转向架相比，径向转向架轮轨冲角减少 75%，从而有效降低了轮轨间横向作用力，减少了轮轨磨耗及阻力，提高了运行稳定性，机车车轮寿命延长 10%；在 0.35 黏着系数利用值条件下，转向架的轴重转移从 35%减少到 10%。因此，大功率交流传动机车采用径向转向架成为国际重载机车的发展趋势，尤其在美国、加拿大、澳大利亚等国的大轴重重载线路上，径向转向架技术越来越成熟。

3）网络控制技术

随着重载运输的发展，新型重载机车越来越多地采用先进的列车网络控制系统，以传递重联控制信息、逻辑顺序控制信息及牵引、制动和速度控制信息。通过网络控制技术，列车中各车辆或部件的工作状态可适时传送到主控机车上，以用于状态监视和故障诊断。实际运用表明，基于计算机网络的列车控制与故障检测技术的运用，不仅可以提高重载列车系统的集成度、可靠性和可维修性，而且可以节省列车连线，减轻列车质量。

4）故障检测技术

随着列车不断向高速、重载方向发展，对机车的安全性能要求也越来越高。传统的单机集中式在线监测与车载诊断方式存在实时性差、信息难以共享等不足，已经不能满足行业的需求。2001 年，美国 GM-EMD 公司为重载机车开发了基于无线遥测遥控技术的机车故障遥测监控系统，对每一台机车实施全寿命服务，大大提高了机车使用率，降低了全寿命周期成本。列车在运行过程中，机车不论在何处出现故障，机车上的传感装置能自动检测故障并通过无线通信系统将故障情况、机车车号等信息直接发送到服务中心，服务中心收到信息后立即通知就近的维修工程师携带备件去机车现场更换备件并检测性能。多年使用经验表明，这套系统已能发现机车 80%的潜在运行故障，比预期的修理期提早 7~21 天发现故障，延长了机车使用周期。

5）机车无线遥控操纵系统

1959 年，美国 GE-Harris 公司首先研发成功重载机车无线遥控操纵（Locotrol）系统，现在已经发展到第 4 代，采用无线通信闭环控制方式在前、后部机车间传输命令及反馈信息。Locotrol 系统的基本工作方式是前部机车通过 GSM-R 系统，向中、后部机车发布同步牵引和制动命令,实现前、中、后部机车的牵引及制动同步操纵,同时可以对系统的无线通信状态进行监控,如图 8-10 所示。

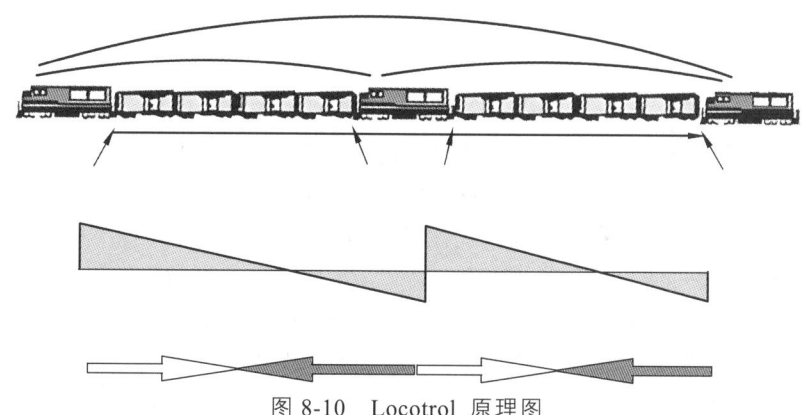

图 8-10 Locotrol 原理图

实践表明,机车 Locotrol 系统效能显著:有效降低重载列车的牵引车钩力;在弯道上减少列车阻力,减轻轮轨磨耗,降低燃油成本 5%~6%;中、后部机车同步参与全列车的列车管排风与充风,加快了列车的充排风速度,提高制动波传播速度,有利于降低列车制动纵向力冲击,减少断钩的危险。

3. 铁路车辆

为了实现重载运输,作为运输主体的铁路车辆也有自己的一些特征与本领。

1) 大轴重

目前,美国、加拿大和澳大利亚已普遍采用 35.4 t 轴重,部分达到 40 t 轴重;巴西、瑞典已采用 30 t 轴重,南非、澳大利亚昆士兰铁路均是窄轨,已采用 28 t 轴重。图 8-11 为我国出口澳大利亚 40 t 轴重货车,第 1 500 辆下线交付的场景。

图 8-11 我国出口澳大利亚的 40 t 轴重货车

美国、澳大利亚等国在重载铁路上广泛使用大轴重的货车,有效地提高了列车每延米的质量,一般达到 8~9 t/m,使铁路运输效率得到大幅度提高。我国目前繁忙干线长大列车每延米质量一般为 6 t/m 左右,重载列车也仅为 7 t/m 左右,与重载运输发达国家相比尚有不小差距。

2)车体轻量化

车辆轴重确定后,降低车辆自重可以增加载重,同时节约能源,提高效益。国外往往采用刚强度大的合金钢或低密度的铝合金来制造重载货车车体,以实现车体轻量化。美国重载货车中 90%采用了铝合金车体,其成本仅比钢车体增加 1/3,但使用寿命大大延长,而且提高了载质量,取得很好的经济效益。我国新一代 C_{80} 型煤矿专用敞车(见图 8-12)是为大秦线重载运输而专门设计制造的,该车在我国铁路货车上首次采用了铝合金及高分子非金属材料,大大减轻了车辆自重,降低了车辆重心,较已有的 C_{63A} 型运煤敞车提高运能 31.1%,具有显著的经济及社会效益。

图 8-12 C_{80} 铝合金车

3)车轮新材料

重载车辆在运用中,由于轮轨接触应力的增加,车轮制动热负荷上升,导致车轮踏面擦伤与剥离严重。美国运输技术中心(TTCI)系统研究了钢轨顶部润滑、钢轨打磨等方法来降低轮轨间动应力,但没有从根本上解决重载列车轮轨擦伤问题。为此,美国已研制成功一种新型合金材质的车轮,与传统车轮相比,相同运量条件下车轮踏面上的剥离长度可减少 59%,深度可减少 43%。

4)高强度车钩及大容量缓冲器

开行重载列车的最大隐患是由于列车纵向冲击力过大而导致车钩断裂,这种事故占美国重载列车全部事故总数的 90%左右,因此提高车钩强度及缓冲器的容量是保证重载列车安全的重要措施。目前，美国 AAR 标准规定的 E 级车钩，破坏强度可达 9 342 kN；Mark50 型缓冲器容量达 53.8 kJ，行程可达 83 mm，能量吸收率达 90%。

5）电控空气制动技术

传统的列车是靠压缩空气传递制动信号。随着重载列车长度的增加，由于空气制动波速无法超过 300 m/s，重载列车在常用、紧急制动时经常发生前、后车辆制动不一致，造成断钩、脱轨事故；在长大下坡道上由于没有阶段缓解作用，充气时间过长，容易造成列车失控，对安全造成严重威胁。

1995 年，美国开始研究电控空气制动（ECP）技术，并于 1997 年在美国、加拿大装车试验取得成功。列车运行过程中，ECP 主控机车通过网络直接控制各车辆的副风缸向制动缸充风制动或制动缸排风缓解。空气是制动力产生的来源，但控制指令传递介质改为电信号，达到整列车的车辆同时响应制动、缓解信息，具有严格的同步性。同时，还具有阶段制动和阶段缓解性能，利用贯通全车的电缆可同时实现机车动力分散牵引控制（即 Locotrol）。图 8-13 为 ECP 车辆子系统装置。

（a）车端装置

（b）车尾装置

图 8-13　电控空气制动系统车辆子系统

目前，ECP 技术已在美国、加拿大、澳大利亚、南非等国家 1 万吨以上重载列车上广泛运用。ECP 在重载运输投入使用后，取得了不俗的业绩：平均车钩力降低 25%，断钩事故基本消除；闸瓦磨耗减少 27%，制动距离缩短 50%~70%，消除意外紧急制动现象；车辆维修费用降低，车辆平均周转时间至少缩短 9%；压缩空气能耗降低，节能 23%；车轮磨耗减少 7%，车轮踏面剥离大大减轻。

我国素有"地大物博、人口众多"之称，矿产资源丰富，特别是煤炭资源，储藏量巨大。反映在铁路运输组织和车流流向上，形成了"北煤南运"或"西煤东运"及"北粮南运"的格局。然而，在相当长的一段时间里，我国铁路运力不足，技术装备总体水平不高，运能与运量持续增长不相适应的矛盾十分突出，严重制约了国民经济的发展。1984年经国务院批准，铁道部（国铁集团前身）决定在北京局管辖的丰沙大和京秦电气化铁路试验开行重载列车，从此揭开了我国铁路重载运输的序幕。

经过40多年的发展，我国铁路重载运输取得了巨大成绩，尤其是3万吨重载列车的成功开行，是我国铁路重载运输发展的新的里程碑，也标志我国铁路重载技术创新的重大突破。

未来，重载铁路运输列车的检修将更加智能化和自动化。借助先进的传感器技术、大数据分析、人工智能算法等，实现对列车状态的实时监测和精准诊断。例如，通过在列车关键部位安装传感器，实时收集运行数据，利用大数据分析和机器学习算法，对数据进行深度挖掘和分析，提前预测潜在故障，实现精准维修，减少不必要的检修工作，提高检修效率和列车的可用性。

二、智能传感器与监测系统

（一）智能传感器技术

（1）传感器类型：包括温度传感器、压力传感器、振动传感器、电流传感器等，用于实时监测机车关键部件的运行状态。

（2）数据采集与传输：传感器采集的数据通过无线或有线网络传输到中央监控系统，实现远程监控

（二）状态监测系统

（1）实时监测：对机车的运行状态进行实时监测，包括速度、温度、压力等参数。

（2）故障预警：通过数据分析和模式识别，提前发现潜在故障，发出预警信号。

三、故障诊断与预测

（一）故障诊断技术

（1）数据分析：利用大数据分析技术，对采集到的运行数据进行分析，识别异常模式。

（2）诊断算法：采用机器学习和人工智能算法（如神经网络、支持向量机等）进行故障诊断。

（二）故障预测

（1）预测模型：建立基于历史数据和运行状态的故障预测模型，预测故障发生的时间和位置。

（2）预防性维护：根据预测结果，提前安排维护计划，避免突发故障。

四、智能维修机器人

(一)机器人技术

(1)自动化维修:使用机器人进行自动化维修作业,如零部件更换、清洁、润滑等(见图 8-14)。

图 8-14 自动化维修

(2)远程操作:通过远程控制技术,操作人员可以在远离现场的地方控制机器人进行维修作业。

(二)机器人应用

(1)危险环境作业:在高温、高压等危险环境下,机器人可以代替人工进行作业。
(2)高精度作业:机器人可以完成高精度的维修任务,提高维修质量。

五、智能检修平台与系统集成

(一)智能检修平台

(1)集成系统:将传感器、监测系统、诊断系统、维修机器人等集成到一个统一的平台上。
(2)数据管理:平台对采集到的数据进行集中管理和分析,提供决策支持。

(二)系统集成

(1)互联互通:实现不同系统之间的互联互通,提高整体效率。
(2)协同工作:各系统协同工作,实现智能化的检修流程。

六、虚拟现实（VR）与增强现实（AR）技术

（一）虚拟现实技术

（1）培训与模拟：利用 VR 技术进行维修人员的培训和模拟操作，增强培训效果。
（2）远程指导：通过 VR 技术，专家可以远程指导现场维修作业。

（二）增强现实技术

（1）实时指导：通过 AR 技术，为维修人员提供实时的操作指导和信息提示。
（2）故障定位：帮助维修人员快速定位故障位置，提高维修效率。

七、智能决策支持系统

（一）决策支持

（1）数据分析：对历史数据和实时数据进行分析，为决策提供依据。
（2）优化建议：根据分析结果，提供优化的维修方案和建议。

（二）智能调度

（1）资源调度：智能调度维修资源，提高资源利用率。
（2）任务分配：自动分配维修任务，优化工作流程。

任务二　认识绿色检修技术

绿色检修技术是一种旨在减少维修过程中的环境影响，同时实现资源高效利用和产品生命周期延长的方法及策略。

一、绿色材料与工艺

（一）轻量化材料应用

（1）使用不锈钢、高强度耐腐蚀合金等材料，显著延长设备的使用寿命，减少维护频次与成本。
（2）采用可回收塑料、复合材料等环保材料，减少对自然资源的依赖，降低废弃物产生。

（二）绿色焊接与表面处理

（1）激光焊接技术实现焊接过程的高效、精确与局部化，减少材料使用，减少材料变形。
（2）使用生物降解涂料进行表面处理，减少有害物质排放。

二、智能诊断与监测

（1）振动监测：通过对车辆振动信号的实时监测与分析，及时发现设备故障隐患，预防重大事故发生。
（2）红外热成像：利用红外热成像技术检测设备温度异常，快速定位故障源，提高维修效率与准确性。
（3）超声波检测：通过超声波探测设备内部缺陷与损伤，实现非接触式、远程监测。
（4）故障预测：主要利用先进传感器技术对设备的状态进行感知，实时监测与评估系统故障与健康状态。
（5）车辆状态感知：车辆健康状态评估管理基于状态感知与监测时采集的大量数据实现，包括故障诊断数据、车辆基本配置数据、车辆维护管理数据、轨旁检测数据等车辆运行与检修过程中的全部数据。

三、节能技术

（1）氢能应用：探索氢能等清洁能源在机车运维、修理设备中的应用，实现能源结构的多元化与清洁化（见图 8-15）。

图 8-15　氢能源列车

（2）变频调速技术：优化电机运行，实现能源的高效利用与按需分配，显著降低能耗。
（3）太阳能应用：利用太阳能光伏板收集能量，为修理设备提供绿色、可再生的电力支持。

四、数字化与智能化

（1）数字化车间管理：引入数字化车间管理系统，实现修理流程的可视化监控与智能调度，提高生产效率与资源利用率。

（2）3D 打印技术：采用 3D 打印技术进行备件快速制造与修复，缩短维修周期，降低库存成本。

（3）虚拟现实技术：利用虚拟现实技术进行远程教育与培训，提高维修人员的技能水平与安全意识。

五、废弃物管理与资源循环利用

（1）废弃物分类与回收：根据废弃物的性质和成分进行严格分类，建立完善的废弃物回收体系，确保废弃物的无害化处理。

（2）维修废弃物减量化：采用先进技术减少维修过程中废弃物的产生，优化维修流程，推广循环经济理念，鼓励零部件再利用。

六、再制造技术

（1）材料科学与机械工程：通过分析材料的磨损机理，采用激光熔覆、电刷镀等表面处理技术进行修复，提高材料的耐磨性和耐腐蚀性。对零部件进行精确检测和评估，确定再制造的可行性，制定合理的工艺流程。

（2）信息技术应用：利用计算机仿真技术进行过程模拟，预测再制造效果；应用物联网技术进行实时监测，确保再制造产品的质量。

（3）环境科学：关注再制造过程中的污染控制和资源回收，采用清洁生产技术减少能耗和排放，实现资源的循环利用。

七、能源管理与优化

（1）设备能效优化：选择高能效标准设备，实施定期维护与检修，确保设备处于良好的工作状态。

（2）智能控制技术：利用工业物联网技术，实现对维修设备的远程监控和智能化控制，采用节能型控制策略，如变频器调节电机速度、能量回收技术等。

（3）优化能源结构：增加可再生能源使用比例，采用余热回收技术，将维修过程中产生的废热转化为可用能源。

（4）能源管理与监测：建立能源管理体系，推行能源审计，识别能源浪费问题，制定改进措施。

任务三　认识高速列车检修前沿技术

一、超导磁悬浮检修技术

1. 真空管道智能巡检系统

上海磁浮示范线部署的磁吸附机器人搭载激光雷达（扫描频率 100 Hz）与太赫兹成像仪，可在真空环境中检测轨道磁极阵列的亚毫米级形变（精度 ±0.05 mm），并通过 AI 算法（如 YOLOv7）实时分类缺陷类型（磁极偏移、涂层剥落、螺栓松动）。

2. 低温系统优化

开发闭环氦气循环装置，将液氦损耗率从 15% 降至 3%；试验高温超导材料（如钇钡铜氧带材），使冷却温度提升至液氮温区（−196 ℃），单列车年运维成本降低 70%。

二、自修复材料应用

1. 多级微胶囊体系

在复合材料中分层嵌入不同尺寸微胶囊（50～200 μm），实现裂纹分级修复（0.1～5 mm）。中车研究院开发的轨道车辆地板自修复层，可在 24 h 内修复深度 ≤2 mm 的刮擦，弯曲强度恢复率 ≥90%。

2. 光热双响应修复

采用偶氮苯类光敏剂与形状记忆聚合物结合，通过紫外线照射（365 nm）或局部加热（80 ℃）触发修复反应，适用于车体外壳等复杂曲面部件。

三、量子传感检测

1. 芯片化量子传感器

中电科集团研发的"启明-Q1"芯片（5 mm×5 mm）集成 NV 色心金刚石与微波调控电路，磁场检测灵敏度达 0.1 nT，功耗仅 10 mW，可嵌入车轴内部实现实时监测。

2. 多物理场融合检测

结合量子磁力计、光纤光栅应变传感器与红外热像仪，构建车轴"应力-温度-缺陷"三维健康图谱，缺陷识别准确率 ≥99.5%（传统方法 ≤85%）。

项目二　列车检修发展趋势展望

　　铁路检修技术的创新演进，既是科技革命的生动实践，更是新时代工匠精神与家国情怀的交响乐章。当状态修与预防修在数据洪流中深度融合，我们见证的不仅是检修模式的升级，更是中国铁路人对"人民至上、安全第一"初心的数字化诠释。工业互联网平台上跳动的字节，区块链中镌刻的配件碳足迹，都在诉说着一个真理：技术创新的终极目标，始终是让人民享有更安全、更绿色、更智慧的出行体验。这种以人民为中心的发展理念，恰是中国特色社会主义制度的本质要求。从数据驱动的智能决策到量子加密的安全防线，从高原铁路的适应性改造到热带气候的材料攻关。数字孪生资源池优化的不仅是设备利用率，更是资源配置的治理智慧；健康指数评估体系量化的不仅是机械状态，更是精益求精的职业操守。这些技术突破的背后，是无数工程师将个人理想融入国家战略的自觉选择，是用科技报国情怀浇筑的钢铁动脉。当我们以"0.1 mm精神"校准技术精度时，校准的更是新时代产业工人对卓越品质的价值追求——这种追求，必将驱动中国铁路在交通强国的征程上，奏响民族复兴的铿锵铁韵。

任务一　状态修与预防修结合展望

　　在列车检修领域，随着技术的不断进步和行业需求的日益复杂，传统的检修模式已难以满足高效、精准、经济的要求。状态修（Condition-Based Maintenance，CBM）与预防修（Time-Based Maintenance，TBM）作为两种主流的检修策略，各自具有独特的优势，但也存在一定的局限性。状态修依赖于实时监测数据，能够精准识别设备的健康状态，避免过度检修；而预防修则基于固定周期进行检修，操作简单，但可能造成资源浪费。将两者有机结合，不仅是技术发展的必然趋势，更是提升列车检修效率、降低成本、保障安全的关键所在。本任务将深入探讨状态修与预防修结合的逻辑框架、关键技术突破、实施挑战及应对策略，展望其在列车检修领域的广阔前景，为推动铁路行业的可持续发展提供全新的思路和方法。

一、技术融合的逻辑框架

　　状态修（CBM）与预防修（TBM）的结合本质是通过数据驱动优化检修资源的动态分配，其核心在于构建"预测—决策—执行"的闭环体系。

（一）数据融合层

（1）多源数据采集：集成车载PHM系统的实时监测数据（振动、温度、电流）、历史故障数据库（10万+条记录）、环境数据（温湿度、线路坡度）及制造商技术规范。

（2）数据治理：采用Apache Kafka实现流数据实时处理（延迟≤100 ms），通过数据清洗规则（如剔除传感器漂移值）确保数据质量（完整性≥95%）。

（二）智能决策层

（1）混合建模技术：结合物理模型（如Paris裂纹扩展公式）与机器学习（XGBoost故障预测模型），生成部件剩余寿命概率分布图。例如，某型动车组齿轮箱寿命预测误差≤8%。

（2）动态阈值设定：基于蒙特卡罗模拟生成不同置信区间（如95%置信度下的检修触发阈值），替代传统固定周期。

（三）资源调度层

（1）数字孪生资源池：构建虚拟化的检修资源库（人力、设备、备件），通过强化学习算法优化调度方案。某机务段应用后，台位利用率从65%提升至88%。

（2）区块链智能合约：自动触发紧急资源调配（如突发故障时优先调用就近备件库），响应时间压缩至2 h。

二、关键技术突破

（一）健康指数评估体系

（1）指数构建：对关键系统（制动、牵引、转向架）赋予权重（如制动系统权重40%），结合实时数据计算健康指数（0～100分）。京沪高铁试点中，健康指数≤70分触发检修，计划修工单减少45%。

（2）可视化看板：通过BI工具生成健康指数热力图，支持按车辆、部件、线路段多维提取分析。

（二）预测性维护与预防修的协同

分级响应机制：一级预警（健康指数50～70分），安排72 h内预防性检查；二级预警（健康指数30～50分），启动48 h状态修；三级预警（健康指数<30分），立即停运抢修。

（三）成本效益量化模型

（1）全生命周期成本（LCC）分析：对比纯预防修、纯状态修及混合模式的经济性。某货运机车数据显示，混合模式使LCC降低18%，主要来自备件库存减少（下降30%）与故障停机损失下降（下降55%）。

（2）投资回报率（ROI）计算：智能化改造投入（如传感器部署、算法开发）的回收期约2.3年，主要受益于延长的部件使用寿命（平均提升25%）。

三、实施挑战与应对策略

（一）技术瓶颈

（1）数据异构性：不同年代机车的传感器协议差异（如 CAN 总线 vs.Ethernet-APL），需开发通用适配器（如华为 Ocean Connect IoT 平台）。

（2）模型泛化能力：针对新型号机车（如 CR450），采用迁移学习技术复用既有模型参数，训练数据需求减少 70%。

（二）管理变革

（1）组织架构调整：设立"预测性维护中心"，整合数据分析师、运维工程师与供应链管理团队，决策链路由 7 级压缩至 3 级。

（2）技能升级：开发 AR 辅助培训系统（如微软 HoloLens 2），使技师在虚拟环境中掌握 AI 诊断工具的使用方法，培训周期缩短 40%。

（三）标准与合规

（1）动态标准制定：推动《铁路状态修技术规范》修订，允许检修周期浮动 ±20%。

（2）安全合规性：通过 ISO 26262 功能安全认证，确保智能决策系统失效概率 $< 10^{-9}/h$。

任务二　检修模式数字化转型展望

一、技术架构与核心模块

（一）工业互联网平台架构

（1）端侧：采用智能传感器和边缘计算节点，部署 MEMS 振动传感器、光纤光栅应变传感器处理实时数据，降低压缩率。

（2）边侧：区域数据中心，部署本地化 AI 模型（如轴承故障分类模型），响应延迟 ≤ 50 ms；5G 专网，实现车间内设备互联，时延 < 10 ms，可靠性达 99.999%。

（3）云侧：混合云平台，私有云存储核心工艺数据（如焊接参数），公有云处理非敏感数据（如环境温度）。

（二）区块链技术深化应用

（1）配件溯源系统：基于 Hyperledger Fabric 构建联盟链，参与方包括主机厂、供应商、检修单位；每个配件赋予唯一 NFT 数字身份，记录生产批次、装机时间、检修记录，预防篡改。

（2）智能合约应用：记录配件全生命周期碳排放，支持碳配额交易；当区块链记录显示配件未达质保寿命时，触发自动赔付。

二、数字化转型路径

（一）数据驱动的检修流程再造

（1）数字工单系统：通过 RFID/NFC 自动识别部件信息，生成动态工单；移动终端实时推送作业指导，降低错误率。

（2）虚拟调试技术：在数字孪生模型中预演检修流程，优化工具路径与人员动线，缩短调试时间。

（二）人工智能深度渗透

（1）缺陷自动分类：训练 ResNet-50 模型识别 10 类常见缺陷，提高准确率。
（2）联邦学习框架：各机务段共享模型参数但不共享数据，解决数据孤岛问题。
（3）资源调度优化：采用遗传算法求解多目标优化问题。

（三）安全与可靠性保障

（1）设备指纹认证：通过 MAC 地址、固件哈希值等多因子验证设备身份。
（2）动态访问控制：根据任务类型实时调整数据访问权限。
（3）双活数据中心：确保单点故障时业务切换时间小于 30 s。
（4）量子加密通信：试点应用量子密钥分发，抗量子计算攻击。

三、经济效益与行业影响

（一）直接成本节省

（1）人力成本：AI 质检替代 30%复检岗位，年节约人力成本 500 万元/车间。
（2）能源消耗：智能照明与温控系统使能耗降低 25%，某检修基地年节电 200 万千瓦时。
（3）备件库存：预测性维护使安全库存量降低 40%，资金占用减少 1.2 亿元。

（二）间接价值创造

（1）设备可用率：数字化转型使动车组平均可用率从 92%提升至 97%，等效增加运能 15%。
（2）品牌溢价：通过区块链溯源提升国际客户信任度。

任务三 国际铁路检修技术的借鉴与应用

一、技术对标与本土化策略

1. 欧洲可靠性管理（RAMS Rail）

标准转化：引入 EN 50126 标准，建立"可靠性、可用性、可维护性、安全性"四维指标；增加中国特色维度：高原适应性（海拔 5 000 m 性能保持率≥95%）。

2. 日本精细化检修体系

工艺细化：学习新干线"0.1 mm 精神"，将 CR400AF 转向架检修手册节点从 1 800 项增至 2 000 项；引入"清扫即点检"理念：在清洁作业中同步完成 50% 的目视检查。

二、北美预测性维护体系移植

（一）PHM 技术本地化

（1）模型适配：移植 GE Transportation 的机车发动机健康模型，增加中国典型工况。

（2）数据增强：利用 GAN 生成罕见故障样本（如轴承断裂），解决数据不平衡问题。

（3）健康管理：包括部件健康评估及系统健康评估，系统或部件的健康评估查询功能包含车型、车组、配属、系统、部件等多维度筛选条件（见图 8-16）。

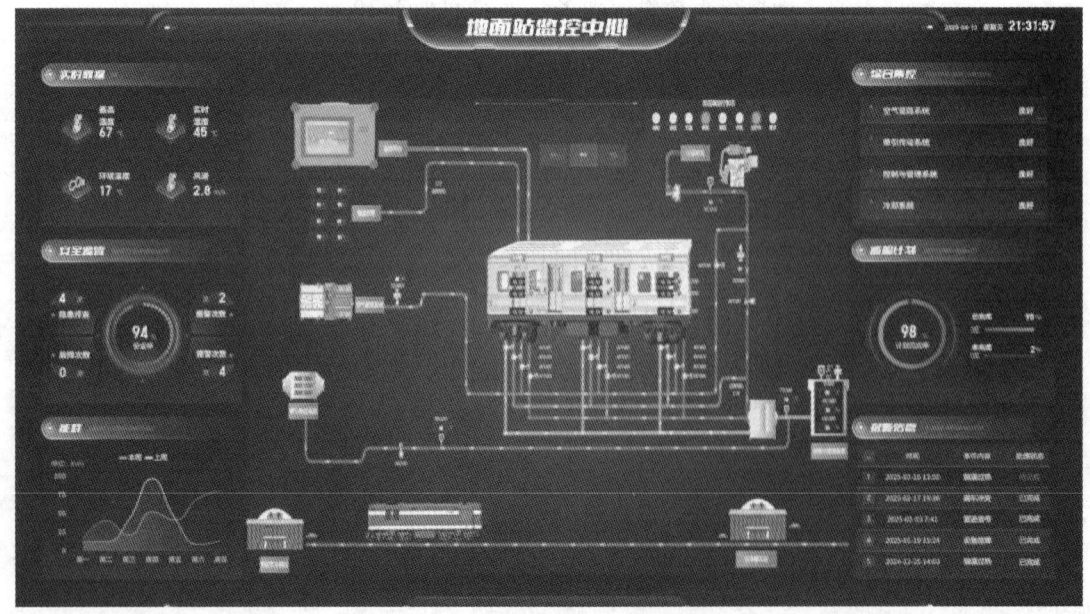

图 8-16 列车健康管理

（二）大数据治理框架

（1）数据标准统一：采用 AAR 的 FRA 数据格式，兼容既有中国铁路数据库。

（2）数据质量管控：定义完整性（≥98%）、时效性（≤1 s）、一致性（偏差≤5%）三大核心指标，部署自动修正工具。

三、新兴市场技术融合

（1）低成本检修方案：开发太阳能驱动的移动检修站，满足无电网区段需求。

（2）气候适应性：针对高温高湿环境，改进绝缘材料配方。

（3）标准协同：推动中国标准与东盟铁路联盟（ARA）标准互认。

（4）人才培养：设立海外实训中心，年培训当地技师 500 人次；开发多语言 AR 培训系统，提升考核通过率。

模块小结

在科技创新与可持续发展的驱动下，列车检修技术正经历着跨时代的革新。模块八以智能化、绿色化、国际化为核心，系统解析了现代铁路检修的新技术框架与未来图景，为培养下一代铁路技术人才提供了战略视野与实践方向。

一、关键技术突破与应用实践

1. 智能化检修技术

（1）感知与诊断：物联网（IoT）与智能传感器构建的实时监测网络，结合 AI 算法（如神经网络、XGBoost），实现"数据—诊断—决策"闭环。

（2）虚拟化工具：VR/AR 技术模拟复杂作业场景，提升培训效率；数字孪生技术优化检修流程，降低试错成本。

（3）自主化设备：智能机器人完成高危高精度任务（如真空管道巡检），减少人工作业风险。

2. 绿色检修技术

（1）材料革新：水性涂料、生物基润滑剂减少 VOC 排放；自修复材料（微胶囊体系）延长部件寿命 30% 以上。

（2）节能降碳：氢能驱动维护设备、光伏发电降低能耗；再制造技术（激光熔覆）实现资源循环率提升 65%。

（3）废物管理：分类回收体系与数字化追踪，使维修废弃物处理合规率 ≥ 98%。

3. 前沿技术探索

（1）量子传感：纳米级芯片（如"启明-Q1"）实现车轴内部应力高精度监测，灵敏度达 0.1 nT。

（2）超导磁悬浮：液氮温区超导技术降低运维成本 70%，机器人检测精度达 ± 0.05 mm。

（3）预测性维护：混合模型（物理 + 数据驱动）将齿轮箱寿命预测误差控制在 8% 内。

二、未来发展趋势与技术挑战

1. 状态修与预防修的深度融合

（1）动态阈值管理：基于蒙特卡罗模拟设定灵活检修周期，替代传统固定间隔，使检修资源利用率提升至 88%。

（2）健康指数体系：多维度评分（0～100 分）触发分级响应，京沪高铁试点中故障停机率下降 55%。

2. 数字化转型的核心路径

（1）工业互联网平台：端-边-云协同架构支撑实时决策（延迟 ≤ 50 ms），区块链技术实现配件全生命周期溯源（NFT 标识防篡改）。

（2）AI 深度渗透：联邦学习打破数据孤岛，AR 辅助培训缩短技能升级周期 40%，缺陷自动分类准确率超 95%。

列车检修的变革不仅是技术的迭代，更是中国铁路从"跟跑"到"领跑"的缩影。当量子传感穿透钢铁之躯，当区块链编织信任之网，每一位从业者都在书写"交通强国"的科技注脚。未来的铁路人，需以"数据为刃"破解安全密码，以"生态为尺"丈量发展质量，让中国高铁的每一次飞驰，都成为创新自信与技术担当的时代强音！

任务实战

任务名称：轴承温度监测与故障预警系统搭建。

一、工具与材料

（1）硬件：DS18B20 温度传感器、Arduino Uno 开发板、蜂鸣器、废旧轴承（可从机械室回收）。

（2）软件：Arduino IDE、Python（Matplotlib 库）。

二、流　　程

（1）硬件搭建：将温度传感器贴附轴承外圈，连接 Arduino 开发板与蜂鸣器，搭建简易监测装置。

（2）数据处理：编写 Arduino 代码采集温度数据（采样率 1 Hz），通过串口传输至计算机。

（3）阈值预警：用 Python 绘制温度变化曲线，设定阈值（如室温＋15 ℃），触发蜂鸣器报警。

（4）故障模拟：人为制造轴承卡滞（如填入砂纸碎屑），观察温度异常及预警响应。

三、评估标准

系统稳定性（30%）：连续运行 1 h 无数据中断。

预警准确性（40%）：故障模拟时 5 s 内触发报警。

成本控制（30%）：总成本≤50 元。

参考文献

[1] 中国国家铁路集团有限公司机辆部. 铁路机车维修[M]. 北京：中国铁道出版社，2022.

[2] 中国国家铁路集团有限公司机辆部. 铁路机车概论[M]. 北京：中国铁道出版社，2022.

[3] 中国国家铁路集团有限公司机辆部. 铁路动车组概论[M]. 北京：中国铁道出版社，2022.

[4] 中国国家铁路集团有限公司机辆部. 铁路动车组运用维修[M]. 北京：中国铁道出版社，2022.

[5] 中国国家铁路集团有限公司机辆部. 铁路动车组检修[M]. 北京：中国铁道出版社，2022.

[6] 董锡明. 机车车辆维修基本理论[M]. 北京：中国铁道出版社，2005.

[7] 董锡明. 机车车辆运用可靠性工程[M]. 北京：中国铁道出版社，2005.

[8] 董锡明. 轨道列车可靠性、可用性、维修性和安全性[M]. 北京：中国铁道出版社，2009.

[9] 王华胜. 机车车辆维修理论与技术[M]. 北京：中国铁道出版社，2021.

[10] 董锡明. 现代技术装备维修理论与实践[M]. 成都：西南交通大学出版社，2009.

[11] 铁道部机务局. 内燃、电力机车检修工作要求及检查办法：内燃、电力机车合订本[M]. 北京：中国铁道出版社，1996.

[12] 陈继平，王金. 可靠性工程基础[M]. 沈阳：东北工学院出版社，1991.

[13] 刘品，刘岚岚. 可靠性工程基础[M]. 北京：中国计量出版社，2009.

[14] 戴树森. 可靠性试验及其统计分析（上册）[M]. 北京：国防工业出版社，1984.

[15] 戴树森. 可靠性试验及其统计分析（下册）[M]. 北京：国防工业出版社，1984.

[16] 贾俊平，何晓群，金勇进. 统计学[M]. 5版. 北京：中国人民大学出版社，2014.

[17] 应崇福. 超声学[M]. 北京：科学出版社，1993.

[18] 王雪梅. 无损检测技术及其在轨道交通中的应用[M]. 成都：西南交通大学出版社，2010.

[19] 《和谐型交流传动机车技术丛书》编委会. HXD$_3$D型电力机车[M]. 北京：中国铁道出版社，2021.

[20] 《和谐型交流传动机车技术丛书》编委会. HXN$_{3B}$型内燃机车[M]. 北京：中国铁道出版社，2021.

[21] 中国铁路总公司运输局机务部. 铁路机车概要：交流传动内燃、电力机车[M]. 北京：中国铁道出版社，2017.

[22] 铁道部运输局装备部. 铁路机车概要：交-直流传动内燃、电力机车及液力传动内燃机车[M]. 北京：中国铁道出版社，2009.